Controlling von Projekten

Lizenz zum Wissen.

Sichern Sie sich umfassendes Technikwissen mit Sofortzugriff auf tausende Fachbücher und Fachzeitschriften aus den Bereichen: Automobiltechnik, Maschinenbau, Energie + Umwelt, E-Technik, Informatik + IT und Bauwesen.

Exklusiv für Leser von Springer-Fachbüchern: Testen Sie Springer für Professionals 30 Tage unverbindlich. Nutzen Sie dazu im Bestellverlauf Ihren persönlichen Aktionscode C0005406 auf *www.springerprofessional.de/buchaktion/*

Springer für Professionals.
Digitale Fachbibliothek. Themen-Scout. Knowledge-Manager.

- Zugriff auf tausende von Fachbüchern und Fachzeitschriften
- Selektion, Komprimierung und Verknüpfung relevanter Themen durch Fachredaktionen
- Tools zur persönlichen Wissensorganisation und Vernetzung

www.entschieden-intelligenter.de

Springer für Professionals

Rudolf Fiedler

Controlling von Projekten

Mit konkreten Beispielen aus der Unternehmenspraxis – Alle controllingrelevanten Aspekte der Projektplanung, Projektsteuerung und Projektkontrolle

8., Aktualisierte und Überarbeitete Auflage

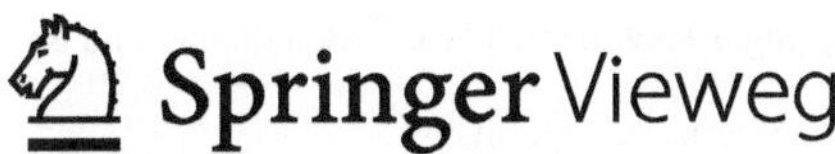

Springer Vieweg

Rudolf Fiedler
Hochschule für angewandte Wissenschaften
Würzburg, Deutschland

ISBN 978-3-658-28031-4   ISBN 978-3-658-28032-1 (eBook)
https://doi.org/10.1007/978-3-658-28032-1

Die Deutsche Nationalbibliothek verzeichnet diese Publikation in der Deutschen Nationalbibliografie; detaillierte bibliografische Daten sind im Internet über http://dnb.d-nb.de abrufbar.

Springer Vieweg
© Springer Fachmedien Wiesbaden GmbH, ein Teil von Springer Nature 2001, 2003, 2005, 2008, 2010, 2014, 2016, 2020

Springer Vieweg ist ein Imprint der eingetragenen Gesellschaft Springer Fachmedien Wiesbaden GmbH und ist ein Teil von Springer Nature.
Die Anschrift der Gesellschaft ist: Abraham-Lincoln-Str. 46, 65189 Wiesbaden, Germany

Vorwort

Die **Bedeutung des Projektcontrollings** hat in den letzten Jahren durch komplexer werdende Projekte mit hohem Termin- und Kostendruck weiter zugenommen. Projektrelevantes Controllingwissen benötigen nicht nur im besonderen Maße die Controller, sondern auch die Projektverantwortlichen und alle am Projekt beteiligten Personen. Bei vielen Projektmitarbeitern werden inzwischen über das reine Projektmanagement hinausgehende Grundkenntnisse des Projektcontrollings vorausgesetzt, damit sie ihre Aufgaben erfolgreich bewältigen können.

Mit dem vorliegenden Buch wird das **Ziel** verfolgt, dem Leser eine zugleich theorieorientierte und praxisfundierte Beschreibung des Projektcontrollings und seiner wesentlichen Instrumente an die Hand zu geben. Er soll Anregungen für die Lösung seiner täglichen Probleme in den Projekten erhalten. Das Buch wendet sich auch an Studierende, die sich an der Hochschule mit der systematischen Projektabwicklung beschäftigen.

Es wurde Wert auf eine leicht verständliche Darstellung gelegt. Viele Abbildungen und Praxisbeispiele tragen dazu bei, dass sich der Leser rasch mit der Thematik vertraut machen kann.

Das Lehr- und Fachbuch ist wie folgt aufgebaut:

Kapitel 1 gibt einen Überblick über Projektcontrolling und Projektmanagement. Angesprochen werden die Aufgaben und Ziele des Projektcontrollings sowie die Abgrenzung zum Projektmanagement.

Kapitel 2 behandelt das Projektcontrolling aus strategischer Sicht. Es geht vor allem um Instrumente zur Auswahl und Priorisierung in einem Multiprojektumfeld, aber auch um den Einsatz der Projekt-Scorecard für die Projektauswahl und Projektsteuerung.

Kapitel 3 bildet den Schwerpunkt des Buchs. Es beschreibt das operative Projektcontrolling. Im Sinne eines ganzheitlichen Lösungsansatzes orientieren sich die Ausführungen an den Lebenszyklusphasen eines Projektes. Die Planungssicht wird auch um die Aspekte der Steuerung und Kontrolle ergänzt. Neben den allgemeinen Aufgaben für das operative Projektcontrolling stehen praktische Instrumente im Mittelpunkt.

In **Kap. 4** werden IT-Tools für das Projektcontrolling beschrieben und beurteilt. Herausgearbeitet werden auch die Einsatzmöglichkeiten eines Führungsinformationssystems für die Projektdatenanalyse.

In das vorliegende Lehrbuch flossen Anregungen vieler Personen ein, die auf diese Weise zum Gelingen beitrugen. Ihnen allen möchte ich danken.

Wertvoll für den Autor waren die Diskussionen mit Praktikern bei der Durchführung von Seminaren über Projektcontrolling und Projektmanagement. Auch Praxisprojekte zwischen Unternehmen und der Hochschule boten eine hervorragende Plattform des Erfahrungsaustausches. Für Verbesserungsvorschläge ist der Autor immer dankbar. Anregungen können über die E-Mail-Kennung fiedler@projektcontroller.de weitergegeben werden. Der interessierte Leser findet weitere Informationen über Projektcontrolling unter den Adressen www.projektcontroller.de, www.controllingportal.de, www.projektmagazin. de und www.competence-site.de. Seminare über Projektcontrolling werden unter www. projektcontroller.de angeboten.

Würzburg   Rudolf Fiedler
im Oktober 2019

Inhaltsverzeichnis

Abbildungsverzeichnis

Überblick über das Projektcontrolling 1

Vorschau

Sie erwerben in diesem Kapitel ein **Grundverständnis** für Projektcontrolling. Zunächst wird erläutert, wann man von einem **Projekt** sprechen kann und welche Aufgaben und Ziele das **Projektmanagement** hat. Die wesentlichen Faktoren für den Projekterfolg werden ebenfalls angesprochen. Ausgehend vom Begriff des allgemeinen **Unternehmenscontrollings** werden anschließend die Aufgaben des **Projektcontrollings** beleuchtet. Insbesondere die Zusammenhänge zwischen Projektmanagement, Controlling und Projektcontrolling werden geklärt. Dabei werden auch die Schnittstellen des Projektcontrollings zum Projektmanagement und zum Controlling deutlich. Außerdem beschäftigen Sie sich mit der Frage, wer für das Projektcontrolling zuständig sein kann, wie es in die Aufbauorganisation eingeordnet wird, welche Anforderungen man an einen Projektcontroller stellen sollte und was bei der Einführung eines Projektcontrollings zu beachten ist.

1.1   Projekt und Projektmanagement

Unternehmen sehen sich branchenübergreifend neuen Aufgabenstellungen gegenüber. Ursachen sind die Internationalisierung, die häufigen Produktwechsel und der Zwang zu permanenter Veränderung. Der Anteil der Routineaufgaben nimmt durch diese Einflüsse ab, während zunehmend komplexe und neuartige Aufgaben anstehen, die in Form von

© Springer Fachmedien Wiesbaden GmbH, ein Teil von Springer Nature 2020   1
R. Fiedler, *Controlling von Projekten*, https://doi.org/ 10.1007/978-3-658-28032-1_1

Projekten abgewickelt werden müssen. Vermehrt werden heute Arbeiten aus der Linie in Projekte verlagert. Das belegt auch eine Studie der Unternehmensberatung Hays und der Fachhochschule Ludwigshafen. Der Anteil der Projektwirtschaft an den gesamten Arbeitsabläufen lag bei den 278 befragten Unternehmen im Durchschnitt bereits bei 37 Prozent (Rump 2009). Das Top-Management misst folgerichtig dem Projektmanagement eine hohe bis sehr hohe Bedeutung zu (Gleich 2012).

Eine Definition des Begriffs Projekt ist in der DIN 69901 niedergelegt. Dort heißt es:

▶ Ein Projekt ist „ein Vorhaben, das im Wesentlichen durch die Einmaligkeit der Bedingungen in ihrer Gesamtheit gekennzeichnet ist".

Damit kommt zum Ausdruck, dass ein Projekt keine Routineaufgabe ist. Zudem sollten weitere Merkmale erfüllt sein:

Zeitliche Begrenzung
Im Unterschied zu Daueraufgaben besitzen Projekte einen genau festgelegten Anfang und ein definiertes Ende. Sie sind meist zeitkritisch. Insbesondere bei Entwicklungsprojekten hängt der Unternehmenserfolg davon ab, dass ein neues Produkt schnell auf den Markt kommt.

Finanzielle und personelle Restriktionen
Das Kostenbudget und die Anzahl der im Projekt mitarbeitenden Personen sind beschränkt. Auch Räume, Hard- und Softwareausstattung und andere Ressourcen stehen nur in einem begrenzten Umfang zur Verfügung. Man muss deshalb genau überlegen, welche Mitarbeiter und Ressourcen in welcher Menge benötigt werden, um die Projektziele zu erreichen. Auch die voraussichtlich anfallenden Kosten sind zu bestimmen.

Festgelegtes Ziel
Ohne Ziel kein Projekt! Probleme entstehen zwangsläufig, wenn am Anfang eines Projektes keine messbaren Ziele definiert werden. Man ist also gut beraten, die Projektziele zusammen mit dem Management genau festzulegen und schriftlich zu fixieren. Aus den Zielen leiten sich die Projektaufgaben ab.

Bereichsübergreifende Teamarbeit
Projekte zeichnen sich darin aus, dass mehrere Stellen aus meist unterschiedlichen Fachbereichen beteiligt sind. Die Arbeit eines Teams aus verschiedenen Spezialisten führt zu sehr wirksamen und bei allen Beteiligten akzeptierten Lösungen. Für wichtige Projekte richtet man auch eine zeitlich begrenzte eigene Aufbauorganisation neben der normalen Hierarchie ein.

Großer Umfang
Planung, Steuerung und Kontrolle von Projekten verursachen einen hohen Aufwand, den man nur bei umfangreichen Vorhaben investieren sollte.

Hohe Unsicherheit und großes Risiko

Typisch für viele Projekte ist, dass man anfangs nicht weiß, ob die angestrebten Ziele überhaupt erreicht werden können. Häufig wird der Zeitrahmen nicht eingehalten, die Kosten werden weit überschritten, oder man ist nicht in der Lage, die erhoffte Leistung zu erbringen.

In der Praxis werden die aufgeführten Kriterien oft nicht geprüft, um Projekte zu identifizieren. Jede größere Aufgabe wird als Projekt bezeichnet. Manchmal hilft man sich auch mit sehr einfachen Vereinbarungen:

– Jedes Vorhaben über 50.000€ ist ein Projekt.

– Wenn mindestens zwei Bereiche beteiligt sind, handelt es sich um ein Projekt.

▶   Es ist Aufgabe des Projektcontrollings, eindeutige und sinnvoll differenzierte Prüfkriterien für ein Projekt zu erarbeiten.

Beispiele typischer Projekte sind in Abb. 1.1 aufgeführt. Dort werden die unterschiedlichen Projekte nach Projektarten (Organisations-, Investitions- und Entwicklungsprojekte) unterteilt. Abb. 1.1 weist auch die Projektgröße und Projektkomplexität aus. Eine solche Differenzierung ist allen Unternehmen mit unterschiedlichen Projekten zu empfehlen.

		Projektgröße			Projekt-komplexität		
		1	2	3	1	2	3
Investition	Anschaffung einer komplexen Anlage	X				X	
	Bau einer neuen Werkhalle		X			X	
	Gründung eines Produktionswerks			X			X
Forschung und Entwicklung	Entwicklung eines neuen PKW			X			X
	Entwicklung eines Medikaments			X			X
	Entwicklung eines Software-Moduls		X			X	
Organisation	Optimierung von Prozessen		X			X	
	Zertifizierung nach ISO 9000		X		X		
	Organisation eines Firmenjubiläums	X			X		

1=klein/gering; 2=mittel; 3=groß

Abb. 1.1   Beispiele für Projekte

Praxisbeispiel

Abb. 1.2 zeigt Kriterien, die für Projekte einer **Versicherung** erfüllt sein müssen. Danach wird in A-, B- und C-Projekte unterteilt. Auftraggeber von A- und B-Projekten ist immer der Vorstand. Der Projektleiter muss für A-Projekte zu 100 Prozent, für B-Projekte zu mehr als 50 Prozent freigestellt werden. Ist ein Kriterium für ein C-Projekt nicht vorhanden, spricht man von einer Maßnahme. Für Maßnahmen gelten die Vorgaben des Projektmanagements nicht.

Neben der Einteilung in A-, B- und C-Projekte empfiehlt es sich, Muss- und Kann-Projekte zu unterscheiden. Muss-Projekte, wie die Anpassung einer Software an neue gesetzliche Vorgaben, sollten nicht mehr als 30 Prozent aller Projekte ausmachen.

Eine gut durchdachte Projektkategorisierung ermöglicht die Sammlung und Auswertung von Informationen und Erfahrungswerten, die für Projekte einer Kategorie gelten. Das erleichtert die Planung und liefert durch den Vergleich der Projekte einer Kategorie auch aussagefähige Informationen für die Kontrolle (Benchmarking).

Zudem können an eine bestimmte Projektkategorie Maßnahmen geknüpft werden. Im folgenden Beispiel wird der Projektcontroller erst ab einer Auftragsgröße von 100.000 € einem Projekt zugeordnet.

Praxisbeispiel

Die **Outokumpu Technology GmbH** liefert ihren Kunden in der Prozessindustrie individuelle Lösungen aus dem Bereich des Großanlagenbaus. Die Kundenprojekte haben Auftragswerte bis über 100 Mio. €, die Abwicklungszeiten können sich über mehrere Jahre erstrecken. Ob das Projektcontrolling ein Projekt begleitet, hängt in erster Linie vom Auftragswert ab. Einfluss auf die Beteiligung des Projektcontrollings nimmt zudem die Komplexität. Ein Projekt ist z. B. dann komplex, wenn Partner an der Abwicklung beteiligt sind. Projekten von 100.000 € bis unter 1.000.000 € wird ein

Kriterien	A Großprojekt	B Projekt	C Kleinprojekt	D Maßnahme
Projektkosten in Tsd. EUR	> 2.500	250 – 2.500	25 - 250	Maßnahmen können im Umfang durchaus Projektcharakter haben (z. B. eine Mailingaktion). Es fehlt aber die neuartige Aufgabenstellung.
Projektdauer in Monaten	>18	9 – 18	<9	
Anzahl beteiligter Bereiche	>4	3 – 4	1 – 2	
Komplexität/ Risiko	sehr groß	groß	gering	
Bedeutung	sehr groß	groß	mittel	

Abb. 1.2 Projektkriterien einer Versicherung

Projektcontroller zugeordnet, und sie unterliegen der monatlichen Berichterstattung. Kleine Aufträge unter 100.000 € werden aufgrund ihrer kurzen Abwicklungszeit nur zum Auftragsstart geplant und bei Abrechnung buchhalterisch realisiert. In diesem Fall findet im Projektcontrolling keine aktive Überwachung statt. Für Kundenprojekte ab einem Auftragswert von 1.000.000 € erfolgt ein besonders intensives Projektcontrolling. In dieser Kategorie zählt der Projektcontroller zum Projektkernteam.

Was versteht man unter Projektmanagement?
Bei der Durchführung von Projekten tauchen Fragen auf wie

– Welche und wie viele Mitarbeiter werden benötigt?
– Stehen zu jeder Zeit genügend Mitarbeiter zur Verfügung?
– Welche Kosten fallen an?
– Welche Auswirkungen haben Terminverzögerungen bei einzelnen Aufgaben auf das gesamte Projekt?

Um diese Fragen kurzfristig beantworten zu können, müssen die Verantwortlichen zu jeder Zeit einen Überblick über das Projekt haben. Die Grundlage dafür bildet das **Projektmanagement**. Die DIN 69901 beschreibt Projektmanagement wie folgt:

▶ „Gesamtheit von Führungsaufgaben, -organisation, -techniken und -mitteln für die Initiierung, Definition, Planung, Steuerung und den Abschluss von Projekten."

Projektmanagement umfasst also das

– **WAS** eines Projektes (Aufgaben):
  – Projektplanung,
  – Projektkontrolle und -steuerung,
  – Personalführung im Projekt;
– **WER** eines Projektes (Organisation), z. B.:
  – Wahl eines geeigneten Organisationsmodells,
  – Festlegung des Projektteams,
  – organisatorische Einbindung der Projektgruppe in die Unternehmenshierarchie,
  – Einrichtung der Entscheidungsinstanzen (Lenkungsausschuss);
– **WIE** eines Projektes (Instrumente, Techniken, Methoden), z. B.:
  – Festlegung der Techniken für die Terminplanung,
  – Methoden für die Termin- und Kostenkontrolle,
  – IT-Tools zur Planung und für das Berichtswesen.

Projektmanagement beinhaltet nicht die Aktivitäten, die das zu lösende Problem selbst betreffen, insbesondere nicht die fachlichen Beiträge zur Problemlösung, sondern das **Management des Problemlösungsprozesses**.

Abb. 1.3 Das „magische Dreieck" des Projektmanagements

Welche grundlegenden Ziele verfolgt man mit Projektmanagement?

Projektmanagement dreht sich immer um die Ziele des „**magischen Dreiecks**" (vgl. Abb. 1.3).

- **Sachziele** geben die gewünschte Leistung und Qualität an.
- **Terminziele** beschreiben das gewünschte Projektende und bestimmte Zwischentermine.
- **Kostenziele** legen Obergrenzen für die Projektausgaben fest. Bei Projekten für einen externen Auftraggeber muss die Betrachtungsweise auf den wirtschaftlichen Erfolg ausgeweitet werden.

Die drei Ziele beeinflussen sich gegenseitig. Muss man z. B. den Fertigstellungstermin verkürzen, ist es erforderlich, mehr Personal einzusetzen oder Überstunden anzuordnen. In beiden Fällen steigen die Kosten. Alternativ kann auch die Leistung reduziert werden.

In kaum einem Projekt wird man alle Teilziele im selben Maße erreichen können. Deswegen ist es notwendig, vor Projektbeginn **Zielpräferenzen** festzulegen. Dies erleichtert die Steuerung des Projektes.

Warum ist Projektmanagement so wichtig?

Systematisches Vorgehen im Rahmen eines auf das Unternehmen abgestimmten Projektmanagements ist eine wichtige Voraussetzung, um Projekte erfolgreich abzuwickeln. In der betrieblichen Praxis treten oft deswegen Probleme auf, weil Projektmanagement nicht konsequent angewendet wird. Das verdeutlichen diverse Studien (vgl. Abb. 1.4; Engel et al. 2008) und die Projektpraxis:

- **Bauprojekte** werden zunehmend komplexer; deswegen erreicht man die gesetzten Ziele häufig nicht. Das zeigt sich vor allem in Großprojekten. Die Eröffnung des Hauptstadtflughafens Berlin Brandenburg verzögerte sich mehrmals. 2015 wurden die Gesamtkosten auf über 5,3 Milliarden € geschätzt, das waren 3,6 Milliarden € über dem Budget von 2007. Zudem lag das Projekt erheblich hinter dem Zeitplan. Der Generalsekretär der FDP beklagte, „… dass scheinbar sämtliche Frühwarnsysteme des Projektmanagements versagt haben" (Metzner et al. 2012).
- Vor allem **Forschungs- und Entwicklungsprojekte** sind mit einem erheblichen Risiko behaftet. Von 100 dieser Projekte sind 57 technisch, aber nur zwölf wirtschaftlich erfolgreich (Eglau 2000). Die Trefferquote geht dabei von Branche zu Branche weit auseinander. Für Forschungs- und Entwicklungsprojekte in der Pharmaindustrie ist sie

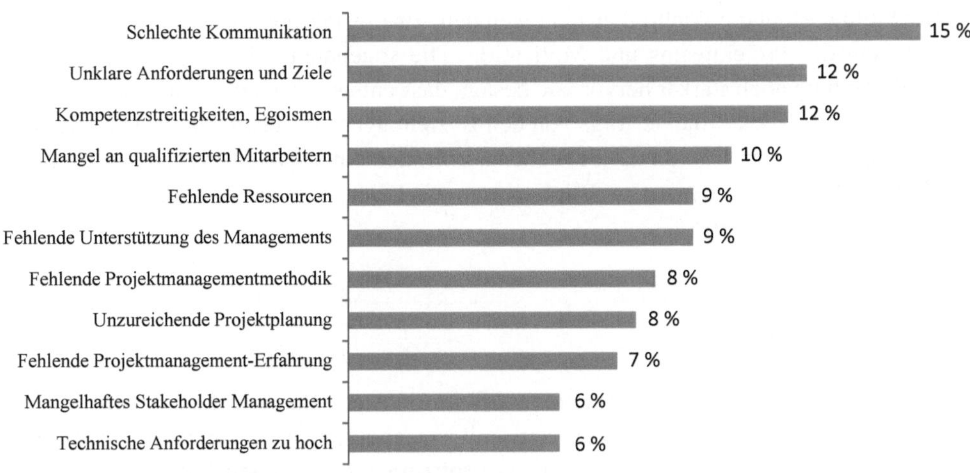

Abb. 1.4 Ursachen für das Scheitern von Projekten

sehr gering. Manche Pharmaunternehmen rechnen nur mit drei Prozent erfolgreicher Projekte bei der Entwicklung neuer Wirkstoffe für Medikamente.

– **IT-Projekte** überziehen oft das Budget und sind fehlerträchtig. Eine Studie der Universität Oxford und McKinsey zeigt, dass 1/6 aller IT-Projekte das geplante Budget um mehr als 200 Prozent und den geplanten Termin um 70 Prozent überschreitet (Flyvbjerg 2011). Ein erheblicher Teil der in Softwareprojekten erstellten Programme kann zudem erst nach erheblichen Modifikationen oder überhaupt nicht genutzt werden. So hatte das Projekt „Fiskus", in dem eine einheitliche Verwaltungssoftware für 700 Finanzämter erstellt werden sollte, nach zwölf Jahren Entwicklungszeit nur zwei kleine Programmteile als Testversion, 1,6 Millionen Zeilen weitgehend nutzlosen Programmcode und 50.000 Seiten Dokumentation vorzuweisen (Die Zeit 2004).

Welche Erfolgsfaktoren muss Projektmanagement berücksichtigen?
Die fünf wichtigsten Faktoren des Projekterfolgs sind laut einer Befragung von über 887 Projektleitern und Projektmitarbeitern (APM 2015):

1. Gründliche Planung und laufende Kontrolle des Projekts
2. Klare Projektziele, die von allen Stakeholdern akzeptiert werden
3. Regelmäßiger Informationsaustausch zwischen allen Beteiligten und eindeutige Reportingvorgaben
4. Führungsstarke Projektleiter, die in der Lage sind, ein kompetentes Projektteam zu bilden
5. Motivierte Projektbeteiligte, welche die Projektziele unbedingt erreichen wollen.

Die Studie betont die Wichtigkeit der „weichen" Erfolgsfaktoren, wie Führung, Zusammensetzung des Projektteams und Motivation. Die sogenannte „Eisberg-Theorie" hebt deren Bedeutung noch stärker hervor. Sie besagt, dass entsprechend dem unsichtbaren Teil eines Eisbergs 7/8 des Projekterfolgs von den Beziehungen zwischen den Projektbeteiligten abhängen und nur 1/8 von der Sachebene, z. B. den eingesetzten Instrumenten. Auch wenn diese Theorie auf den ersten Blick extrem erscheint, zeigt sie doch den Stellenwert des „menschlichen Faktors".

1.2 Controlling

Controlling unterstützt die Unternehmensführung bei der Planung und Kontrolle und sichert die Versorgung des Managements mit entscheidungsrelevanten Informationen (Fiedler und Gräf 2012). Dazu gehört die **Gestaltung** der genannten Aufgabenbereiche, also die Schaffung von Strukturen und Prozessen (sogenannte systembildende Funktion des Controllings). Man muss z. B. regeln, welche Pläne zu erstellen sind und wie deren Einhaltung kontrolliert werden kann. Es müssen auch die Verantwortlichkeiten, also z. B. die für den einzelnen Plan zuständige Organisationseinheiten, festgelegt werden. Außerdem sind die anzuwendenden Instrumente zu bestimmen. Controlling hat zudem die Aufgabe, zwischen Planung, Kontrolle und Informationsversorgung zu **koordinieren** (sogenannte systemkoppelnde Funktion des Controllings) (Hórvath 2011 und Küpper 2013). Die Daten der Planung sind daher so aufzubereiten, dass eine Kontrolle möglich wird. Auch innerhalb der Planung und Kontrolle sind Abstimmungen erforderlich. Es muss z. B. der Absatzplan mit dem Produktionsplan und dieser wiederum mit dem Investitionsplan koordiniert werden. Eine weitere, sehr wesentliche Abstimmung hat zwischen der strategischen Sichtweise, also der langfristigen Zielsetzung, und der operativen Perspektive zu erfolgen.

1.3 Projektcontrolling

Die DIN 69901 beschreibt das Projektcontrolling als Regelkreis:

► „Sicherung des Erreichens der Projektziele durch: Soll-Ist-Vergleich, Feststellung der Abweichungen, Bewerten der Konsequenzen und Vorschlagen von Korrekturmaßnahmen, Mitwirkung bei der Maßnahmenplanung und Kontrolle der Durchführung."

Die Übersicht in Abb. 1.5 enthält zudem konkrete Aussagen verschiedener Autoren zu den Aufgaben des Projektcontrollings.

Alter, 1991	- Beurteilung von Projektalternativen - Mitwirkung bei der Erstellung des Abschlussberichts
Bea, 2011	- Unterstützungsfunktion für alle Projektmanagementaufgaben - Sicherstellung der Verbindung zwischen Projektcontrolling, Multiprojektcontrolling und Unternehmenscontrolling - Begleitung des gesamten Managementprozesses vom Projektstart bis zum Abschluss des Projektes
Daum, Lawa, 1998	- Mitwirkung bei der Erarbeitung von Projektzielen - Informationsbereitstellung - Koordination und Moderation - Handhabung von Zielkonflikten - Unterstützung des Risikomanagements - Mitwirkung bei der Festlegung der Projektorganisation - Entwicklung und Einrichtung eines Planungs-, Kontroll- und Informationssystems - Mitwirkung bei der Maßnahmenplanung - Durchführung der Kostenplanung - Detaillierung der Ressourcen- und Terminplanung - Überwachung von Kosten, Leistungen und Terminen - Durchführung der Abschlusskontrolle und -dokumentation - Pflege und Weiterentwicklung des Projektmanagementsystems
Hilpert u. a., 2001	- Begleitung der Projekte - Sicherstellung der Transparenz des Projektgeschehens - Unterstützung der Planung - Unterstützung der wirtschaftlichen Projektabwicklung - Entwicklung und Pflege von Methoden und Hilfsmitteln
Koreimann, 2005	- Laufende Überwachung der Projekte - Beratung der Projektinstanzen - Definition der Kontrollobjekte - Finanzcontrolling und Inhaltscontrolling
Krüger u. a., 1999	- Mitwirkung bei der Projektstrukturierung - Prüfung der Arbeitspakete - Unterstützung der Personalführung - Koordination von Teilplänen - Gewährleistung einer richtlinienkonformen Projektplanung - Überwachung der im Projekt realisierten Wertschöpfung - Sicherstellung der Informationsversorgung

Abb. 1.5 Aufgaben des Projektcontrollings in der Literatur

	- Mitwirkung bei der Gestaltung des Berichtswesens - Sicherstellung der Übereinstimmung von Verantwortung und Kompetenz der Projektbeteiligten - Hilfe bei der Auswahl projektbezogener Anreizsysteme
Kütz, 2012	- Unterstützung des Projektmanagements bei der Führung und Steuerung von Projekten - Bereitstellung der für die Projektsteuerung benötigten Verfahren, Methoden und Werkzeuge - Bereitstellung geeigneter Daten für Entscheidungen - Dienstleister und kritischer Berater für das Projektmanagement

Abb. 1.5 (Fortsetzung)

Praxisbeispiel

Die **Daimler AG** beschreibt die Aufgaben für die Stelle des Projektcontrollers wie folgt (gekürzter Auszug):

„Beim Projektcontroller liegt der Fokus auf einem (oder mehreren) Projekt(en). Er unterstützt den Projektleiter sowohl im Finanzcontrolling des Projekts als auch in der Früherkennung von Chancen, Gefahren und Risiken für das Projekt, wofür er Analysen bereitstellt und Verbesserungsmöglichkeiten vorschlägt.

Verantwortung, Aufgaben und Kompetenzen des Projektcontrollers:

- unterstützt das Erreichen der Projektziele,
- erstellt die Kostenplanung und führt das Leistungs-, Termin- und Kosten-Controlling durch,
- erhebt Ist-Daten der Projekte, wertet aus und prognostiziert,
- schafft Transparenz im Projekt und im projektrelevanten Umfeld,
- unterstützt das Risikomanagement für das Projekt,
- führt ein an der Projektlaufzeit orientiertes Berichtswesen ein und liefert Input,
- sorgt für den kurzfristigen Aufbau und Abbau eines Controllingsystems und für die Weitergabe der Lessons Learned."

Die Aussagen aus der DIN 69901, der Literatur und dem Unternehmensbeispiel verdeutlichen, dass sich ein Projektcontrolling nicht auf die Planung und Kontrolle der Kosten beschränkt. Der umfassende Servicecharakter des Projektcontrollings ist gut erkennbar. Abb. 1.6 zeigt zusammenfassend die Aufgaben eines Projektcontrollings.

Projektcontrolling kümmert sich zum einen um die grundlegende **Gestaltung der Strukturen und Prozesse**, die für eine effiziente Projektabwicklung erforderlich sind. Dafür sind die Planungs- und Kontrollaufgaben, die im Projekt allgemein und durch das Projektcontrolling im Besonderen wahrgenommen werden, festzulegen. Außerdem sollten verantwortliche Stellen eindeutig bestimmt werden, die für diese Aufgaben zuständig

Abb. 1.6 Übersicht über die Aufgaben des Projektcontrollings

	Planung	Kontrolle
Gestaltung		
- Aufgaben	X	X
- Verantwortliche	X	X
- Instrumente	X	X
- Informationen	X	X
Koordination	X	X

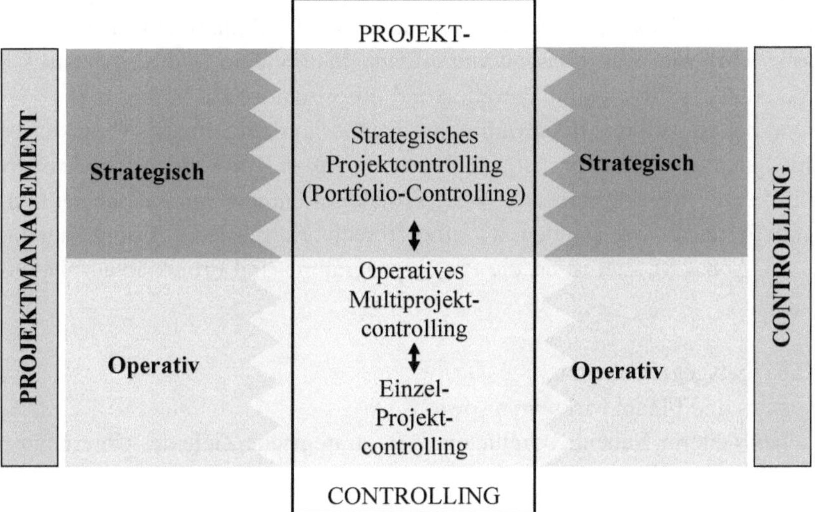

Abb. 1.7 Bausteine eines ganzheitlichen Projektcontrollings

sind. Zudem muss man klären, mit welchen Instrumenten Projekte abgewickelt werden und welche Informationen bereitzustellen sind.

Auf der Basis der festgelegten Strukturen kann sich das Projektcontrolling in vielfältiger Weise um die laufende Unterstützung der Projektmanagementaufgaben (=**Koordination**) kümmern. Es begleitet die Projektabwicklung und hilft der bei der Projektplanung und -kontrolle. Projektcontrolling gewährleistet auch die Verbindung der Projektplanung, -steuerung und -kontrolle mit dem Unternehmenscontrolling (vgl. Abb. 1.7). Dies ist wichtig, da die Daten der Projekte in erheblichem Maße den Erfolg und die Liquidität eines Unternehmens beeinflussen.

Zusammenfassend kann Projektcontrolling wie folgt charakterisiert werden:

▶ Projektcontrolling unterstützt das Projektmanagement bei der Gestaltung und laufenden Abstimmung der strategischen und operativen Projektmanagementaufgaben, insbesondere bei der Projektplanung und -kontrolle. Projektcontrolling sichert so die Rationalität des Projektmanagements.[1]

Bausteine eines ganzheitlichen Projektcontrollings

Man unterscheidet Einzelprojektcontrolling, operatives Multiprojektcontrolling und strategisches Projektcontrolling (vgl. Abb. 1.7). Jedoch werden die Begriffe nicht einheitlich verwendet. Üblich ist es auch, das strategische Projektcontrolling als strategisches Multiprojektcontrolling oder Portfolio-Controlling zu bezeichnen.

Ziel des **Einzelprojektcontrollings** ist es, das Projektmanagement so zu unterstützen, dass das Projekt bezüglich der Eckpfeiler Qualität und Funktionalität, Kosten und Zeit erfolgreich abgewickelt wird. Ein ganzheitlicher Lösungsansatz für das Einzelprojektcontrolling orientiert sich an den Lebenszyklusphasen des Projektes und stellt den Verantwortlichen sowohl phasenspezifische (z. B. zur Angebotskalkulation oder für den Projektabschlussbericht) wie auch phasenübergreifende Instrumente (wie Projektstrukturpläne oder Werkzeuge zur Projektadministration und -information) zur Verfügung.

Während das Einzelprojektcontrolling auf die Gesamtlaufzeit eines Projektes bezogen und damit kalenderunabhängig ist, werden beim **operativen Multiprojektcontrolling** mehrere Projekte (Projektgruppen bzw. die Projektgesamtheit) mit unterschiedlichen Terminen und Fertigstellungsständen für eine Abrechnungsperiode zusammengefasst betrachtet (vgl. Abb. 1.8). Ziel ist es, die Projektprogramm- und Projektablaufplanung unter Beachtung

- der Kapazitätsgegebenheiten,
- der Kosten- und Finanzwirkungen sowie
- möglicher weiterer Nebenbedingungen (z. B. strategische Ziele des Unternehmens)

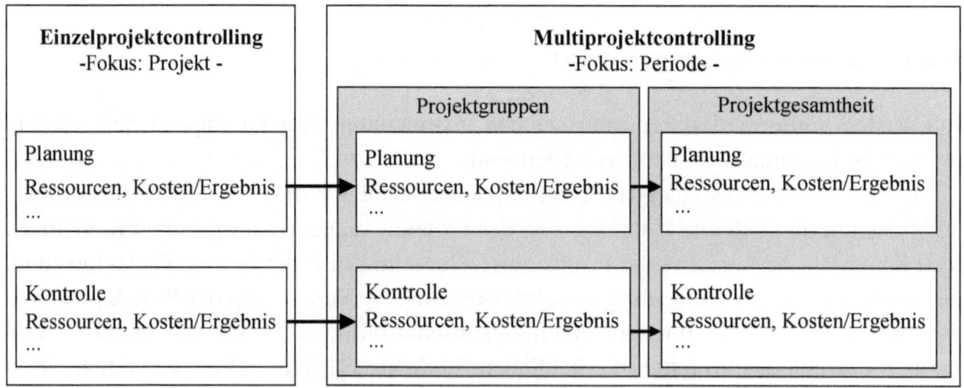

Abb. 1.8 Zusammenhang zwischen Einzel- und Multiprojektcontrolling

---

[1] In Anlehnung an Weber, der konstatiert: „Controlling hat grundsätzlich die Aufgabe, die Rationalität des Managements zu sichern" (Weber und Blum 2003).

zu einem gemäß den Bereichs- bzw. Unternehmenszielen bestmöglichen Gesamtgefüge zu koordinieren.

Die wesentlichen Herausforderungen des Multiprojektcontrollings liegen in der

- Periodisierung der Erfolgs- und Liquiditätsdaten für die Projekte.
- In der Praxis zeigt sich, dass zwar mit Projektbeginn eine erste Verteilung der Projektinformationen auf die Perioden vorgenommen wird, es aber Probleme bei der laufenden Aktualisierung dieser Informationen gibt. Ursachen dafür sind der enorme Arbeitsaufwand (z. B. aufgrund der hohen Detaillierung der Planung), die mangelnde Unterstützung durch geeignete IT-Werkzeuge oder die fehlenden Informationen zum Projekt, weil etwa die neuesten Verträge bzw. Vereinbarungen dem Planenden nicht vorliegen.
- Koordination der Ressourcen.
- Dazu gehören die Transparenz über die verfügbaren Ressourcen, deren spezifische Fähigkeiten und deren Auslastungsgrad im Betrachtungszeitraum. Nicht selten zeigt sich, dass es Projektmitarbeiter gibt, die ständig zu 150 Prozent ausgelastet sind, während andere noch freie Kapazitäten haben, weil ihre Fähigkeiten und/oder ihre tatsächliche Auslastung nicht transparent sind.
- Verdichtung der Ergebnis-, Finanz- und Risikoinformationen der Einzelprojekte zur Projektgruppe bzw. der Projektgesamtheit.
- Voraussetzung dafür ist, dass die Projekte ab einer bestimmten Verdichtungsebene in einer vergleichbaren Struktur geplant werden und zeitnah aggregierbar sind. Hier fehlen häufig eine gemeinsame Planungsmethodik sowie eine einheitliche IT-Unterstützung.

Die Instrumente des Multiprojektcontrollings sind im Prinzip die gleichen wie beim Einzelprojektcontrolling, nur mit dem Unterschied, dass mehrere Projekte gleichzeitig bzw. zu einer Gruppe verdichtet betrachtet werden.

Das **strategische Projektcontrolling** unterstützt insbesondere die Bereitstellung von Informationen und Instrumenten zur effektiven Projektbewertung, Projektpriorisierung und Projektauswahl.

In der betrieblichen Praxis ist das Aufgabenspektrum des Projektcontrollings sehr unterschiedlich ausgeprägt. Die beiden folgenden Beispiele von Lufthansa Systems und der Outokumpu Technology GmbH verdeutlichen dies.

Praxisbeispiel

Projektcontrolling wird bei **Lufthansa Systems GmbH & Co. KG** wie folgt beschrieben: „Maßnahmen zur Beurteilung von Einzelprojekten, namentlich auch um Projektabbruchentscheidungen, aber auch Projektbeschleunigungen (mit entsprechenden Kostenerhöhungen) zu fundieren". Im Einzelnen werden bei Lufthansa Systems die folgenden Aufgaben als essentiell für das Projektcontrolling angesehen:

- Projektplanung
  Die Aufgliederung des Projekts in Phasen und in Arbeitspakete steht im Vordergrund. Bei der Bildung von Arbeitspaketen werden analoge Prinzipien wie bei der

Bildung von Kostenstellen angewendet (Aufgabenverantwortlicher, hinreichendes Arbeitspaketvolumen, Beeinflussbarkeit u. a.).

– Stufung der Projektplanungsmaßnahmen
Es hat sich bewährt, zunächst Kernbestandteile des Projektes zu erfassen, während Randarbeitspakete erst nachfolgend im Projektplan ausgearbeitet und verfeinert werden.

– Projektkontrolle
Es werden Plan- und Istzahlen verglichen sowie die noch zu erbringenden Aufwände prognostiziert. Diese Daten werden auch zum Aufbau von Projekterfahrungsdatenbanken verwendet.

– Projektsteuerung
Die Steuerung orientiert sich an den zeitlichen Meilensteinen, bei denen vordefinierte Projektziele erreicht sein müssen. Darüber hinaus erfolgt zu diesen Zeitpunkten eine Budgetkontrolle, um auch von außen rechtzeitig steuernd in den Projektablauf eingreifen zu können.

Die Aufgaben des Projektcontrollings bei der **Outokumpu Technology GmbH** gliedern sich im Wesentlichen in die Beratungsfunktion gegenüber dem Projektverantwortlichen und die Berichtspflicht gegenüber dem Management. Neben der Aufbereitung relevanter Informationen hat der Projektcontroller die Aufgabe, Abweichungen zu überwachen und wichtige Informationen aufzubereiten. Der Projektcontroller ist zudem Ansprechpartner für alle Mitglieder des Projektteams hinsichtlich kostenrelevanter Fragen. Er unterstützt auch das Multiprojektmanagement, indem er die Daten aller Projekte für die Periodenabschlüsse bereitstellt.

Wer ist für das Projektcontrolling zuständig?

Die Zuständigkeit für das Projektcontrolling hängt von den betrieblichen Gegebenheiten und der Art des Projektes ab. In kleinen Projekten wird der Projektleiter auch die Controllingaufgaben übernehmen müssen (vgl. Pfeil 1 in Abb. 1.9). In diesem Fall sollte darauf geachtet werden, dass er das notwendige betriebswirtschaftliche Verständnis hat und die wichtigsten Controllinginstrumente beherrscht. In größeren Projekten werden jedoch spezielle (Projektcontrolling-) Stellen nötig sein, denen Aufgaben wie die Erstellung des Projektreports übertragen werden. Die Entlastung des Projektleiters durch den Projektcontroller kann in unter-

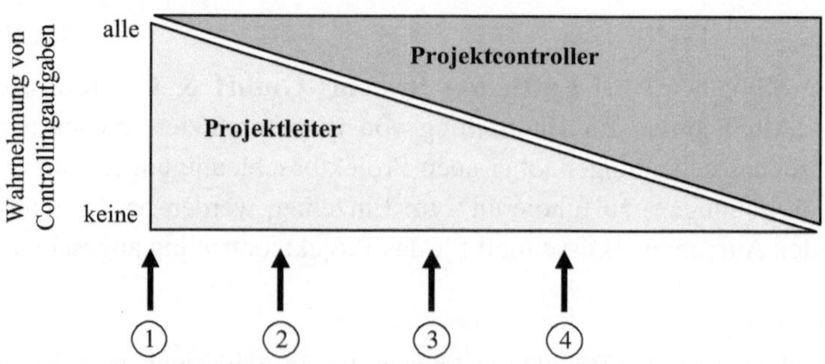

Abb. 1.9 Wahrnehmung von Controllingaufgaben durch Projektleiter und Projektcontroller

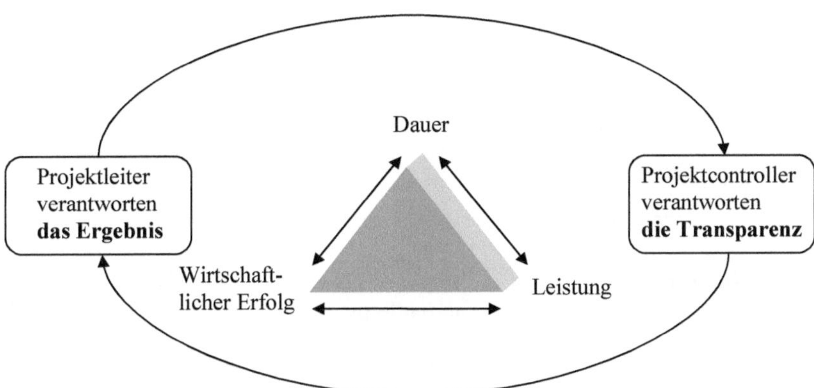

Abb. 1.10 Verantwortung von Projektleiter und Projektcontroller

schiedlichem Maße realisiert werden und hängt von Größe und Bedeutung eines Projekts und von den verfügbaren Controllerressourcen ab (vgl. Pfeile 2 bis 4 in Abb. 1.9).

Bei der Aufgabenteilung zwischen Projektleiter und Projektcontroller ist zu berücksichtigen, dass der Projektcontroller dem Projektleiter die Entscheidung nicht abnehmen kann. Während der Projektleiter das wirtschaftliche Projektergebnis, die Leistung und die Einhaltung der Projekttermine zu verantworten hat, ist der Projektcontroller vor allem für die **Transparenz der Daten** zuständig (vgl. Abb. 1.10). Im Idealfall versteht der Controller den Projektleiter und liefert daher die richtigen Informationen für die Projektsteuerung (Deyhle 1977).

Abb. 1.11 zeigt, dass nicht nur Projektleiter und Projektcontroller für die Controllingaufgaben im Projekt zuständig sind. Auch Fachabteilungen (z. B. kalkuliert der Vertrieb die Projektkosten für ein Kundenangebot) oder ein Project Office nehmen Controllingaufgaben wahr. Unternehmen, die aus Kostengründen keine eigenen Stellen für Projektcontroller einrichten wollen, können auf externe Controller zurückgreifen. Dieses „Controlling auf Zeit" wird oft von Unternehmensberatern angeboten.

Das folgende Praxisbeispiel verdeutlicht, wie Controllingaufgaben je nach Projektphase von unterschiedlichen Stellen wahrgenommen werden können.

Praxisbeispiel

Bei der **Lufthansa Systems GmbH** sind grundsätzlich drei verschiedene organisatorische Ebenen am Projektcontrolling beteiligt: zentrales Controlling, Vertrieb und die Profit-Center. Während das zentrale Controlling als Stabsstelle mit zentralen Funktionen angelegt ist, sind der Vertrieb einerseits und die leistungserbringenden Profit-Center auf der anderen Seite als Matrix miteinander verknüpft. Sie tragen grundsätzlich gemeinsame Verantwortung für das Projektcontrolling.

- Aufgaben des zentralen Controllings:
  Controlling aller Projekte der Kategorie A und B sowie ausgewählter, abgestimmter Projekte der Kategorie C.

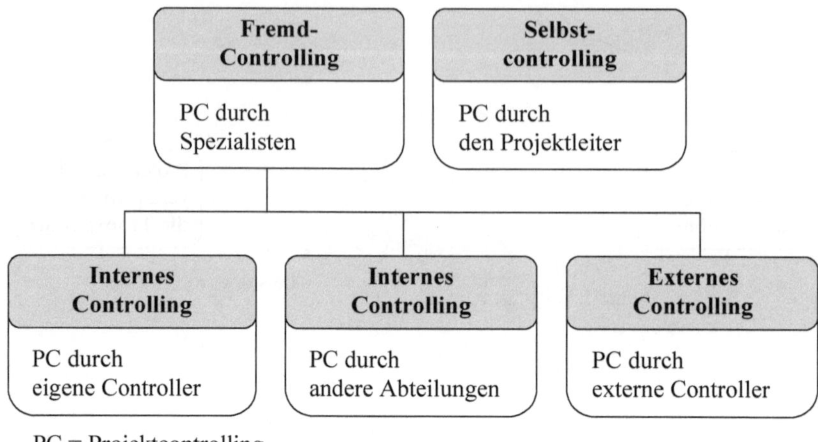

Abb. 1.11 Träger des Projektcontrollings

- Aufgaben des Vertriebs:
  Monitoring des mit dem Projektleiter vereinbarten Deckungsbeitrages und Kostenrahmens sowie sonstiger Punkte laut Projektvereinbarung.
- Aufgaben der Profit-Center:
  Controlling des Deckungsbeitrags und monatliche Kontrolle der Terminsituation pro zugeordnetem Projekt.

Die Aufgabenteilung für das Controlling ändert sich projektphasenbezogen. Zu allen Zeitpunkten sind jedoch immer das zentrale Controlling, der Vertrieb, die Profit-Center und Projektmanager in den Controllingprozess involviert.

Angebotsphase
Während der Angebotsphase liegt die Hauptverantwortung beim Vertrieb. Er muss z. B. den Leistungsumfang, die Kosten und Preise mit dem Projektleiter abstimmen.

Projektinitialisierung/Projektstart
Beim Projektstart geht die Hauptverantwortung für das Controlling auf den Profit-Center-Leiter über.

Projektdurchführung
Während der Projektdurchführung wiederum liegt die Hauptaufgabe des Controllings beim Projektleiter. Er hat dafür Sorge zu tragen, dass alle controllingrelevanten Daten des Projektes an die beteiligten Controllingstellen weitergeleitet werden. Im Wesentlichen erstellt er den monatlichen Statusbericht und leitet diesen an das verantwortliche Profit-Center weiter. Der Projektleiter berichtet auch an das zentrale Controlling.

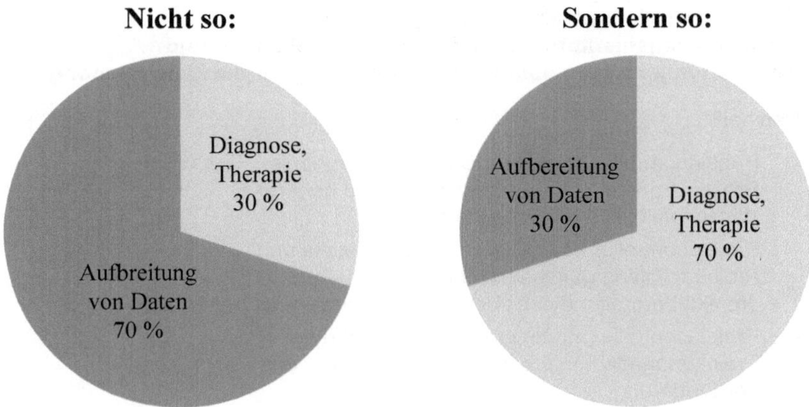

Abb. 1.12 Aufgabenschwerpunkte des Projektcontrollers

Wie sieht das Leitbild des Projektcontrollers aus?

Der Projektcontroller kann mit einem Arzt verglichen werden. Während der Arzt ein langes gesundes Leben seiner Patienten erreichen möchte, arbeitet der Controller für eine dauerhafte positive Unternehmensentwicklung. Arzt wie Controller helfen und unterstützen bei Entscheidungen. Sie bieten oft keine fertigen Lösungen an. Wichtig ist aber, dass man ihnen großes Vertrauen entgegenbringt.

Auch die Aufgabenschwerpunkte beider Berufe sind vergleichbar. Nachdem eine Krankheit erkannt wurde, erfolgt die Diagnose. Diese und die Therapie stehen dabei im Mittelpunkt aller Bemühungen (vgl. Abb. 1.12).

Ein Großteil der Aufgaben eines Controllers in der betrieblichen Praxis besteht jedoch oft noch in der aufwändigen Selektion und Aufbereitung von Daten. Es bleibt zu wenig Zeit, um Daten zu analysieren, Abweichungsursachen zu diagnostizieren und Maßnahmen vorzuschlagen.

Der gute Arzt wird vorbeugende Maßnahmen ergreifen, damit eine Krankheit gar nicht erst ausbrechen kann. Auch der Projektcontroller sollte sein Augenmerk vor allem auf die Zukunft des Projektes legen. Er muss sich um die vorbeugende Verhinderung von Abweichungen kümmern. Der Projektcontroller hat die Frage „Warum kann das Projektergebnis sinken, und was ist zu tun, um das Planziel zu erreichen?" zu stellen und zu beantworten. Die Information, dass das Projektergebnis vier Prozent unter dem Plan liegt, ist demgegenüber weniger interessant.

Zusammenfassend ist zu fordern, dass der Projektcontroller eine Dienstleistung erbringen muss. Er leistet für das Management und die Projektleitung einen Service und ist betriebswirtschaftlicher Berater (Deyhle 1992). Insofern gilt das allgemeine Controller-Leitbild der International Group of Controlling (International Group of Controlling 2010) nicht nur für den Unternehmenscontroller, sondern auch für den Projektcontroller. In Abb. 1.13 wurde es für den Projektcontroller angepasst.

> **Projektcontroller gestalten und begleiten den Projektmanagementprozess der Zielfindung, Planung und Steuerung und tragen damit Mitverantwortung für die Zielerreichung.**
>
> Das heißt:
>
> - Projektcontroller sorgen für Strategie-, Ergebnis-, Finanz-, Prozesstransparenz und tragen somit zu höherer Wirtschaftlichkeit der Projekte bei.
> - Projektcontroller koordinieren Projektteilziele und Projektteilpläne ganzheitlich und organisieren projektübergreifend das zukunftsorientierte Projektreporting.
> - Projektcontroller moderieren und gestalten den Projektmanagementprozess der Zielfindung, der Planung und der Steuerung.
> - Projektcontroller leisten den dazu erforderlichen Service der Daten- und Informationsversorgung.
> - Projektcontroller gestalten und pflegen die Projektcontrollingsysteme.

Abb. 1.13 Leitbild für den Projektcontroller

Welche Qualifikation sollte der Projektcontroller aufweisen?

Einen erfolgreichen Projektcontroller zeichnen vor allem Kommunikationsfähigkeit, persönliches Engagement und eine ausgeprägte analytische Begabung aus. In Unternehmen mit international zusammengesetzten Projektteams ist zudem ein Verständnis für die verschiedenen Kulturen wichtig.

Praxisbeispiel

In einem internationalen IT-Großprojekt der **Thomas Cook AG**, für das große Teile in Großbritannien erarbeitet wurden, hat man die Erfahrung gemacht, dass viele Gespräche und das Verstehen der verschiedenen Kulturen entscheidend für den Erfolg des Controllings waren. In Großbritannien ist man z. B. gut beraten, Probleme mehr zu umschreiben als offen anzusprechen und nach Büroschluss nicht über die Arbeit zu reden. Das schafft mehr Akzeptanz, als die englische Sprache perfekt in Wort und Schrift zu beherrschen.

Der erfolgreiche Einzelprojektcontroller benötigt darüber hinaus Fachkenntnisse des Projektmanagements und Erfahrungen in der Abwicklung von Projekten. Deswegen ist es vorteilhaft, wenn frühere Projektleiter als Projektcontroller installiert werden. Sie kennen die typischen Probleme und werden als kompetente Ansprechpartner akzeptiert.

Abb. 1.14 zeigt persönliche und fachliche Anforderungen, wie man sie vielfach den Stellenannoncen für Projektcontroller entnehmen kann.

Wie sind Projektcontroller hierarchisch einzuordnen?

Eine empfehlenswerte Regelung besteht darin, dass der Projektcontroller **disziplinarisch** dem Leiter des Geschäftsbereichs, der für das Projekt verantwortlich ist, untersteht

Persönliche Anforderungen	Fachliche Anforderungen
Persönliches Engagement	Erfahrung in der Projektabwicklung
Teamfähigkeit	Kenntnisse des Projektmanagements
Analytische Fähigkeiten	Beherrschung der Methoden/Tools
Selbständiges Arbeiten	Erfahrung im Aufbau, in der Pflege und in der Weiterentwicklung von Informationssystemen
Kommunikationsfähigkeit	
Durchsetzungsvermögen	

Abb. 1.14 Anforderungen an den Projektcontroller

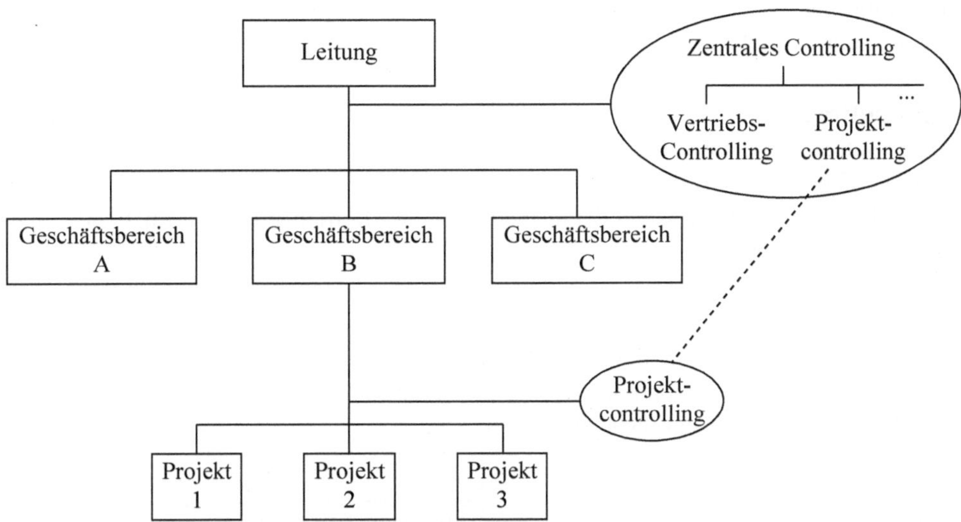

Abb. 1.15 Hierarchische Eingliederung des Projektcontrollers

(vgl. Abb. 1.15). Zu begründen ist dies damit, dass der Geschäftsbereichsleiter die Gesamtverantwortung trägt. Dazu müssen ihm alle Stellen untergeordnet sein. Außerdem könnte der Projektcontroller als Fremdkörper empfunden werden, wenn er z. B. in einer zentralen Stabsstelle außerhalb des projektleistenden Bereichs lokalisiert wäre.

Die **fachliche** Weisungsbefugnis sollte jedoch bei einem vorgesetzten zentralen Controller angesiedelt sein. Das ist notwendig, damit die Einheitlichkeit des Controllings im Unternehmen gewährleistet ist. Diese Regelung wird als „dotted-line-Prinzip" bezeichnet, weil in Organigrammen die fachliche Weisungsbefugnis häufig mit einer gestrichelten Linie skizziert wird.

In den Unternehmen wird das Projektcontrolling, wie die folgenden Beispiele verdeutlichen, sehr unterschiedlich verankert.

Das Controlling der Kundenaufträge erfolgt bei der **Outokumpu Technology GmbH** innerhalb einer eigenständigen Abteilung des Projektmanagements. Da sich in der Regel zwischen 15 und 30 Großprojekte zeitgleich im Auftragsbestand befinden, erfordert die Abwicklung ein spezialisiertes Projektführungsteam. Dieses Team setzt sich aus Projektleiter, Projektkaufmann, Engineering-Manager, Projektcontroller und Baustellenleiter zusammen.

Im Produktbereich Instrumentation Systems der **Robert Bosch GmbH** ist das Projektcontrolling fester Bestandteil des Projektmanagements. Wie man in Abb. 1.16 erkennt, ist das Projektcontrolling fachlich und disziplinarisch dem Leiter des Projektmanagements unterstellt.

Wie sollte das Projektcontrolling eingeführt werden?

Die Einführung des Projektcontrollings ist ein eigenes Projekt. Das Vorgehen beinhaltet folgende Schritte und Aufgaben:

Projektauftrag

- Benennung der Verantwortlichen,
- Festlegung der Zielsetzung und Termine,
- frühe Information der Stakeholder, insbesondere des Betriebsrats, der Projektleiter und der Fachabteilungen.

Ist-Erhebung

- Realistische Beschreibung der Ausgangssituation:
  - Existiert ein funktionierendes Rechnungswesen?
  - Wie gut ist das Projektmanagement ausgebaut?

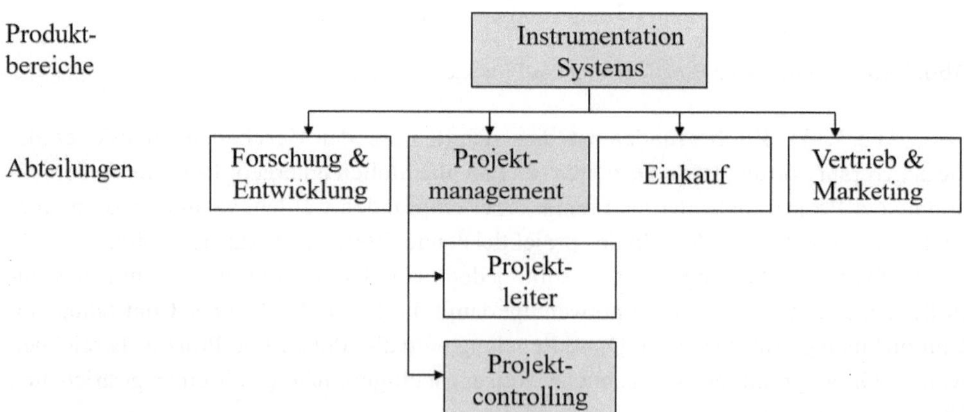

Abb. 1.16 Organisatorische Einbindung des Projektcontrollings in einem Produktbereich der Robert Bosch GmbH

- Gibt es eine institutionalisierte Planung?
- Sind bereits Controllingstellen eingerichtet?
- Feststellung möglicher Probleme und Widerstände:
  Gibt es unterschiedlichen Sachverstand, Unstimmigkeiten über den Ablauf, persönliche Aversionen, mangelnde Akzeptanz der neuen Rollen- und Machtverteilung, begrenzte Ressourcen?

Soll-Konzept

- Definition des Aufgabenumfangs:
  - Welche Aufgaben soll der Projektcontroller sofort wahrnehmen?
  - Was ist außerhalb seines Zuständigkeitsbereichs?
    Die Einführung eines Projektcontrollings sollte „engpassbezogen" erfolgen. Nicht von Anfang an ein ausgefeiltes allumfassendes Projektcontrolling anstreben, sondern zunächst nur solche Aufgaben unterstützen, die kritisch sind.
- Festlegung der Arbeitsteilung zwischen Projektcontrolling und den anderen Abteilungen, die Controllingaufgaben wahrnehmen sollen.
- Auswahl der Instrumente für das Projektcontrolling.
- Bestimmung der bereitzustellenden Informationen.
- Festlegung der hierarchischen Eingliederung des Projektcontrollers.
- Einbindung der betroffenen Abteilungen und Stellen (Controlling, Qualitätssicherung, Vertrieb, Projektleiter). Sie sollten die Gelegenheit erhalten, ihre Erfahrungen einfließen zu lassen und an der Konzeption mitzuwirken.
- Planung der Maßnahmen zur Beseitigung von Widerständen (Informationen liefern, miteinander reden, Kompromisse aushandeln).
- Suche geeigneter Projektcontroller.
- Erstellung eines Projektcontrollinghandbuchs mit dem groben Konzept.
- Erforderliche Schulung der Projektleiter und Projektcontroller.

Einführung

- Erstmalige Anwendung des Projektcontrollings bei einem sorgfältig ausgesuchten Projekt mit einem qualifizierten und aufgeschlossenen Projektleiter und mit Unterstützung durch die Unternehmensleitung.
- Auswertung der Erfahrungen und Modifikation des Projektcontrollingkonzepts.
- Weitere Verbreitung des Projektcontrollings und laufende Anpassung.
- Regelmäßiger Erfahrungsaustausch zwischen Projektleiter und Projektcontroller.

Die Aufgaben, die das Projektcontrolling wahrnimmt, und die verwendeten Methoden können sich am Reifegrad des vorhandenen Projektmanagements orientieren. Das Capability Maturity Modell unterscheidet fünf Stufen in der Entwicklung des Projektmanagements (Software Engineering Institute 2009; Kneuper 2006):

1. Initial

Prozesse für die Projektabwicklung sind nicht festgelegt. Der Projekterfolg hängt vom einzelnen Projektleiter ab. Probleme werden durch ad-hoc-Maßnahmen gelöst. Projektergebnisse sind kaum vorhersehbar.

2. Managed

Ein grundlegendes Vorgehensmodell für Projekte existiert. Erfahrungen abgeschlossener Projekte werden dokumentiert und für die Planung neuer Projekte angewandt. Restkosten und Restdauer sind einigermaßen zuverlässig vorherzusagen. Die Projektergebnisse schwanken jedoch noch stark. Ein grundlegendes Qualitätssicherungssystem ist etabliert.

3. Defined

Die Projektmanagementprozesse sind unternehmensweit eingeführt und messbar. Kosten und Zeiten sind zuverlässig zu prognostizieren. Die Projekte sind transparent und überprüfbar.

4. Quantitatively Managed

Für alle Projekte werden quantitative Ziele vorgegeben und überwacht. Alle relevanten Projektdaten sind verfügbar. Sie werden regelmäßig analysiert und zur Optimierung der Projektprozesse verwendet.

5. Optimizing

Die gesamte Organisation ist bestrebt, Schwachstellen aufzudecken und ihre Prozesse zu verbessern.

Liegt ein geringer Reifegrad des Projektmanagements vor, wird sich das Projektcontrolling zunächst um die Beseitigung der größten Defizite kümmern. Mit zunehmender Reife des Projektmanagements wird das Projektcontrolling weitere Aufgaben übernehmen und differenziertere Methoden einsetzen. Im anzustrebenden Idealzustand existieren auch ein strategisches Projektcontrolling und ein Multiprojektcontrolling; einzelne Projekte mit hoher Bedeutung werden umfassend durch Projektcontroller unterstützt.

Praxisbeispiel

Die **Lufthansa Systems GmbH** hat bei der Einführung des Projektcontrollings die Erfahrung gemacht, dass es entscheidend ist, die Projektleiter von der Wichtigkeit des Projektcontrollings zu überzeugen und Arbeitshilfen zu schaffen, die den Overhead für die Projektleiter begrenzen. Möglich wird dies einerseits durch die Etablierung einer durchgängigen, verständlichen, wirtschaftlichen Projektsteuerungsphilosophie sowie durch die Nutzung von Standardwerkzeugen wie Excel, Word und an den Stellen, an denen es absolut notwendig ist, durch den Einsatz von MS Project und auch SAP. Die Projektverfolgung darf für den Projektleiter keinen zusätzlichen Aufwand bedeuten. Das hat zur Konsequenz, dass alle notwendigen Daten (bis auf die Prognosedaten) von vorgelagerten Systemen möglichst automatisiert geliefert werden müssen. Auch das

Berichtswesen leitet sich direkt aus den Projektverfolgungsdaten des Projektleiters ab. Berichte sollten ebenfalls so weit wie möglich automatisiert erzeugt werden.

Wie kann der Nutzen eines Projektcontrollings begründet werden?

Für ein Versicherungsunternehmen errechnete man über einen Zeitraum von neun Jahren einen Return on Investment für das Projektmanagement von 33 Prozent (Lappe und Spang 2012). Jeder in das Projektmanagement investierte Euro brachte also 33 Cent Gewinn. Ähnliche Untersuchungen liegen für Projektcontrolling nicht vor. Eine Umfrage von Schäffer u. a. zeigt jedoch, dass in sehr erfolgreichen Unternehmen Controller stärker an den Entscheidungen über Investitionsprojekte beteiligt sind und dass dort weniger Fehlinvestitionen vorliegen (vgl. Abb. 1.17; Weber und Janke 2013).

Es ist anzunehmen, dass die Unterstützung eines Projekts durch den Projektcontroller in der Regel zu geringeren Kosten und zu reduzierter Dauer im Vergleich zu einem Projekt ohne Projektcontrolling führen würde. Dabei wird der Nutzen des Projektcontrollings durch zwei Effekte beeinflusst, die zu höheren Kosten führen und die man deshalb gegenüber den Projektverantwortlichen kommunizieren sollte, um einer Abwehrhaltung gegenüber dem Projektcontrolling vorzubeugen:

1. Der zusätzliche Aufwand für die Arbeit des Controllers muss berücksichtigt werden. Nach einer Untersuchung bewegt sich der Anteil der Kosten für Projektplanung, -kontrolle und -information je nach Projektgröße zwischen vier und 0,5 Prozent des Projektbudgets (siehe Abb. 1.18; Schmitz und Windhausen 1980). Der Kostenanteil für Projektcontrolling dürfte tatsächlich eher bei 0,5 Prozent liegen, da Projektcontrolling nur einen Teil dieser Aufgaben wahrnimmt. Zudem gibt es noch einen weiteren Anhaltspunkt für die zusätzlichen Kosten eines Projektcontrollings. Die Unternehmensberatung Horváth & Partners führt regelmäßig Benchmarks für das Unternehmenscon-

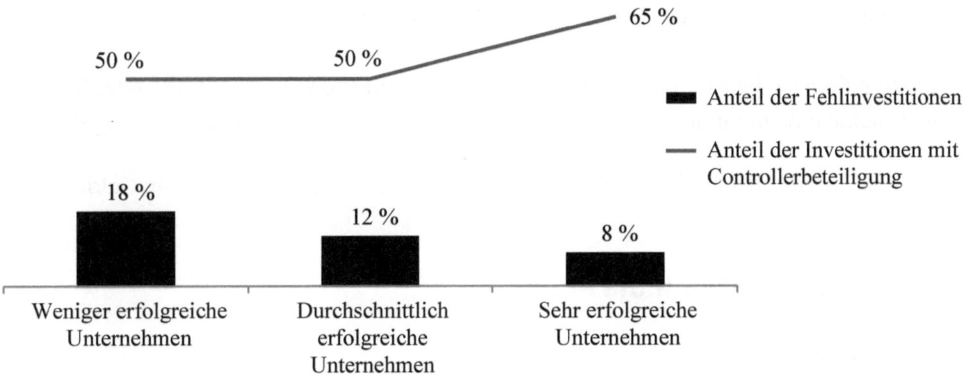

Abb. 1.17 Beteiligung von Controllern bei Investitionsentscheidungen

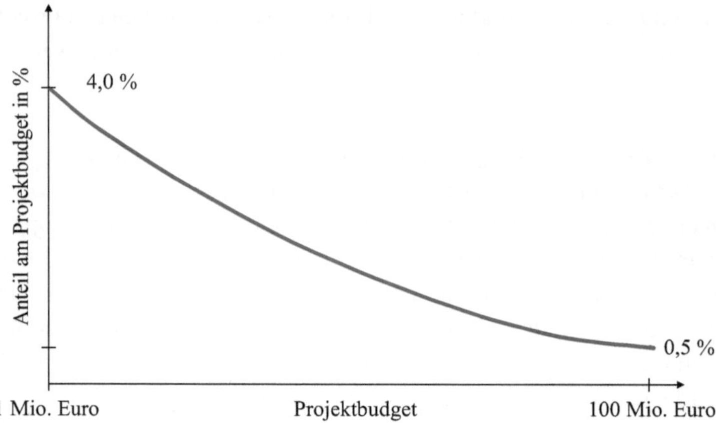

Abb. 1.18 Anteil der Kosten von Projektplanung, Projektkontrolle und Projektinformation am Projektbudget

trolling durch. Eine Erkenntnis ist, dass die Kosten für den Controllingbereich im Durchschnitt bei 0,35 Prozent des Umsatzes liegen (Michel und Esser 2006). Mittelgroße Unternehmen haben durch ihre Größennachteile höhere Kosten, ebenso junge, schnell wachsende Unternehmen. Geht man davon aus, dass die Prozesse des Projektcontrollings weniger strukturiert sind und es weniger Routine gibt, dürfte der relative Aufwand für das Projektcontrolling etwas höher anzusiedeln sein. Er nähert sich damit den Angaben aus der Abb. 1.18 für große Projekte, so dass durch Projektcontrolling zusätzliche Kosten von ca. 0,5 Prozent des Projektbudgets anfallen dürften.

2. Nach Einführung des Projektcontrollings verursachen die frühen Phasen des Projekts einen höheren Aufwand. Eine Begründung dafür ist, dass der Projektcontroller eine sorgfältige Planung einfordern wird. Die bessere Projektvorbereitung hat aber zur Folge, dass in späteren Phasen des Projekts weniger Fehler auftreten und Änderungen seltener erforderlich sein werden. Das führt unter dem Strich zu einer besseren Zielerfüllung und zu geringeren Kosten für die Projekte.

Letztendlich ist die Erkenntnis entscheidend, dass mit Projektcontrolling in der Summe aller Projekte eine nicht unerhebliche Zeit- und Kostenersparnis erzielbar ist. Es gilt:

▶	„Projektcontrolling kostet Geld. Kein Projektcontrolling kostet noch mehr Geld!"

1.4   Erkenntnisse für die Praxis

Das sollten Sie wissen

– Es ist Aufgabe des Projektcontrollings, eindeutige Prüfkriterien für ein Projekt zu erarbeiten. Die Projekte sollten auch in Kategorien eingeteilt werden.

- Projektmanagement umfasst alle Leitungsaufgaben und Instrumente für die Planung, Kontrolle und Organisation eines Projekts. Gegenstand des Projektmanagements ist auch die Personalführung der am Projekt beteiligten Personen.
- Das Projektcontrolling gestaltet die Projektmanagementstrukturen und -prozesse und unterstützt die Projektleitung umfassend bei der Planung und Kontrolle.
- Zu unterscheiden ist das strategische Projektcontrolling vom Multiprojektcontrolling und vom Controlling einzelner Projekte.
- Der Projektleiter ist für das wirtschaftliche Projektergebnis, die Leistung und die Einhaltung der Projekttermine verantwortlich. Der Projektcontroller unterstützt den Projektleiter als „betriebswirtschaftlicher Berater". Er ist vor allem für die Transparenz und Richtigkeit der Daten zuständig.
- Der fachliche Vorgesetzte des Projektcontrollers ist der zentrale Controller. Disziplinarisch untersteht er demjenigen Bereichsverantwortlichen, der die Gesamtverantwortung für das Projekt trägt.
- Die Einführung eines Projektcontrollings ist ein eigenes Projekt, das sorgfältig geplant werden sollte.
- Projektcontrolling verursacht in den frühen Phasen eines Projekts Mehraufwand. Per Saldo erzielt man jedoch durch die Reduzierung der Projektdauer und des Gesamtaufwands einen hohen Nutzen.

Literatur

Alter, R., Integriertes Projektcontrolling, Gießen 1991. APM (Hrsg.), Conditions for project success, APM research report, Buckinghamshire 2015, apm.org.uk.

Bea, F. X. u.a., Projektmanagement, 2. Aufl. Konstanz, München 2011.

Daum, A., Lawa, D., Projekt-Controlling: Aufgaben und Instrumente, in: Steinle, C., Bruch, H. (Hrsg.), Controlling, Stuttgart 1998.

Deyhle, A., Management & Controlling Brevier, Bd. 1, Manager & Controller im Team, 7. Aufl., Wörthsee-Etterschlag 1977, S. 154.

Deyhle, A., Controller-Praxis. Führung durch Ziele, Planung und Controlling, Bd. 1: Unternehmensplanung und Controller-Funktion, 9. Aufl. Gauting 1992.

Die Zeit, Nr. 30, 15. Juli 2004, S. 25.

Eglau, H. u. a., Durchstarten zur Spitze – McKinseys Strategien für mehr Innovation, Frankfurt 2000, S. 10.

Engel, C., Tamdjidi, A., Quadejacob, N. Ergebnisse der Projektmanagement Studie 2008, o. O 2008, S. 8.

Fiedler, R., Gräf, J., Einführung in das Controlling, 3. Aufl. München, Wien 2012.

Flyvbjerg, B., Budzier, A., Why Your IT Project May Be Riskier Than You Think, Harvard Business Review 9 (2011).

Gleich, R. u. a., Mit Projekten Unternehmen erfolgreich führen: Ergebnisbericht. Nürnberg 2012.

Hilpert, N., Rademacher, G., Sauter, B., Projekt-Management und Projekt-Controlling im Anlagen- und Systemgeschäft, Frankfurt 2001.

Hórvath, P., Controlling, 12. Aufl. München 2011.

International Group of Controlling (Hrsg.), IGC-Controller-Wörterbuch, 4. Aufl. Stuttgart 2010.

Kneuper, R., CMMI. Verbesserung von Softwareprozessen mit Capability Maturity Model Integration, 2. Aufl., Heidelberg 2006.

Koreimann, D., Projekt-Controlling, Weinheim 2005.

Krüger, A., Schmolke, G., Vaupel, R., Projektmanagement als kundenorientierte Führungskonzeption, Stuttgart 1999.

Kütz, M., Projektcontrolling in der IT. Heidelberg 2012.

Küpper, H., Controlling. Konzeption, Aufgaben und Instrumente. 6. Aufl. Stuttgart 2013.

Lappe, M., Spang, K., Return on Invest (ROI) von Projektmanagement, projekt Management aktuell 2(2012), S. 23–31.

Metzner, T. u.a., Eröffnung verschoben: Wowereit und Platzeck „stinksauer", in, Der Tagesspiegel Berlin, 8. Mai 2012, http://www.tagesspiegel.de.

Michel, U., Esser, J., Wohin entwickelt sich der Finanzvorstand? FAZ v. 27. Februar 2006.

Rump, J. u. a., Betriebliche Projektwirtschaft. Eine Vermessung. Ludwigshafen 2009.

Software Engineering Institute (Hrsg.), CMMI for Services, Version 1.2, Februar 2009.

Schmitz, H., Windhausen, M., Projektplanung, Düsseldorf 1980.

Weber, J., Janke, R., Controlling in Zahlen: Wie hat es sich entwickelt, Wie geht es weiter? Weinheim 2013.

Weber, J., Blum, H., Logistik-Controlling – Konzept und empirischer Stand, in: Weber, J., Kunz, J. (Hrsg.), Empirische Controllingforschung, Wiesbaden 2003.

Strategisches Projektcontrolling

2

> *„Wer nicht an die Zukunft denkt, der wird bald große Sorgen haben." (Konfuzius)*

Vorschau

Sie erfahren in diesem Kapitel die wesentlichen Aufgaben der strategischen Projektplanung, die durch das Projektcontrolling zu unterstützen sind. Dabei werden die Vorgehensweise bei der Projektauswahl und die dabei verwendeten Instrumente, wie die Portfoliotechnik, die Nutzwertanalyse und Verfahren zur Bestimmung der Wirtschaftlichkeit, erläutert. Zudem wird beleuchtet, inwiefern mit der Managementmethode der Projekt-Scorecard Projekte priorisiert und gesteuert werden können. Den Abschluss bilden Betrachtungen zur strategischen Projektkontrolle.

2.1 Strategische Projektplanung

2.1.1 Überblick

Abb. 2.1 zeigt die erforderlichen Informationen für die strategische Projektplanung sowie deren Aufgaben und Instrumente im Überblick. Die von der strategischen Projektplanung erzeugten Informationen sind ebenfalls angegeben.

Die strategische Projektplanung hat die Aufgabe, die richtigen Projekte für das Unternehmen auszuwählen und zu priorisieren (vgl. Abb. 2.2). Grundlage dafür ist die **Unternehmensstrategie**. Projekte müssen mit den strategischen Zielen harmonieren. Diese liefern deswegen die wesentlichen Kriterien für die Bewertung der Projekte. Ein Unternehmen

© Springer Fachmedien Wiesbaden GmbH, ein Teil von Springer Nature 2020

27

R. Fiedler, *Controlling von Projekten*, https://doi.org/10.1007/978-3-658-28032-1_2

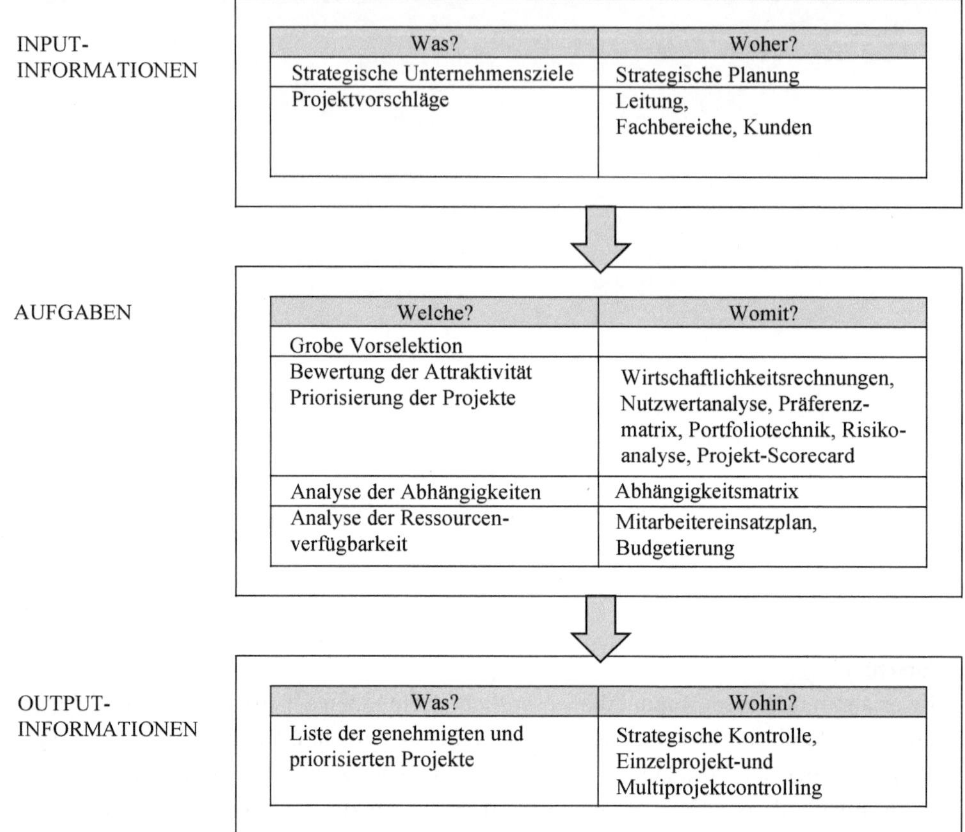

Abb. 2.1 Überblick über die strategische Projektplanung

mit dem strategischen Ziel des schnellen Wachstums durch Ausweitung des Marktanteils wird Projekte anders beurteilen als ein Unternehmen, das die Gewinnmaximierung durch Kostensenkung verfolgt.

Abb. 2.2 zeigt den Prozess zur Bestimmung des Projektportfolios, der in den folgenden Abschnitten näher beschrieben wird. Er sollte mindestens einmal pro Jahr nach Vorliegen der aktuellen Strategie durchlaufen werden. Bei sehr dynamischen Geschäften kann es sinnvoll sein, die Projektbewertung mehrmals zu aktualisieren.

Praxisbeispiel

Der Prozess der Projektpriorisierung wird auch von Projektmanagementsystemen wie **Planisware** unterstützt. Dort wird der Genehmigungsprozess als Workflow abgebildet. Für jeden Prozessschritt wird dokumentiert, welche Personen in welcher Form Aufgaben und Verantwortung übernehmen. Die Hinterlegung der Verantwortlichkeiten erfolgt über eine spezielle Verantwortlichkeitsmatrix (vgl. Abb. 2.3).

Der Workflow beginnt mit der Anlage eines neuen Projektantrags. In eine entsprechende Bildschirmmaske trägt der Antragsteller alle für diesen ersten Schritt im Beantragungsprozess relevanten Informationen ein. Sobald er seine Eingabe abgeschlossen hat, stößt er automatisch den nächsten Prozessschritt an. Die entsprechend verantwortlichen Personen werden nun z. B. per Mail oder direkt in Planisware darüber informiert, dass ein neuer Antrag gestellt wurde und welche Aufgabe nun zur Erledigung ansteht.

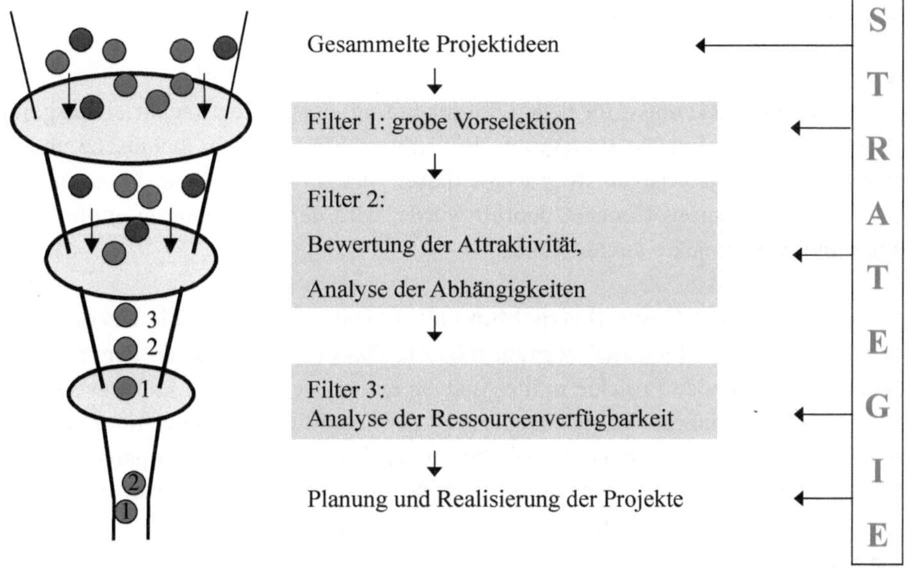

Abb. 2.2 Prozess der strategischen Projektauswahl

Nach Benutzer	Nach Rolle	Nach Verantwortung		
Vorgang		Beauftragter	Befragter	Benachrichtigter
Ermittlung des Nutzens		Arthur, John		
Kostenschätzung		Peter		Nelson, Paul, Jim
Projektvorschlag annehmen/ablehnen		Nelson		

Abb. 2.3 Verantwortlichkeitsmatrix in Planisware

2.1.2   Sammlung der Projektideen

Der Prozess der strategischen Projektplanung beginnt mit der **Sammlung möglicher Projekte**. Strategische Projekte wie die Entwicklung von Nachfolgeprodukten steuert die Unternehmensleitung Top-down in den Planungsprozess ein. Zusätzlich formulieren die Fachbereiche Bottom-up Projektwünsche, die für die Erreichung ihrer Ziele erforderlich sind. Dabei ist sicherzustellen, dass Projektideen nicht von vornherein abgeblockt oder bevorzugt werden. Jeder Vorschlag sollte zunächst die gleiche Chance haben. Ansonsten besteht die Gefahr, dass sinnvolle Vorhaben nicht realisiert werden.

Für jedes Projekt sollte ein einheitlich strukturierter Projektantrag vorliegen, um die Vergleichbarkeit zu gewährleisten.

Praxisbeispiel

Bei der **BMW AG** muss für jeden Projektantrag ein Projektsteckbrief ausgefüllt werden. Er spezifiziert die strategische Bedeutung, Marktrisiken, technische und betriebswirtschaftliche Risiken. Nur wenn dieser Steckbrief durch ein Gremium, das sogenannte Innovations-Council, geprüft wurde, wird der Projektantrag in die Datenbank möglicher Projekte eingesteuert.

Anzustreben ist eine **Gesamtbetrachtung** all derjenigen Projekte, die aus einem gemeinsamen Budgettopf finanziert werden müssen. Deswegen sollten die bereits genehmigten und die laufenden Projekte in die Analyse einbezogen werden. Es kann durchaus sein, dass schon genehmigte Vorhaben aufgrund der nachfolgenden Bewertung nicht realisiert werden. Es muss auch möglich sein, bereits laufende Projekte zu stoppen, wenn der geplante Nutzen für das Unternehmen nicht mehr erreichbar ist. Vor allem in Entwicklungsprojekten ist es unerlässlich, das Scheitern des Projektes möglichst früh zu erkennen, um den Schaden zu begrenzen.

Nachdem die Projektvorschläge formuliert wurden, liegt eine Liste von Projekten vor, die im Regelfall nicht alle in der nächsten Planperiode bearbeitet werden können.

▶   Aufgabe des strategischen Projektcontrollings ist es, Informationen für die Bewertung der gewünschten Projekte bereitzustellen und damit die Entscheidung über die Auswahl, die Priorisierung und den Freigabezeitpunkt neuer sowie den Abbruch laufender Projekte zu unterstützen.

2.1.3   Grobe Vorselektion

Um die Anzahl der zu bewertenden Projekte zu begrenzen, ist eine grobe Vorselektion sinnvoll. Es muss geprüft werden, ob Projektvorschläge den strategischen Zielsetzungen offensichtlich widersprechen. Auch die Machbarkeit ist zu hinterfragen. Projekte, die nur wenige Ressourcen erfordern, können ebenfalls ausgesteuert werden, da sich der aufwändige Bewertungsprozess in diesem Fall nicht lohnen würde.

In dieser Phase sollten Muss-Projekte definiert werden. Dabei handelt es sich um Vorhaben, die z. B. aufgrund gesetzlicher Vorschriften unumgänglich sind. Die Deklarierung als Muss-Projekt ist restriktiv zu handhaben. Keinesfalls sollten besondere „Lieblingsprojekte" einzelner Bereiche oder des Managements von vornherein als Muss-Projekt eingestuft werden. Ansonsten würde der beschriebene Prozess zur Projektauswahl unterminiert, und die Realisierungschancen für wichtige Projekte würden eingeschränkt. Der Anteil der Muss-Investitionen sollte deswegen zehn Prozent nicht überschreiten. Muss-Projekte durchlaufen die nachfolgend beschriebenen Prozessschritte nicht.

2.1.4   Bewertung der Attraktivität

Diejenigen Projekte, welche die Vorselektion überstanden haben, werden hinsichtlich ihrer **Attraktivität** für das Unternehmen detailliert **bewertet**. Unter der Attraktivität sollen all jene Faktoren verstanden werden, die aus Unternehmenssicht für die Realisierung eines Projektes sprechen. Konkret handelt es sich z. B. um:

- Strategische Bedeutung (Wettbewerbsvorteile, Kundenorientierung),
- Dringlichkeit,
- Wirtschaftlichkeit,
- Risiko,
- Kosten (Entwicklungskosten, Folgekosten),
- Ressourcenbedarf.

Instrumente zur Bestimmung der Attraktivität sind Nutzwertanalysen, Portfolios und Wirtschaftlichkeitsrechnungen. Des Weiteren hilft die Risikoanalyse, das Erfolgspotenzial der Projekte abzuschätzen.

Viele Unternehmen beschränken sich ausschließlich auf die Analyse der Wirtschaftlichkeit. Diese eindimensionale Nutzenbewertung führt nicht zum optimalen Projektportfolio. Zumindest sollte neben dem finanziellen Nutzen auch immer der strategische Wertbeitrag eines Projektes geprüft werden.

▶   Das Projektcontrolling hat die Aufgabe, Hilfestellung beim Einsatz von Bewertungsinstrumenten zu geben und die Konsistenz der zur Beurteilung herangezogenen Daten zu prüfen. Es muss dabei sicherstellen, dass die betroffenen Fachbereiche in die Beurteilung einbezogen werden, um die Akzeptanz der Ergebnisse zu gewährleisten.

Die **ROHDE & SCHWARZ GmbH & Co. KG** ist ein mittelständisches Unternehmen der Messtechnik, Informations- und Kommunikationstechnik. Ein Gremium, bestehend aus dem Geschäftsführer, dem Leiter Controlling und dem Leiter des strategischen Marketings, entscheidet über neue Entwicklungsprojekte. Die Vorselektion der Projekte erfolgt durch Produktmanager und Fachgebietsleiter. Sie informieren das Entscheidungsgremium über die technischen Faktoren und die voraussichtliche Wirtschaftlichkeit (Kosten, Erlöse, Rentabilität und Break-Even-Punkt, vgl. zu den Verfahren Abschn. 2.1.4.3). Projekte werden nur dann genehmigt, wenn Sie eine bestimmte Mindestrendite erreichen und eine vorgegebene Amortisationsdauer nicht überschreiten.

Bei der **Zurich Gruppe Deutschland** wird im sogenannten Initiativenauftrag das vorgesehene Projekt genau beschrieben. Er ist Voraussetzung und Maßstab für die Durchführung eines Projekts. Inhalte sind, neben Zielsetzung und Zweck, vorgesehene Meilensteine, Risiken, Termine, Verantwortliche, Ressourcenbedarf, Kosten und der zu erwartende Nutzen, der durch eine entsprechende Wirtschaftlichkeitsberechnung ermittelt wird. Die Berechnung der Wirtschaftlichkeit eines Projekts erfolgt mit der Kapitalwertmethode (vgl. Abschn. 2.1.4.3). Die strategischen und wirtschaftlichen Bewertungen der Projekte bilden die Grundlage für die Projektpriorisierung.

2.1.4.1 Nutzwertanalyse

Für die Bewertung der Attraktivität eines Projektes reicht es nicht aus, nur „harte" Bewertungskriterien wie Kosten oder die Rentabilität heranzuziehen. Es müssen auch die **qualitativen Einflussgrößen der Attraktivität**, z. B. strategische Bedeutung und Dringlichkeit, berücksichtigt werden. Die Nutzwertanalyse erlaubt eine **Gesamtbeurteilung** aller relevanten Attraktivitätskriterien.

Wie wird die Nutzwertanalyse durchgeführt?

In der Nutzwertanalyse wird ein Punktwert für jedes Projekt ermittelt. Dieser Punktwert ist ein Indikator für die Erfüllung der Unternehmensziele und damit für den Nutzen eines Projektes. Die Nutzwertanalyse ermöglicht es, dass die Prioritäten für einzelne Projekte nachvollziehbar und damit auch akzeptiert werden. Der Nutzwert wird in fünf Schritten erarbeitet:

1. Ziele für die Projektauswahl bestimmen und gewichten,
2. Punkte für die Projekte vergeben,
3. Gewichte mit den zugehörigen Punkten multiplizieren,
4. gewichtete Punktgesamtsumme ermitteln und
5. Sensitivität des Ergebnisses analysieren.

Entscheidend ist zunächst, dass man die Ziele sorgfältig erarbeitet und gewichtet. Sie sollten zusammen mit dem Top-Management aus den strategischen Zielen des Unternehmens abgeleitet werden.

Die Bewertung wird erleichtert, wenn Muss-Ziele vorgegeben werden. Das kann z. B. eine geforderte Mindestrentabilität von 15 Prozent für alle Projekte sein. Nur wenn ein Projekt das Muss-Ziel erfüllt, wird es im weiteren Bewertungsprozess berücksichtigt.

Die verschiedenen Teilziele sollten zusätzlich entsprechend ihrer Bedeutung **gewichtet** werden. Dazu reicht bei einfachen Zielstrukturen eine direkte Gewichtung wie in Abb. 2.4 aus. Die wenigen Ziele wurden direkt mit Punkten belegt, die deren Relevanz ausdrücken. Die Addition aller Zielpunkte ergibt eine Summe von 100 Punkten.

Hat man jedoch eine Vielzahl unterschiedlicher Ziele, vereinfacht die **Präferenzmatrix** die Priorisierung (vgl. Abb. 2.5). Sie erleichtert die Gewichtung durch paarweisen Vergleich aller Ziele.

In Abb. 2.5 wurde das Ziel Kundenzufriedenheit (=a) viermal als das wichtigere eingestuft. Dies ergibt bei den sieben vorgegebenen Zielen den dritten Rang. Das Gewicht dieses Ziels (=17,8) errechnet sich aus der vorgegebenen Summe der Gewichte (im Beispiel 100) dividiert durch die Summe der Ränge (=28) multipliziert mit dem umgedrehten Rang von Ziel a (bei sieben Zielen wird aus Rang drei der umgedrehte Rang fünf).

Zur Bestimmung der Zielgewichte kann alternativ zur Präferenzmatrix auch die Methode **Analytical Hierarchy Process** eingesetzt werden (Saaty 2000). Dafür wird zunächst eine Matrix der Ziele erstellt. Jedes Ziel wird mit jedem anderen Ziel verglichen. Im Unterschied zur Präferenzmatrix kann festgelegt werden, um wie viel wichtiger ein Ziel gegenüber einem anderen ist. Verwendet wird eine Skala von eins bis neun. In Abb. 2.6 (es werden im Unterschied zu Abb. 2.5 nur drei Ziele aufgeführt, um das Beispiel einfach zu halten) ist die Dringlichkeit viermal so wichtig wie das Risiko.

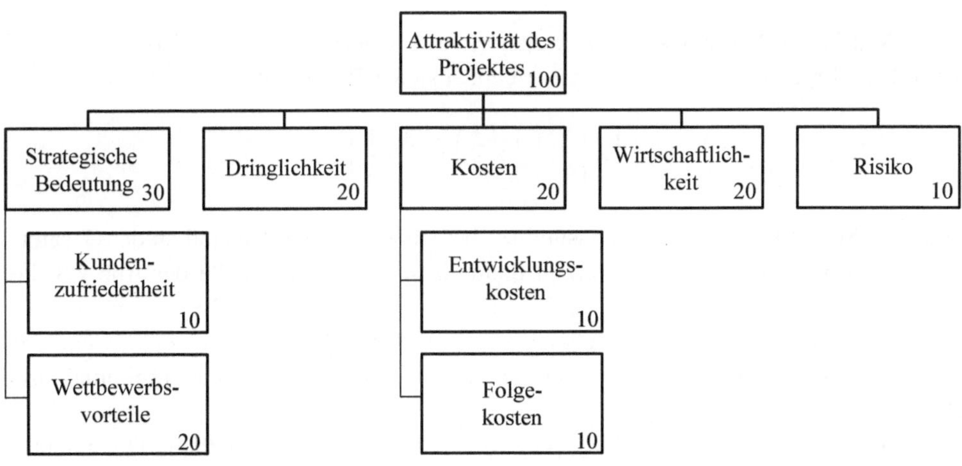

Abb. 2.4 Gewichtete Zielstruktur

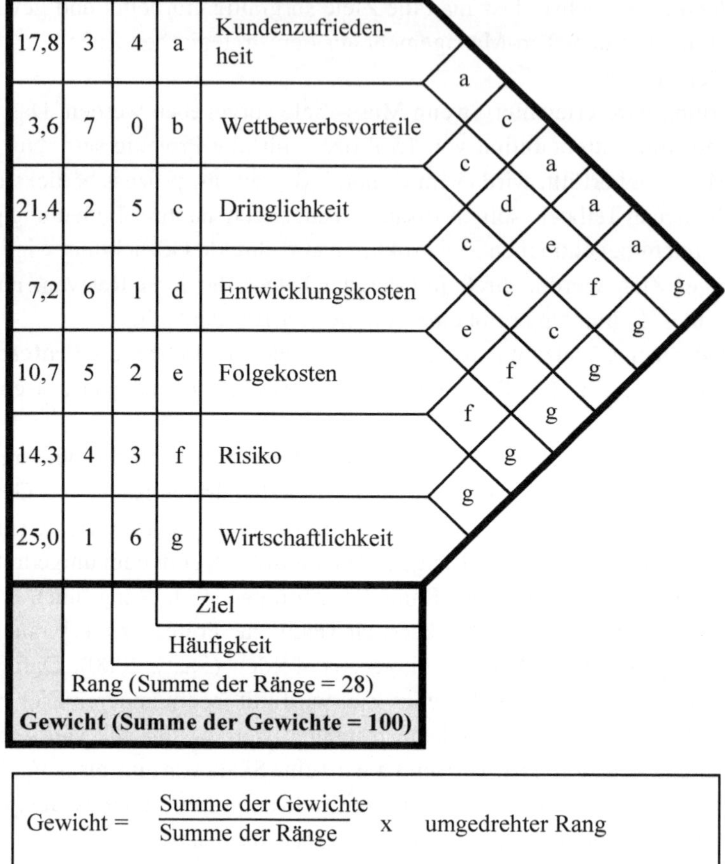

$$\text{Gewicht} = \frac{\text{Summe der Gewichte}}{\text{Summe der Ränge}} \; \times \; \text{umgedrehter Rang}$$

Abb. 2.5 Zielgewichtung mit der Präferenzmatrix

Die Matrix der Abb. 2.6 wird im zweiten Schritt quadriert. Der Wert 3,00 in Zeile 1, Spalte 1 der Ergebnismatrix in Abb. 2.7 errechnet sich z. B. wie folgt aus Abb. 2.6:

$$\left(\frac{1}{1}\times\frac{1}{1}\right)+\left(\frac{1}{2}\times\frac{2}{1}\right)+\left(\frac{3}{1}\times\frac{1}{3}\right)$$

Im dritten Schritt werden die Reihensummen berechnet und deren Anteil an der Gesamtsumme von 39,90 ermittelt. Man erhält dadurch in der letzten Spalte der Abb. 2.8 die Zielgewichte. Das Ergebnis könnte optimiert werden, indem man die Ergebnismatrix der Abb. 2.7 erneut quadriert und die Gewichte errechnet. Die Berechnung stoppt, wenn der Unterschied der Zielgewichte von zwei aufeinander folgenden Iterationen minimal ausfällt.

Der letzte Schritt des Zielfindungsprozesses beinhaltet die verbindliche Dokumentation der endgültigen Zielstruktur.

Abb. 2.6 Ausgangsmatrix für die Zielgewichtung

	Strategische Bedeutung	Dringlichkeit	Risiko
Strategische Bedeutung	1/1	1/2	3/1
Dringlichkeit	2/1	1/1	4/1
Risiko	1/3	1/4	1/1

Abb. 2.7 Quadrierte Matrix

	Strategische Bedeutung	Dringlichkeit	Risiko
Strategische Bedeutung	3,00	1,75	8,00
Dringlichkeit	5,33	3,00	14,00
Risiko	1,16	0,66	3,00

	Strategische Bedeutung	Dringlichkeit	Risiko	Reihensumme	Normalisierung
Strategische Bedeutung	3,00	1,75	8,00	12,75	**0,31954887**
Dringlichkeit	5,33	3,00	14,00	22,33	**0,55964912**
Risiko	1,16	0,66	3,00	4,82	**0,12080201**
				39,90	1,00000000

Gewichte		Differenz
1. Durchlauf	**2. Durchlauf**	
0,319548872	0,319621018	-0,000072146
0,559649123	0,558419705	0,001229418
0,120802005	0,121959277	-0,001157272

Abb. 2.8 Normalisierte Matrix mit den Zielgewichten

Das Ergebnis einer Nutzwertanalyse ist exemplarisch in Abb. 2.9 dargestellt. Projekt a wird als Muss-Projekt keiner detaillierten Bewertung unterzogen. Es wird auf jeden Fall realisiert. Für die restlichen Projekte wird je Ziel mit Punkten von eins bis zehn beurteilt, inwiefern das jeweilige Ziel erfüllt wird. Durch Multiplikation der Punkte mit den Zielgewichten erhält man einen Wert, der über alle Ziele summiert wird. Das Resultat zeigt die Attraktivität der Projekte: Projekt b erfüllt aufgrund der höheren Punktesumme die Ziele besser als Projekt c. Projekt d weist nur eine geringe Attraktivität auf. Sinnvoll ist es, eine

Ziele	Alternativen									
	Projekt a			**Projekt b**		**Projekt c**		**Projekt d**		
Muss-Projekt	ja			nein		nein		nein		
Kann-Ziele	**G**	**P**	**GxP**	**P**	**GxP**	**P**	**GxP**	**P**	**GxP**
Kundenzufriedenheit	18			10	180	3	54	1	18
Wettbewerbsvorteile	4			7	28	10	40	3	12
Dringlichkeit	21			4	84	6	126	3	63
Entwicklungskosten	7			5	35	2	14	2	14
Folgekosten	11			7	77	5	55	5	55
Risiko	14			9	126	4	56	4	56
Wirtschaftlichkeit	25			6	150	5	125	4	100
Summe	**100**				**680**		**470**		**318**

G = Gewichte; P = Punkte (1 Punkt: geringe Erfüllung; 10 Punkte sehr gute Erfüllung);
700 bis 1.000 Punkte: hohe Attraktivität; 400 bis 699 Punkte: mittlere Attraktivität.

Abb. 2.9 Nutzwertanalyse

Mindestpunktesumme festzulegen. Projekte, deren Nutzwert über diesem Wert liegt, können genehmigt werden.

Die Gewichtung der Ziele und der Zielerfüllungsgrade ist subjektiv. Deswegen ist es ratsam, die Nutzwertanalyse für verschiedene Szenarien durchzuführen und die Bandbreite der möglichen Ergebnisse zu ermitteln (**Sensitivitätsanalyse**). Ändert sich trotz einer anderen Zielgewichtung oder geänderter Punkte für die Zielerfüllung das Ergebnis nicht wesentlich, so ist das Resultat der Bewertung sehr zuverlässig.

Praxisbeispiel

Bei der **Coca-Cola Erfrischungsgetränke AG** bewertet ein Vertreter des jeweiligen Fachbereichs seine Projekte gemeinsam mit der Abteilung Corporate Relations anhand von sechs Kriterien (Wieder 2006):
– operativer Nutzen (Einsparungen in €),
– Risiko,
– Fähigkeit, andere Abfüller zu integrieren,
– Abhängigkeit zu anderen Projekten,
– strategische Bedeutung und
– interner Ressourcenbedarf.

Es können zwischen einem und zehn Punkten vergeben werden. Die Werte für die ersten fünf Kriterien werden addiert. Vom Ergebnis subtrahiert man den Wert für den internen Ressourcenbedarf. Die Zahl der resultierenden Punkte ist ein Kriterium für die Priorisierung der Projekte. Systemtechnisch wird für die Bewertung eine MS-Excel-Anwendung eingesetzt. Die Erfahrung bei der Coca-Cola Erfrischungsgetränke AG zeigt, dass durch gemeinsame Meetings mit den anderen Fachbereichen und die Abstimmung mit der Abteilung Corporate Relations die Projekte realistisch bewertet werden. Dazu tragen auch die zusätzliche monetäre Bewertung des operativen Nutzens und die Abschätzung der internen Ressourcen durch die IT-Abteilung bei.

Abb. 2.10 zeigt am Beispiel eine Projektbewertung in der Projektmanagementsoftware **Planisware**. Das Ziel „Konkurrenzbedingte Notwendigkeit" wurde mit dem Faktor 10 und das Risiko mit dem Faktor -2 gewichtet. Im Projektantrag P0127 wird mit Punkten dokumentiert, inwiefern die beiden Kriterien der Strategie erfüllt sind.

Für die Priorisierung eines Projekts wird folgende Formel verwendet:

$$\frac{\left(\text{Bewertung wirtschaftliche Ziele} + \text{Bewertung Gesamtrisiko}\right)}{\text{Summe der Gewichte}}$$

$$\frac{\left(10 \times 25 + \left(-2\right) \times 27\right)}{10 + \left(-2\right)} = 24{,}5$$

In Abb. 2.11 ist das aus der Bewertung resultierende Ranking dargestellt. Das betrachtete Projekt P0127 steht mit 24,5 Punkten auf Rang 1.

Bewertung des Projektantrags P0127

	Gewicht	Ziel
Cash-Flow	0,0	0,0
Erlöse	0,0	0,0
Investition	0,0	0,0
NPV	0,0	0,0
Chance	0,0	60,0
Konkurrenzbedingte Notwendigkeit	0,0	0,0
Wirtschaftliche Ziele	10,0	0,0
Auswirkung	0,0	0,0
Risiko	-2,0	55,0

Chance	79,0
Konkurrenzbedingte Notwendigkeit	19,0
Wirtschaftliche Ziele	25,0
Auswirkung	35,0
Risiko	27,0
Machbarkeit	16,0
Produkt/Service	9,0
Technisch	2,0

Abb. 2.10 Projektbewertung in Planisware

Strategie	Competition		Stil		

*	▼Name	-	Chancenbewe	Rangfolg	Risikenbe	Rangfolge	Projektbewertung	Cash-Flow	▼Projektrang	Berechnete
	P0127		79,0	2	27,0	22	24,5	14,4	1	14,7
	P0001		53,0	13	75,0	16	9,4	185,6	2	4,7
	M2008		61,5	6	81,8	4	8,9	-900,0	3	-100,0
	P0022		55,8	9	74,8	17	8,2	26,0	4	-100,0
	P0002		30,0	25	73,3	19	7,9	-2,1	5	100,0
	P0009		43,5	23	74,5	18	7,0	0,0	6	100,0
	P0015		54,5	10	80,5	8	6,8	-48,6	7	-100,0
	PAC_001_20		44,4	22	59,4	20	6,7	-551,0	8	-100,0
	P0021		81,0	1	49,0	21	6,5	142,5	9	51,9
	P0020		56,3	7	75,8	14	5,4	-139,0	10	-100,0
	P0025		53,8	11	75,8	14	5,4	378,6	10	24,6

Abb. 2.11 Projektpriorisierung in Planisware

2.1.4.2 Portfolios

Mit einem Portfolio beurteilt man im Überblick geplante oder sich in Bearbeitung befindende Projekte bezüglich bestimmter Kriterien. Es bildet eine gute Grundlage für strategische Entscheidungen. Portfolios können eingesetzt werden, um die Projektattraktivität zusätzlich zur Nutzwertanalyse zu verdeutlichen. Dafür wählt man zwei wichtige Attraktivitätskriterien aus, z. B. wie in Abb. 2.12 die Dringlichkeit und die strategische Bedeutung, und positioniert die Projekte im Portfolio. Das Management erhält damit Informationen, um die Projekte vor dem Hintergrund der strategischen Unternehmensziele zu analysieren und notwendige Änderungen zu diskutieren.

Um für ein konkretes Projekt der Abb. 2.12 die strategische Bedeutung und die Dringlichkeit in Relation zu den anderen Projekten zu bestimmen, kann man jeweils eine Präferenzmatrix erstellen (das Instrument wird in Abb. 2.5 erklärt). Durch paarweisen Vergleich jedes anstehenden Projekts mit jedem anderen ergibt sich z. B. die Bedeutung aller Vorhaben. Projekt c hat die meisten paarweisen Vergleiche der Dringlichkeit, nämlich drei, für sich entschieden. Der Wert drei wird deshalb auf 100 Prozent gesetzt. Projekt b hat bezüglich der Dringlichkeit zwei paarweise Vergleiche gewonnen und somit die Position 67 Prozent (zwei von drei) auf der Abszisse des Portfolios in Abb. 2.12.

Bei der **Versicherungsgruppe Münchner Verein** verwendet man das Portfolio zur Beurteilung der Dringlichkeit und Bedeutung von Projekten in Abb. 2.12 (May und Chrobok 2001). Projekte mit hoher Dringlichkeit und strategischer Bedeutung erhalten die erste Priorität. Bei Projekten im rechten unteren Quadranten wird geprüft, ob man sie nicht auf externe Dienstleister übertragen kann. Projekte, die weder dringlich, noch strategisch bedeutsam sind, werden im Regelfall überhaupt nicht genehmigt, sofern es sich nicht um Muss-Projekte handelt.

Die **FinanzIT GmbH**, das Systemhaus der Sparkassen und Landesbanken, priorisiert die IT-Projekte anhand einer Nutzwertanalyse für die strategische Bedeutung und

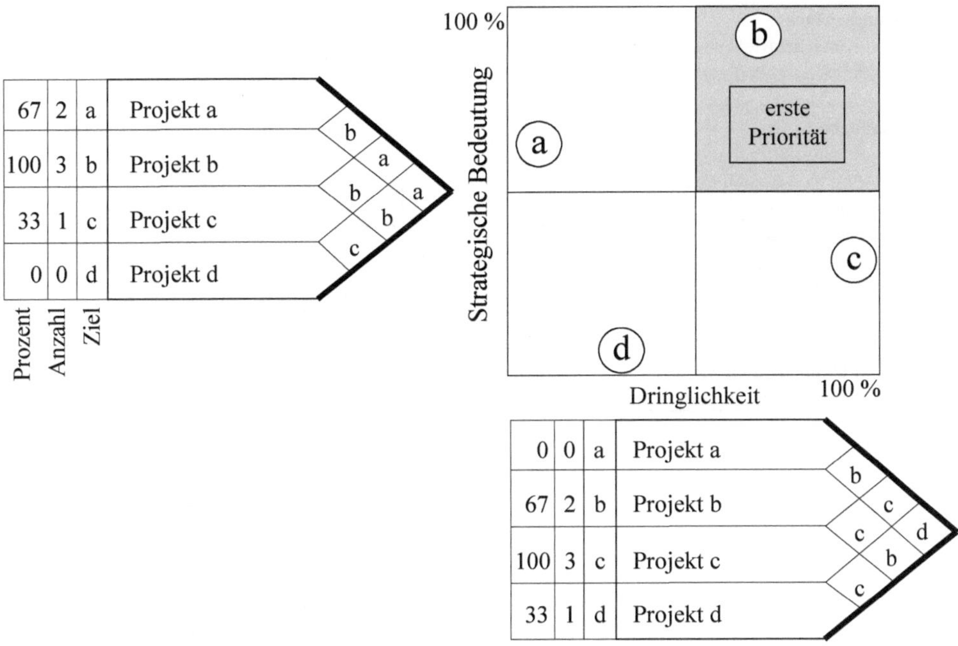

Abb. 2.12 Priorisierung der Projekte durch paarweisen Vergleich

die operative Dringlichkeit (Krahn und Schmidt 2010). Das Ergebnis wird mit dem Portfolio in Abb. 2.13 dargestellt. Das Projekt mit hoher Dringlichkeit und hoher strategischer Bedeutung (Kreis rechts oben) erhält die höchste Priorität und wird forciert.

Die Unternehmensberatung Arthur D. Little schlägt ein spezielles Projektportfolio vor, um die vielversprechendsten Entwicklungsvorschläge zu identifizieren (Sommerlatte 1998). Beurteilungsmaßstab ist das **Verhältnis von Attraktivität und Risiko** (vgl. Abb. 2.14).

Die **Attraktivität** eines Projektes legt man fest, indem Umsatz- und Ertragspotenziale, Marktvolumen, Marktwachstum, Differenzierungspotenzial oder die Dauerhaftigkeit des Wettbewerbsvorsprungs beurteilt werden. Die Attraktivität beeinflusst die Projektauswahl erheblich. Innovative Projekte, die technologisch bestechen, werden abgelehnt, wenn deren Attraktivität gering ist. Umgekehrt realisiert man ein Projekt, sobald ein hohes Ertragspotenzial gegeben ist, auch wenn es sich lediglich um eine marginale Produktverbesserung handelt. Das **Gesamtrisiko** beinhaltet technische und wirtschaftliche Risiken. Das technische Risiko für die Entwicklung einer Software ist z. B. dann hoch, wenn eine wenig erprobte Entwicklungsumgebung eingesetzt werden muss. Das wirtschaftliche Risiko besteht darin, dass Prognosen über Marktwachstum oder Ertragspotenziale unsicher sind.

In Abb. 2.14 existieren zwei kleine Projekte (die Kreisgröße gibt den Anteil eines Projekts am Projektbudget wieder) mit hoher Attraktivität und geringem Risiko, die man

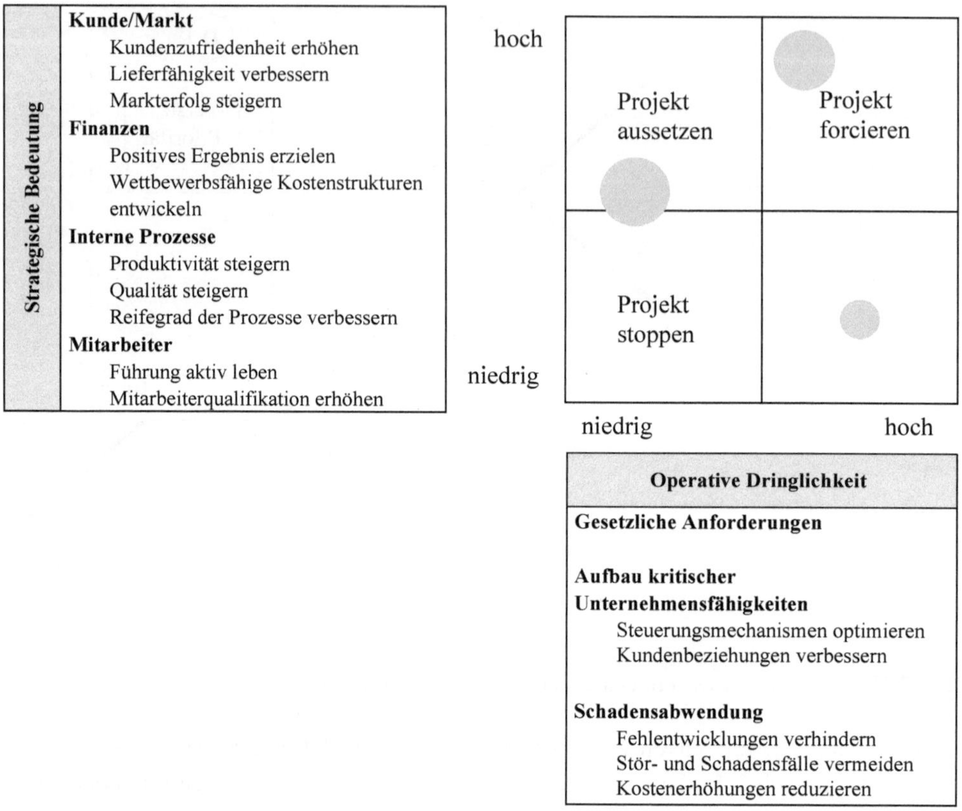

Abb. 2.13 Portfolio für die Projektpriorisierung der FinanzIT GmbH

vordringlich realisieren würde (sogenannte „Heiße Projekte"). Dagegen würden „Dead ducks" für das Projektportfolio nicht berücksichtigt. Ein besonderes Problem stellt das große „Vabanque-Projekt" mit hohem Risiko und hoher Attraktivität dar. Es sollte nur dann in Frage kommen, wenn die restlichen Projekte ein geringes Risiko aufweisen.

> **Praxisbeispiel**
>
> **Airbus** verwendet das Portfolio der Abb. 2.14 für Forschungs- und Entwicklungsprojekte (Henning 1999). Das Unternehmen gewährleistet ein ausgeglichenes Risiko dadurch, dass 80 Prozent des Forschungs- und Entwicklungsbudgets in weniger als zehn Projekten mit geringem Risiko gebunden sind. Fünf Prozent der Mittel verteilen sich auf 50 hoch riskante Projekte.

2.1.4.3 Verfahren zur Bestimmung der Wirtschaftlichkeit

Neben strategischen Erwägungen spielt vor allem die Wirtschaftlichkeit eine entscheidende Rolle bei der Projektauswahl. Abb. 2.15 zeigt im Überblick die gängigen Verfahren. In der Praxis besteht die größte Schwierigkeit in der Beschaffung zuverlässiger Daten.

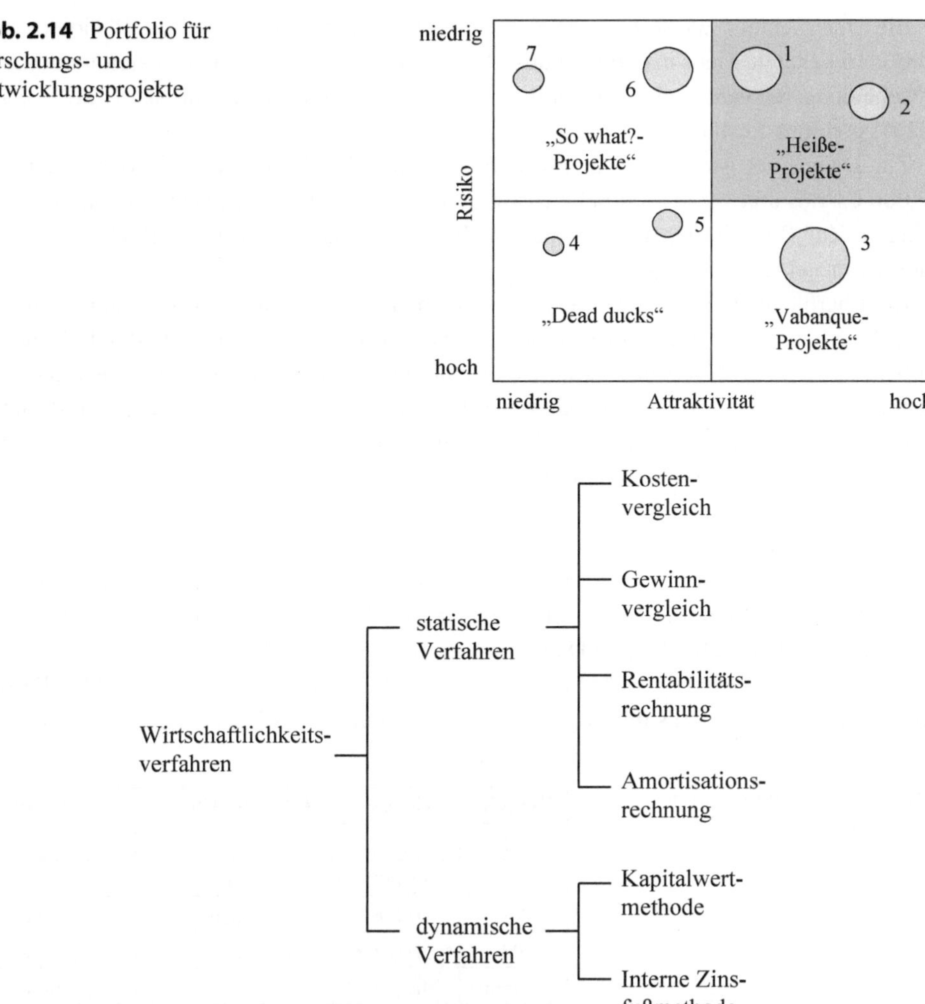

Abb. 2.14 Portfolio für Forschungs- und Entwicklungsprojekte

Abb. 2.15 Wirtschaftlichkeitsverfahren für die Projektauswahl

Wie führt man eine Gewinnvergleichsrechnung durch?

Um die Vorteilhaftigkeit eines Projektes zu ermitteln, ist eine reine Kostenbetrachtung im Regelfall unzureichend. Für die Entscheidung, welches von zwei Projekten die höhere Priorität genießt oder ob ein neues Projekt bei begrenzten Ressourcen begonnen wird, sind der Gewinn (bei internen Projekten können auch eingesparte Kosten angesetzt werden) und der Deckungsbeitrag (Erlöse minus direkt zurechenbare variable Kosten) die besseren Kriterien. Schließlich werden Projekte deswegen bearbeitet, um das Unternehmensergebnis zu optimieren. Allerdings reichen bei knappen Ressourcen Informationen über den voraussichtlichen Gewinn eines Projektes nicht aus. In diesem Fall müssen die Auswirkungen eines zusätzlichen Projektes auf die laufenden Projekte mit in Betracht gezogen werden. Dies soll am folgenden Beispiel verdeutlicht werden:

Ein Unternehmen wickelt vier Projekte ab. Dem Management sind die Plandaten aus Abb. 2.16 bekannt. Geht man davon aus, dass die bereits angefallenen Kosten nicht mehr entscheidungsrelevant sind, ergibt sich ein Gewinn für alle Projekte von insgesamt 23.500 € (Erlöse minus Restkosten).

Zur Disposition steht ein sehr profitables Projekt P5. Es würde 14 Wochen dauern, 25.000 € Erlös und voraussichtliche Kosten von 7.000 €, also einen Gewinn von 18.000 € bringen. Zur Realisierung müsste man auch auf Ressourcen zurückgreifen, die für die anderen Projekte benötigt werden.

Bei oberflächlicher Betrachtung würde das neue Projekt aufgrund der sehr positiven Datenlage begonnen, ohne im Einzelnen die Auswirkungen auf bereits laufende Projekte zu berücksichtigen. Notwendig wäre es aber in diesem Fall, eine Gesamtbetrachtung anzustellen. Dafür sind zusätzliche Daten darüber, mit welchen Erlöseinbußen eine Projektverlängerung verbunden ist bzw. welche zusätzlichen Erlöse im Falle einer Verkürzung der jeweiligen Projektlaufzeit anfallen, hilfreich (Devaux 1999). Steigt die Projektdauer, bedeutet dies oft geringere Erlöse, weil Vertragsstrafen fällig werden oder weil sich der Markteintritt verspätet. Diese Informationen werden in Abb. 2.17 angezeigt.

Nach eingehender Analyse der Auswirkungen von P5 auf diejenigen anderen Projekte, deren Dauer sich durch die zusätzliche Inanspruchnahme der Ressourcen durch Projekt 5 verändert, ergeben sich folgende Daten (vgl. Abb. 2.18).

Die Analyse zeigt, dass sich durch die zusätzliche Bearbeitung des Projektes P5 die Projekte P2 und P3 jeweils um zwei Wochen und P4 um drei Wochen verlängern würden.

Abb. 2.16 Gewinnsituation im Ausgangsfall

Projekt	Erlöse	Restliche Dauer	Restkosten
P1	2.000 €	4 Wochen	500 €
P2	4.000 €	6 Wochen	2.000 €
P3	10.000 €	8 Wochen	4.000 €
P4	20.000 €	12 Wochen	6.000 €
Gesamt	36.000 €		12.500 €

Projekt	Erlöse	Restliche Dauer	Erlöseinbuße pro Woche Verspätung	Zusätzlicher Erlös pro Woche Verkürzung	Restkosten
P1	2.000 €	4 Wochen	5 %	10 %	500 €
P2	4.000 €	6 Wochen	15 %	10 %	2.000 €
P3	10.000 €	8 Wochen	20 %	10 %	4.000 €
P4	20.000 €	12 Wochen	25 %	10 %	6.000 €
P5	25.000 €	14 Wochen	10 %	5 %	7.000 €
Gesamt	61.000 €				19.500 €

Abb. 2.17 Erlösänderung bei Projektverlängerung bzw. –verkürzung

Projekt	Zusätzliche Dauer	Neue Restdauer	Erlöseinbußen	Neue Erlöse
P1		4 Wochen		2.000 €
P2	2 Wochen	8 Wochen	1.200 €	2.800 €
P3	2 Wochen	10 Wochen	4.000 €	6.000 €
P4	3 Wochen	15 Wochen	15.000 €	5.000 €
P5		14 Wochen		25.000 €
Gesamt			20.200 €	40.800 €

Abb. 2.18 Gewinnsituation bei einem zusätzlichen Projekt

Projekt	Zusätzliche Dauer	Neue Restdauer	Erlöseinbußen	Neue Erlöse
P1		4 Wochen		2.000 €
P2	2 Wochen	8 Wochen	1.200 €	2.800 €
P3	2 Wochen	10 Wochen	4.000 €	6.000 €
P4	1 Woche	13 Wochen	5.000 €	15.000 €
P5	2 Wochen	16 Wochen	5.000 €	20.000 €
Gesamt			20.200 €	45.800 €

Abb. 2.19 Gewinnsituation nach der Optimierung

Das Gesamtergebnis läge dann bei 21.300 € (40.800 €−19.500 €). Es würde sich in diesem Fall um 2.200 € gegenüber dem Ausgangsfall mit einem Gewinn von 23.500 € verschlechtern. Unter diesen Bedingungen wäre P5 abzulehnen.

Durch eine Veränderung der Ausgangsdaten kann man versuchen, die Situation zu optimieren. In der Tabelle (vgl. Abb. 2.19) wurde die Dauer von P5 auf 16 Wochen verlängert. Dadurch können knappe Ressourcen vermehrt für P4 eingesetzt werden. Dies führt zu einer geringeren zusätzlichen Dauer von P4 und damit zu einer Verbesserung des Gesamtergebnisses von ursprünglich 23.500 € auf 26.300 € (45.800 €−19.500 €).

Die Berechnung der Erlöseinbußen/Mehrerlöse, die aus einer Verlängerung/Verkürzung der Projekte resultieren, erleichtert Entscheidungen für die Optimierung eines Projektportfolios bei begrenzten Ressourcen. Man erkennt, ob sich ein zusätzliches Projekt oder eine Verkürzung der Dauer eines Projektes lohnt. Die dadurch erzielten zusätzlichen Erlöse müssen den geringeren Erlösen, die durch die längere Bearbeitungsdauer anderer Projekte entstehen, gegenübergestellt werden. Die Diskussion über das optimale Projektportfolio wird zudem erleichtert, weil die Einflüsse der drei Elemente des „magischen Dreiecks" auf das Gesamtergebnis des Projektportfolios in einer einheitlichen monetären Größe ausgedrückt werden (vgl. Abb. 2.20).

Abb. 2.20 Monetäre
Bewertung der Größen des
„magischen Dreiecks"

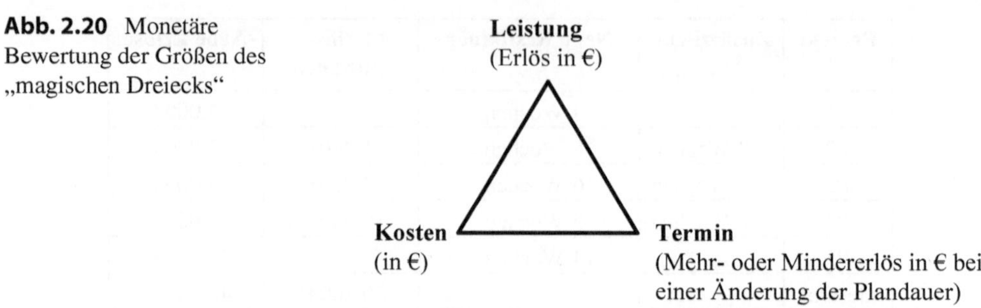

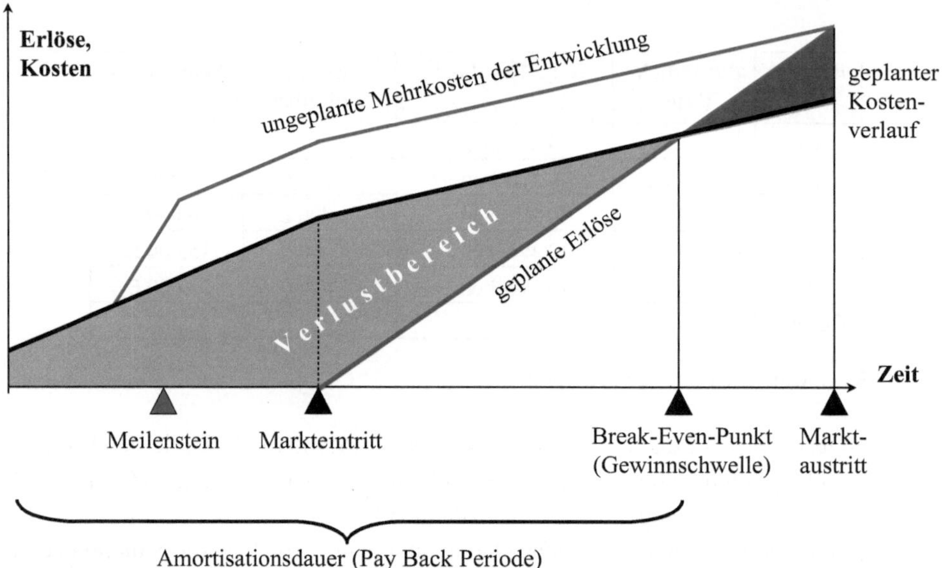

Abb. 2.21 Break-Even-Analyse

Wie führt man Break-Even-Analysen durch?

Eine häufig verwendete Variante des Gewinnvergleichs ist die Break-Even-Analyse. Sie
zeigt, ab welchem Zeitpunkt, welcher Absatzmenge oder welchem Erlös mit der Projektleistung Gewinn erzielt würde (vgl. Abb. 2.21).

Um die Menge, ab der Gewinn erzielt wird, zu errechnen, verwendet man die Formel:

$$x = \frac{K_f}{p - k_v}$$

x = Break-Even-Menge,
K_f = fixe Kosten,
k_v = variable Kosten/Stück,
p = Preis

Der Break-Even-Punkt und die daraus abgeleitete Amortisationsdauer sind wichtige Kriterien für die Entscheidung, ob sich ein Projekt für die Entwicklung eines neuen Produktes lohnt. Die Break-Even-Analyse liefert zudem eine Entscheidungsgrundlage für den Abbruch von Projekten. Es können z. B. die Auswirkungen von Budgetüberschreitungen in der Entwicklungsphase auf den geplanten Gewinn simuliert werden. In Abb. 2.21 erkennt man, dass durch die eingezeichneten ungeplanten Mehrkosten der Entwicklung, die am Meilenstein festgestellt wurden, bis zum Marktaustritt kein Gewinn mehr zu erzielen wäre. Die Break-Even-Analyse hilft abzuschätzen, ob bei einer Verzögerung der Entwicklung und dem dadurch verspäteten Markteintritt noch genügend Zeit zur Verfügung stünde, um die Gewinnzone zu erreichen.

Trotz der vereinfachten Annahmen (z. B. lineare Verläufe der Erlöse und Kosten) ist die Break-Even-Analyse für die Erfolgseinschätzung von Entwicklungsvorhaben sehr vorteilhaft. Sie fördert ein langfristiges Denken über das reine Projekt hinaus. Ein Änderungsvorschlag wird nicht nur isoliert aus der Sicht von Vertrieb, Produktion oder Controlling beleuchtet. Es ist vielmehr die Ergebniswirkung von Änderungen ersichtlich. Diskussionen werden dadurch versachlicht.

Wie führt man eine Rentabilitätsrechnung durch?
Anhand der errechneten Rentabilität eines Projektes kann man erkennen, ob die vorgegebene Mindestverzinsung für das eingesetzte Kapital erreicht wird. Dabei wird der zusätzliche durchschnittliche Jahresgewinn, der durch das Projekt erzielt werden kann, zum zusätzlich gebundenen Kapital in Beziehung gesetzt.

$$\text{Rentabilität} = \frac{\text{Gewinn} \times 100}{\text{Kapital}}$$

Sind Erlöse nicht zurechenbar, verwendet man statt des Gewinns die Kostenersparnis, die durch ein Projekt erzielt werden kann.

Die Kennzahl Rentabilität kann durch eine Erweiterung der Formel mit dem Umsatz aufschlussreicher werden.

$$\text{Rentabilität} = \frac{\text{Gewinn} \times 100}{\text{Umsatz}} \times \frac{\text{Umsatz}}{\text{Kapital}}$$

Man errechnet in diesem Fall den sogenannten Return on Investment (ROI) als Spitzenkennzahl eines Systems einzelner Kennziffern, die sich gegenseitig ergänzen (vgl. Abb. 2.22). Auch Abhängigkeiten zwischen den Kennzahlen werden deutlich. Dadurch können verschiedene Szenarien simuliert werden, die zu einem geforderten ROI führen.

Wie führt man eine Amortisationsrechnung durch?
Der Amortisationsvergleich ermittelt die Zeit der Rückgewinnung des eingesetzten Kapitals. Die Investitionsentscheidung hängt von der sogenannten Amortisationsdauer (Pay-off-Periode) ab. Sie zeigt das Risiko auf, das mit einer Investition verbunden ist. Je länger es dauert, bis die investierten Mittel zurückgeflossen sind, desto größer ist das Risiko.

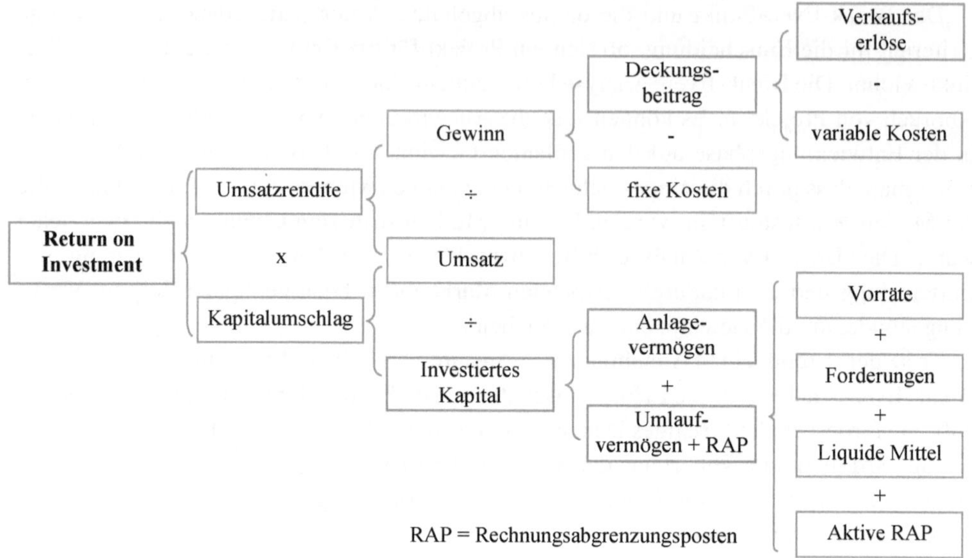

Abb. 2.22 Das Kennzahlensystem Return on Investment

$$\text{Amortisationsdauer} = \frac{\text{Kapitaleinsatz}}{\text{Einzahlungsuberschusse pro Jahr}}$$

Ein Projekt ist positiv zu beurteilen, wenn die Amortisationsdauer unter der zulässigen Amortisationszeit liegt. Von mehreren Alternativen ist diejenige mit der kürzesten Amortisationsdauer zu wählen.

Wie errechnet man den Kapitalwert?
Die Kapitalwertmethode gehört, wie die interne Zinsfußmethode, zu den dynamischen Verfahren. Bei ihnen wird im Gegensatz zu den statischen Verfahren der Zeitpunkt einer Ein- oder Auszahlung durch eine entsprechende Abzinsung berücksichtigt. Verwendung finden beide Verfahren, wenn sich die durch ein Projekt verursachten Ein- und Auszahlungen im Zeitablauf ändern.

$$\text{Kapitalwert} = \sum_{t=1}^{n}\left(E_t - A_t\right) \times \frac{1}{\left(1+i\right)^t} - A_0$$

$A_t =$ Auszahlung im Jahre t,
$E_t =$ Einzahlung im Jahre t
$i =$ Kapitalisierungszinsfuß,
$n =$ Zahl der Nutzungsjahre
$A_0 =$ Anschaffungsauszahlung im Jahre 0

Zur Errechnung des Kapitalwerts kann man wie in Abb. 2.23 vorgehen.

Ein Projekt ist lohnend, wenn der Kapitalwert größer Null ist. Von mehreren Alternativen ist diejenige mit dem höchsten Kapitalwert zu wählen.

Da die Daten für eine Kapitalwertrechnung für mehrere Vorschaujahre geschätzt werden und damit unsicher sind, sollte die Rechnung mehrmals unter verschiedenen Annahmen durchgeführt werden. Für die wesentlichen Einflussfaktoren des Kapitalwerts

- Einzahlungen,
- Auszahlungen,
- Zins und
- Investitionssumme am Anfang

können pessimistische, wahrscheinliche und optimistische Annahmen getroffen werden. Die so entstehenden Kapitalwerte zeigen die Spannbreite der möglichen Ergebnisse. Man kann auch einen gewichteten Kapitalwert nach folgender Formel errechnen:

$$\frac{1 \times K_p + 4 \times K_w + 1 \times K_o}{6}$$

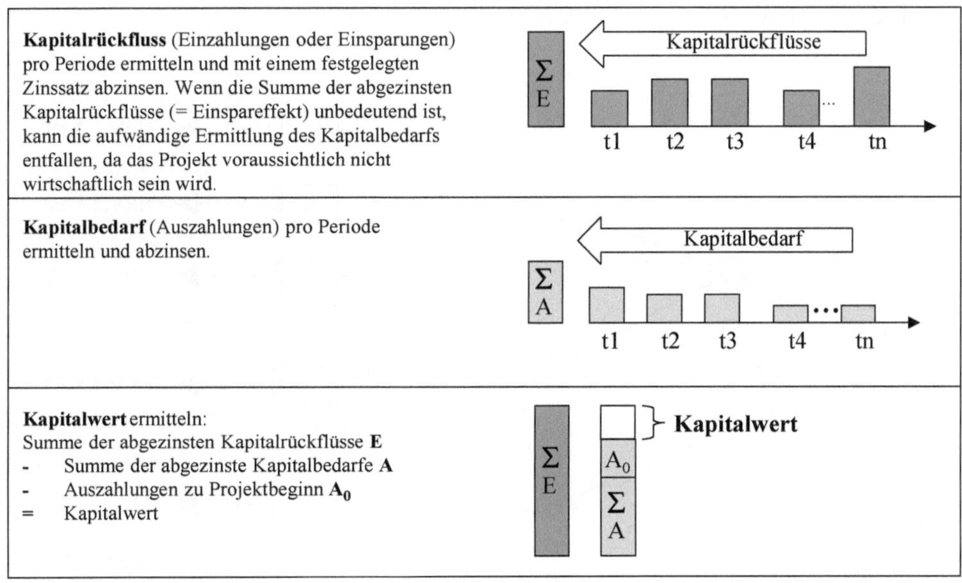

Kapitalwert > 0: Projekt ist lohnend.

Abb. 2.23 Ermittlung des Kapitalwerts

K_p = pessimistischer Kapitalwert,
K_w = wahrscheinlicher Kapitalwert,
K_o = optimistischer Kapitalwert

Praxisbeispiel

Bei der **BASF Pharma AG** verwendet man den Kapitalwert (Net Present Value oder NPV) zur Beurteilung von Entwicklungsprojekten (Lechner 1999). Für einen Planungszeitraum von zehn bis 15 Jahren wird die jährlich erwartete Differenz der Umsätze und Kosten ermittelt, abgezinst und summiert. Bereinigt man das Ergebnis um die Investitionskosten, erhält man den NPV. Es werden verschiedene Szenarien mit jeweils eigenem NPV gebildet (vgl. Abb. 2.24). Die erste Annahme in Abb. 2.24 geht z. B. davon aus, dass das Projekt planmäßig beendet werden kann und das Produkt am Markt erfolgreich sein wird (Szenario A). Ein weiteres Szenario simuliert den worst case: das Projekt wird beendet, das Produkt ist jedoch kein Erfolg (Szenario B). Der NPV jedes Szenarios wird mit einer geschätzten Eintrittswahrscheinlichkeit gewichtet. Die Summe der NPV aller Szenarien ergibt den erwarteten Gesamt-NPV. Er muss positiv sein.

Mit dieser Projektbeurteilung wurde die Zahl der Projekte bei der BASF Pharma AG von 30 auf 23 verringert. Damit standen Ressourcen für andere Vorhaben zur Verfügung. Weitere Konsequenzen waren:

– Die Diskussion in den einzelnen Projektteams wurde versachlicht.
– Die Risiken und Chancen der Projekte wurden sorgfältiger analysiert.

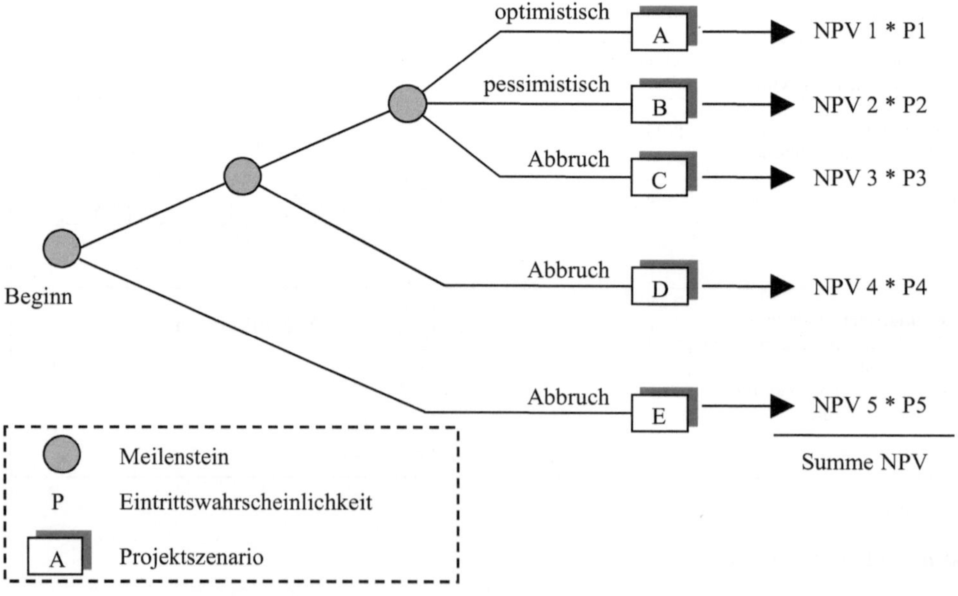

Abb. 2.24 Berechnung des Net Present Value

Problematisch war jedoch der hohe Zeitaufwand für die Ermittlung und Aufbereitung der Grunddaten.

Wie ermittelt man den internen Zinsfuß?

Bei der internen Zinsfußmethode wird derjenige Zinsfuß gesucht, der zu einem Kapitalwert von Null führt.

$$\sum_{t=1}^{n}\left(E_t - A_t\right) \times \frac{1}{\left(1+i\right)^t} = 0$$

A_t = Auszahlung im Jahre t,
E_t = Einzahlung im Jahre t
i = Kapitalisierungszinsfuß,
n = Zahl der Nutzungsjahre

Ein Projekt ist wirtschaftlich, wenn der Kapitalisierungszinsfuß i über der geforderten Mindestverzinsung liegt. Von mehreren Alternativen ist diejenige mit dem höchsten internen Zinsfuß zu wählen.

Praxisbeispiel

Die **TUI AG** verwendet den Kapitalwert und die interne Verzinsung, um die Wirtschaftlichkeit der Projekte zu verdeutlichen. Diese Daten werden auch für das gesamte Portfolio aggregiert ausgewiesen (Knapp und Lederer 2010).

Wie misst man den Beitrag eines Projekts zum Unternehmenswert?

Projekte, die nach den bisher erörterten Methoden positiv abschneiden, werden nicht immer zur Steigerung des Unternehmenswerts beitragen. Dies ist nur dann der Fall, wenn das Projekt auch seine Kapitalkosten (Fremdkapitalkosten + Eigenkapitalkosten + Risikokosten) deckt (Ossadnik et al. 2009). Gängige Verfahren, mit denen man dies prüfen kann, sind Discounted Cash Flow (DCF), Economic Value Added (EVA) und Cash Flow Return on Investment (CFROI).

2.1.5   Analyse der Abhängigkeiten

In der betrieblichen Realität beeinflussen sich Projekte in unterschiedlicher Art und Weise (Kargl 2001):

– Ein Projekt schafft die konzeptionellen Voraussetzungen für andere (Innovationszusammenhang).

– Ein Projekt muss zusammen mit anderen Projekten realisiert werden, um das Gesamt-
  ziel zu erreichen (Integrationszusammenhang).
– Ein Projekt hat Auswirkungen auf die Kosten anderer Projekte (Investitionszusammen-
  hang).

Die Abhängigkeiten müssen aufgezeigt werden, da sie zusammen mit der Attraktivität
die Priorisierung festlegen. Bei der Münchner Verein Versicherungsgruppe ermittelt man
mit paarweisen Vergleichen in einer Einflussmatrix (vgl. Abb. 2.25) die gegenseitigen direkten Abhängigkeiten (May und Chrobok 2001).

Stellt man einen Einfluss fest, trägt man am jeweiligen Kreuzungspunkt eine 1 ein. In
Abb. 2.25 erkennt man, dass Projekt b von Projekt d abhängt und selbst die Projekte a, c
und d beeinflusst. Um das Verfahren einfach zu halten, wird hier nicht nach der Intensität
der Einflussnahme unterschieden.

Im Beispiel wären theoretisch zwölf Abhängigkeiten möglich:

$$\big(\text{Anzahl Projekte} \times \big(\text{Anzahl Projekte} - 1\big)\big)$$

Da im Beispiel der Abb. 2.25 in Summe nur sechs Abhängigkeiten auftreten, kann man
von einem durchschnittlichen Vernetzungsgrad sprechen. Das Ergebnis der Einflussmatrix
wird für die Präsentation und Analyse in ein Portfolio übertragen (vgl. Abb. 2.26).

Im Portfolio unterscheidet man vier Bereiche:

1. **Aktive Projekte**

Projekte im rechten unteren Quadranten nehmen Einfluss auf andere Projekte, sind aber
selbst unabhängig. Sie erhalten deswegen eine hohe Priorität, um die reibungslose Bearbeitung der abhängigen Projekte zu gewährleisten.

2. **Kritische Projekte**

Projekte rechts oben weisen eine hohe Vernetzung auf. Einflussnahmen und Abhängigkeiten sind gleichermaßen hoch. Dadurch steigt deren Komplexität und Risiko. Sie sollten
besonders sorgfältig analysiert und erst nach Bearbeitung der aktiven Projekte eingesteuert werden.

Wirkung von / Wirkung auf		Beeinflusste Projekte				Summe Einfluss
		Projekt a	Projekt b	Projekt c	Projekt d	
Einflussnehmende Projekte	Projekt a					0
	Projekt b	1		1	1	3
	Projekt c	1				1
	Projekt d	1	1			2
Summe Beeinflussung		3	1	1	1	6

Abb. 2.25 Einflussmatrix

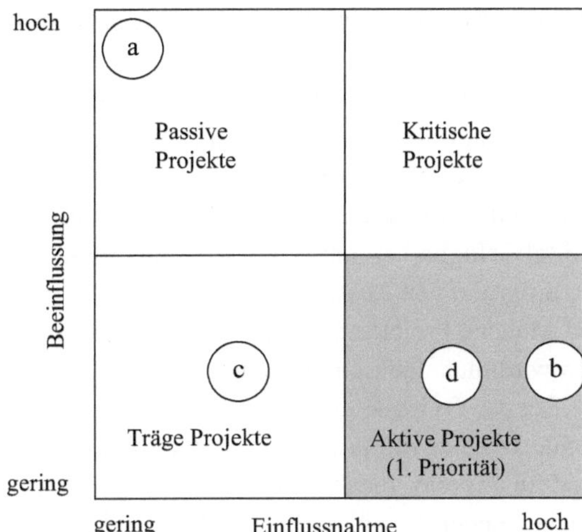

Abb. 2.26 Portfolio zur Analyse der Abhängigkeiten

3. Passive Projekte

Sie sind in hohem Maße abhängig von anderen Projekten, nehmen selbst aber kaum Einfluss. Passive Projekte sollten erst mit zeitlichem Abstand zu den übrigen Projekten begonnen werden.

4. Träge Projekte

Der Quadrant links unten enthält Projekte mit einem geringen Vernetzungsgrad. Sie sind unkritisch. Ihre Priorität wird stark davon abhängen, wie deren Wirtschaftlichkeit und strategische Bedeutung bewertet wurden.

Die Einflussanalyse liefert zusammen mit der Beurteilung der Attraktivität eindeutige Hinweise für die Priorisierung der Projekte. Vergleicht man das Beispiel in Abb. 2.26 mit Abb. 2.9 und 2.12, so lassen sich folgende Aussagen treffen:

– Erste Priorität erhält Projekt b. Es beeinflusst viele andere Projekte, hat hohe strategische Bedeutung und ist dringlich. Auch die Gesamtattraktivität ist hoch (vgl. Abb. 2.9).
– Projekt d ist weder bedeutsam noch dringlich, auch die übrigen Attraktivitätskriterien werden nur in geringem Maße erfüllt. Deswegen ist zu prüfen, ob dieses Projekt nicht besser aus dem Portfolio genommen wird. Sollte Projekt d realisiert werden, erhielte es die zweite Priorität, da es als aktives Projekt andere Vorhaben beeinflusst, aber selbst nicht von anderen Projekten abhängt.
– Projekt c nimmt aufgrund der Dringlichkeit die dritte Stelle ein.
– Vorhaben a ist als Muss-Projekt auf jeden Fall zu realisieren. Da a eine geringe Dringlichkeit aufweist und zuerst die auf a Einfluss nehmenden Projekte starten sollten, wird Projekt a, wenn möglich, später frei gegeben.

2.1.6   Analyse der Ressourcenverfügbarkeit und Projektauswahl

Aufgrund der Priorisierung ergibt sich eine „Hitliste" der effektivsten Projekte. Beginnend mit dem an Position 1 stehenden Projekt können nun die finanziellen Mittel und die erforderlichen personellen Ressourcen zugeteilt werden. Es reicht eine grobe Zuordnung der personellen Ressourcen nach Qualifikationsprofilen. Die Prüfung der Ressourcen- und Mittelverfügbarkeit kann zum Ergebnis führen, dass das bis dahin geplante Projektportfolio aufgrund von Ressourcenengpässen oder nicht ausreichendem Budget zu überarbeiten ist. Manche Projekte starten dadurch vielleicht nicht zum vorgesehenen Termin, bei anderen wird man den Leistungsumfang kürzen.

Bei der Freigabe der Projekte sollte berücksichtigt werden, dass viele gleichzeitig laufende Projekte die Produktivität der eingesetzten Mitarbeiter aufgrund sinkender Motivation für das einzelne Projekt und „geistiger Rüstzeiten" vermindern. Besser ist es, Projekte nacheinander abzuarbeiten. Abb. 2.27 verdeutlicht den Vorschlag. Der Koordinationsaufwand für das Portfolio A ist geringer und die Produktivität der Mitarbeiter steigt. Zudem sind die Projektergebnisse von Projekt 1 und 2 im Portfolio A eher verfügbar als in Portfolio B.

Damit nicht einzelne Projektarten, typischerweise sind das oft IT-Projekte, den größten Teil der Mittel verbrauchen, kann es vorteilhaft sein, **Obergrenzen der Budgetzuteilung** festzulegen.

> **Praxisbeispiel**
>
> Bei der **Versicherungskammer Bayern** wurde beinahe das gesamte Budget durch IT-Projekte aufgebraucht. Als man dies erkannte, bildete man drei Projektklassen und legte Obergrenzen für deren Anteil am Gesamtbudget fest (vgl. Abb. 2.28). Für alle Projekte zur Erschließung neuer Märkte werden maximal 20 Prozent des Gesamtbudgets, für IT-Projekte 60 Prozent und für Projekte zur Verbesserung der Geschäftsprozesse 20 Prozent ausgegeben.

Portfolio A

Projekt	Dauer	Oktober				November				Dezember			
		KW 41	KW 42	KW 43	KW 44	KW 45	KW 46	KW 47	KW 48	KW 49	KW 50	KW 51	KW 52
Projekt 1	3 Wochen												
Projekt 2	3 Wochen												
Projekt 3	3 Wochen												

Portfolio B

Projekt	Dauer	Oktober				November				Dezember			
		KW 41	KW 42	KW 43	KW 44	KW 45	KW 46	KW 47	KW 48	KW 49	KW 50	KW 51	KW 52
Projekt 1	12 Wochen												
Projekt 2	12 Wochen												
Projekt 3	12 Wochen												

Abb. 2.27 Strategien für die Projektbearbeitung

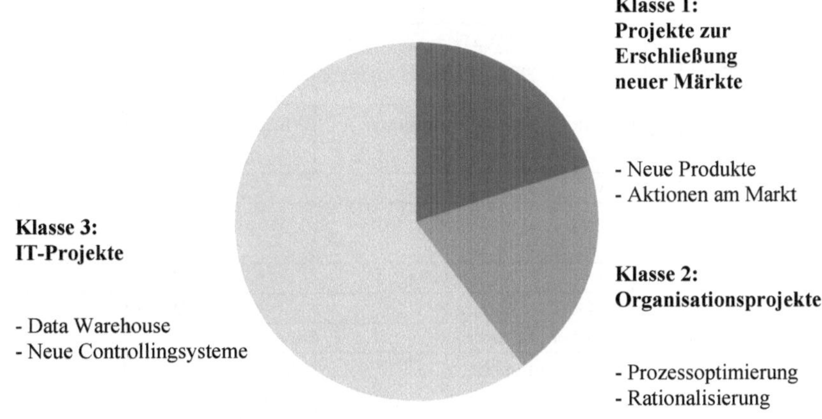

Abb. 2.28 Ausgewogenheit des Projektportfolios

2.2 Strategische Projektkontrolle

2.2.1 Überblick

Die strategische Kontrolle unterscheidet sich von der operativen Kontrolle (vgl. Abschn. 3.2) dadurch, dass sie längerfristig orientiert ist und die gesetzten Ziele prüft. Es wird auch hinterfragt, ob die richtigen Projekte gemacht werden.

Abb. 2.29 zeigt die erforderlichen Informationen für die strategische Projektkontrolle sowie deren Aufgaben und Instrumente im Überblick. Die von der strategischen Projektkontrolle erzeugten Informationen sind ebenfalls angegeben.

2.2.2 Ausprägungen der strategischen Kontrolle

Man unterscheidet drei unterschiedliche Arten strategischer Kontrolle (Steinmann und Schreyögg 2005):

- Prämissenkontrolle,
- Durchführungskontrolle und
- strategische Überwachung.

Prämissenkontrolle

Die Prämissenkontrolle greift kurz nach der Strategieformulierung zum Zeitpunkt t_1 (vgl. Abb. 2.30). Sie untersucht die für eine Strategie zugrunde gelegten Annahmen. Falsche Prämissen können in der strategischen Planung zu einer Fehlselektion bei der Zusammenstellung des Projektportfolios führen. Es gilt, sie möglichst schnell aufzuzeigen, damit nicht Projekte gestartet werden, die für das Unternehmen keinen Mehrwert haben.

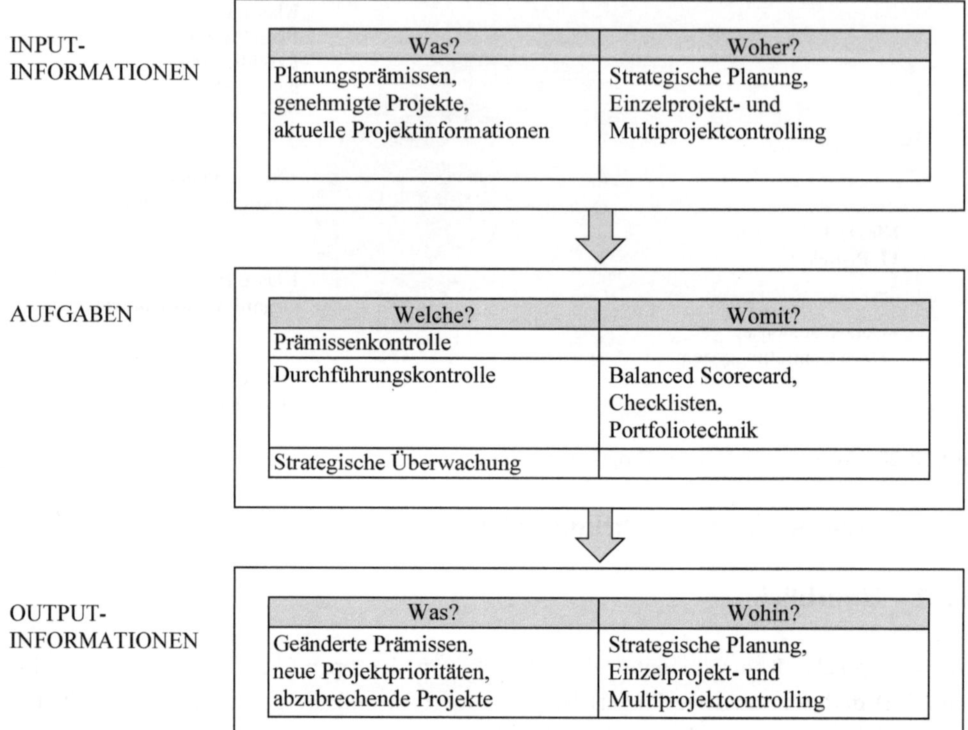

Abb. 2.29 Überblick über die strategische Projektkontrolle

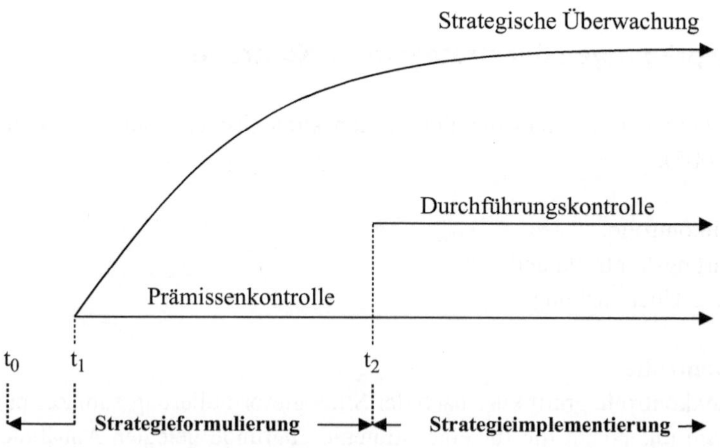

Abb. 2.30 Arten der strategischen Kontrolle

Durchführungskontrolle

Die Durchführungskontrolle setzt mit der Umsetzung der Strategie zum Zeitpunkt t_2 laut Abb. 2.30 ein. Sie begleitet die Projektauswahl und überwacht die Durchführung der Projekte mit hoher strategischer Bedeutung. Dazu werden messbare Zwischenziele (Meilensteine) definiert, deren Ist-Ergebnisse man mit der ursprünglichen Zielsetzung vergleicht. Bei signifikanten Abweichungen sind Maßnahmen einzuleiten.

Schwerpunkte für die Durchführungskontrolle können z. B. mittels des Attraktivitäts-Portfolios in Abb. 2.31 erkannt werden. Das Portfolio ist besonders für Entwicklungsprojekte geeignet (Möhrle 1988).

Die Projekte werden nach ihrer Technologie- und Marktattraktivität bewertet und kontrolliert. Eine hohe Technologieattraktivität ist gegeben, wenn ein Projekt wesentlichen Einfluss auf zukünftige Produktgenerationen nimmt. Der Markt ist dann attraktiv, wenn die Gewinnaussichten hoch sind. Vorhaben mit einer hohen technologischen und wirtschaftlichen Attraktivität werden als „Renner" bezeichnet. Sie müssen aufgrund ihrer Bedeutung besonders sorgfältig beobachtet werden.

Spielen die **Kosten** eine große Rolle, wird man sich auch auf die sogenannten „Drücker" konzentrieren, da sie erhebliche investive Vorleistungen verursachen. Bei den „Ziehern" handelt es sich meist um Projekte, die bei frühzeitiger Markteinführung hohe Ge-

Abb. 2.31 Attraktivitätsportfolio für die Kontrolle von Entwicklungsprojekten

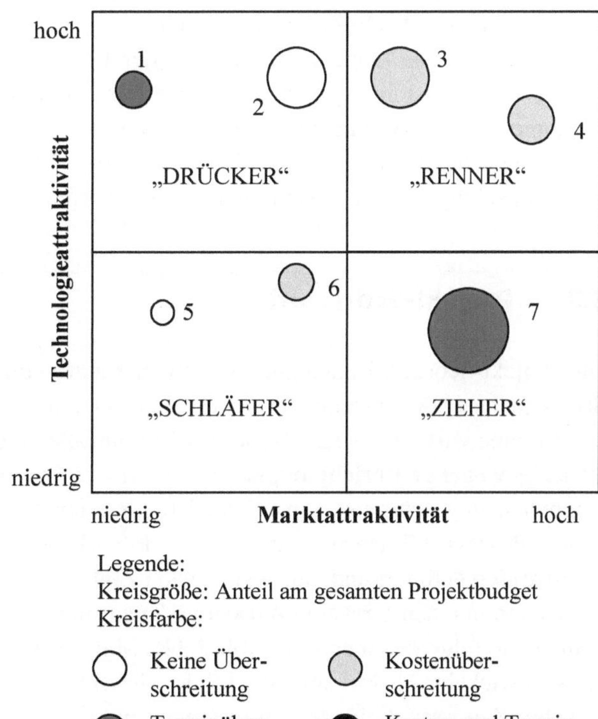

winne gewährleisten. Entsprechend wichtig ist eine möglichst kurze Entwicklungsdauer
(Time to Market). Ansonsten kann es passieren, dass durch Konkurrenten die höchsten
Gewinne abgeschöpft werden und sich die erheblichen Vorleistungskosten für das Projekt
nicht mehr amortisieren. Deswegen ist der Controllingschwerpunkt bei diesen Projekten
die **Terminsituation**. Projekte mit einem geringen technologischen und wirtschaftlichen
Nutzen sind die „Schläfer". Solche Vorhaben sollten möglichst vermieden bzw. einer in-
tensiven Kostenkontrolle unterzogen werden.

Das Portfolio in Abb. 2.31 enthält zusätzliche Informationen. Die Kreisgröße gibt den
Anteil der Projektkosten am Gesamtbudget an. Die Kreisfarbe spiegelt Termin- und Kostenüberschreitungen wider. Weist z. B. ein wichtiges „Zieher-Projekt", wie Projekt 7 in
Abb. 2.31, signifikante Terminüberschreitungen auf, ist dies besonders kritisch einzustu-
fen.

Strategische Überwachung

Es gibt Fehlentwicklungen, die weder von der Prämissen- noch von der Durchführungskontrolle erfasst werden. In diesem Fall greift die strategische Überwachung. Sie ergänzt
die beiden erstgenannten Kontrollen und funktioniert wie ein Radar, das eine ungerichtete,
flächendeckende Kontrolle durchführt.

Die strategische Kontrolle ist besonders schwierig. Wesentliche **Probleme** sind:

– Strategische Ziele können oft nur unzureichend überprüft werden, weil sie qualitativer
  Natur und damit schlecht messbar sind.
– Die strategische Planung ist Aufgabe der Unternehmensführung. Eine Kontrolle auf
  dieser Ebene ist naturgemäß heikel, weil der Eindruck entstehen könnte, dass man die
  Kompetenz des Managements in Frage stellt.
– Strategische Planung ist langfristig angelegt. Planung und Kontrolle sind deshalb
  zwangsläufig großen Unsicherheiten unterworfen.

2.3 Projekt-Scorecard

Die Projekt-Scorecard unterstützt die **Implementierung und Operationalisierung der
Strategie** bis in die einzelnen Projekte. Sie kann damit für die strategische Projektplanung
und für eine wirksame strategische Erfolgskontrolle eingesetzt werden. Die Scorecard ist
als **ausgewogener Berichtsbogen** konzipiert (Kaplan und Norton 1997). Um die Ausgewogenheit zu gewährleisten, werden **Ziele** für unterschiedliche **Perspektiven** (z. B. Mitarbeiter, Prozesse, Finanzen) vorgegeben. Für die Messung der Zielerreichung werden
Kennzahlen definiert und die gewünschten **Zielwerte** quantifiziert. Die Kennzahlen müssen zudem in einen **Ursache-Wirkungs-Zusammenhang** gebracht werden. Ein Beispiel
könnte wie folgt aussehen (vgl. Abb. 2.32): Man verfolgt das oberste Ziel, Projekte renta-
bel abzuwickeln. Als Messgröße wird der Gewinn im Verhältnis zum eingesetzten Kapital
gewählt. Zielwert ist eine Rentabilität von mindestens 18 Prozent. Dieses Ziel ist nur erreichbar, wenn das vorgegebene Budget, die geplanten Termine und die erforderliche Qua-

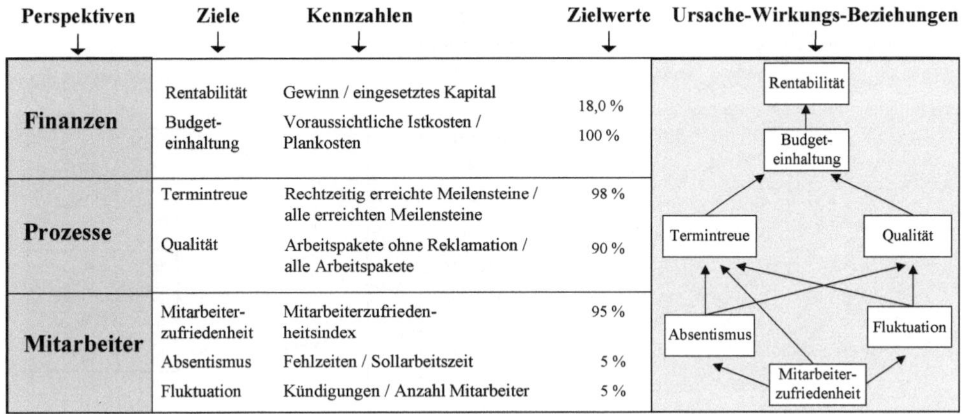

Abb. 2.32 Aufbau einer Projekt-Scorecard

lität eingehalten werden. Messgrößen dafür sind eine voraussichtliche Budgeteinhaltung von 100 Prozent, eine Termintreue von mindestens 98 Prozent und ein Anteil fehlerfreier Arbeitspakete von 90 Prozent. Dies ist nur mit sehr motivierten Mitarbeitern möglich. Es wird ein Mitarbeiterzufriedenheitsindex definiert, den man aufgrund monatlicher Mitarbeiterbefragungen berechnet. Angestrebt wird ein Indexwert von 95 Prozent. Zudem sollen Fluktuation und Fehlzeiten unter 5 Prozent gedrückt werden.

Wie unterstützt die Projekt-Scorecard die Projektsteuerung?

Monatlich oder quartalsweise aktualisierte Daten der Projekt-Scorecard zeigen, inwiefern die Projektziele erfüllt werden und stellen damit eine Entscheidungsgrundlage für das Management dar. Die Vorgehensweise soll an einem Beispiel verdeutlicht werden: Zunächst werden die Perspektiven und die zugehörigen Ziele gewichtet (vgl. Abb. 2.33).

Für jedes Ziel muss ein geplanter Wert vorgegeben werden. Der Zielerreichungswert von 7,2 (=72 Prozent) für die gesamte Projekt-Scorecard in Abb. 2.34 errechnet sich dann wie folgt:

1. Ermittlung der Abweichung zwischen geplantem Zielwert und geschätzter Erfüllung (z. B. -1,1 Prozent für das Ziel „Rentabilität").
2. Bewertung der Abweichung mit Punkten von null bis zehn. Maximal zehn Punkte werden vergeben, wenn das Ziel sehr gut erfüllt wurde.
3. Multiplikation der Punkte mit den Gewichten der jeweiligen Kennzahl (z. B. 9 Punkte x 0,8 für das Ziel „Rentabilität").
4. Summierung der gewichteten Punkte je Perspektive. Für die finanzielle Perspektive resultieren z. B. 8 Punkte, sie wird also zu 80 Prozent erfüllt.
5. Multiplikation der Punktsumme mit dem Gewicht der Perspektive (z. B. 8 Punkte x 0,4 für die Finanzperspektive).
6. Addition der Punkte aller Perspektiven zur Gesamtpunktsumme der Scorecard (es wurden 7,2 von zehn Punkten erreicht).

Abb. 2.33 Gewichtung der Perspektiven und Ziele

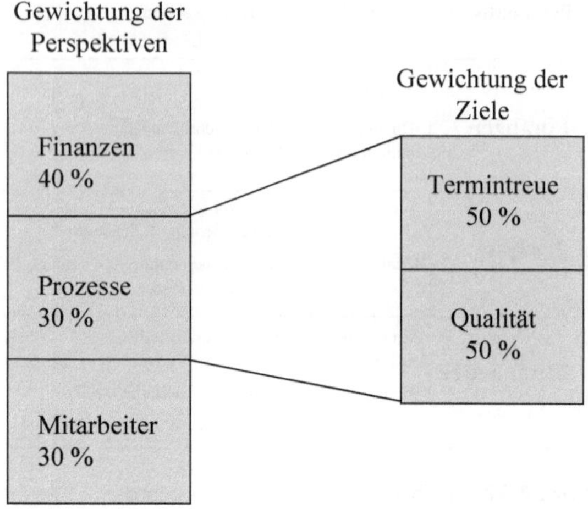

Ziele		Gewicht	Geplante Zielwerte	Geschätzte Erfüllung	Abweichung	Punkte	Gewichtete Punktzahl	Gesamt-wertung
Finanzen		**40 %**						
	Rentabilität	80 %	18,0 %	17,8 %	-1,1 %	9	7,2	
	Budgeteinhaltung	20 %	100,0 %	130,0 %	-30,0 %	4	0,8	
	Gesamt						8,0	3,2
Prozesse		**30 %**						
	Termintreue	50 %	98 %	90 %	-8,2 %	8	4,0	
	Qualität	50 %	90 %	90 %	0,0 %	9	4,5	
	Gesamt						8,5	2,6
Mitarbeiter		**30 %**						
	Mitarbeiterzufriedenheit	60 %	95,0 %	86,0 %	-9,5 %	8	4,8	
	Absentismus	20 %	5,0 %	9,0 %	-80,0 %	0	0,0	
	Fluktuation	20 %	5,0 %	8,0 %	-60,0 %	0	0,0	
	Gesamt						4,8	1,4
Gesamtwertung der Projekt-Scorecard								**7,2**

Abb. 2.34 Ermittlung der Zielerreichung

Worauf ist beim Einsatz der Projekt-Scorecard zu achten?

Die Projekt-Scorecard

- erfordert eine besondere Informationskultur, die erst gelernt und dann gelebt werden muss;
- muss jederzeit flexibel änderbar sein;
- ist in regelmäßigen Abständen zu aktualisieren;
- sollte sich auf das Wesentliche beschränken;
- ist das Instrument, mit dem man täglich arbeitet; neue Vorschläge müssen grundsätzlich auf ihre Zielauswirkung diskutiert und bewertet werden.

Praxisbeispiel

Ein Geschäftsbereich der **Siemens AG** führte in drei Monaten mit einem Aufwand von 400 Personentagen eine Projekt-Scorecard ein (Töpfer 2000). Der Aufwand enthält auch die Unterstützung durch externe Berater und die Erstellung einer Anwendung, die mit Excel realisiert wurde. Die Vorgehensweise der Einführung war wie folgt:

– Vorbereitende Gespräche mit der Geschäftsführung.
– Start-Meeting, in dem das gesamte Management über das Vorhaben informiert wurde.
– Interviews und Studium von Unterlagen, um die Scorecard-Perspektiven zu konkretisieren. Dauer: zwei Wochen.
– Erster Managementworkshop zur Überarbeitung der bisher erfassten strategischen Aussagen. Außerdem wurden die Ursache-Wirkungs-Zusammenhänge erstellt. Dauer: drei Tage.
– Arbeitsteams erarbeiteten Kennzahlen für die Ziele der Ursache-Wirkungskette. Dauer: drei Wochen.
– Zweiter Managementworkshop für die Besprechung der Kennzahlen, die von den Arbeitsteams definiert wurden. Vorteilhaft war, dass zu diesem Workshop bereits eine einfache IT-Lösung vorlag. Dauer: ein Tag.
– Weitere Teamarbeit und dritter Managementworkshop zur Abrundung und Genehmigung der geleisteten Arbeit.

Wichtige Erfahrungen waren:

– Die Scorecard muss in die existierenden Planungs- und Kontrollsysteme eingebunden werden. Festzulegen ist, welche Führungskennzahlen durch die Scorecard abgelöst werden.
– Die Scorecard muss mit Maßnahmen verknüpft werden.
– Die Scorecard sollte alltägliches Arbeitsinstrument sein. In Meetings und Geschäftsdurchsprachen müssen die Konsequenzen von Entscheidungen immer auch vor dem Hintergrund der Scorecard beleuchtet werden.
– Die Scorecard ist durch eine einfach zu handhabende IT-Lösung zu unterstützen (z. B. MS-Excel).

2.4 Erkenntnisse für die Praxis

Das sollten Sie wissen

– Das Projektcontrolling hat im Rahmen der strategischen Projektplanung die Aufgabe, Informationen für die Bewertung der Projektattraktivität, der Projektabhängigkeiten sowie über die verfügbaren Ressourcen bereitzustellen. Es unterstützt damit die Projektauswahl und Projektpriorisierung.
– Instrumente für die strategische Projektplanung sind Portfolios, Wirtschaftlichkeitsverfahren, Nutzwert-, Abhängigkeits- und Risikoanalysen, Budgets und Mitar- beitereinsatzpläne.

- Um die Wirtschaftlichkeit eines Projektes zu beurteilen, verwendet man vor allem die Kapitalwertmethode.
- Bei der Entscheidung über die Annahme eines zusätzlichen Projekts ist immer die Auswirkung auf laufende Projekte zu berücksichtigen.
- Die strategische Kontrolle überwacht die im Rahmen der strategischen Planung getroffenen Prämissen und die Strategieumsetzung.
- Die Projekt-Scorecard gewährleistet die Umsetzung der strategischen Ziele bei der Auswahl, Planung und Steuerung der Projekte.

Literatur

Devaux, S., Total Project Control. A Manager"s Guide to Integrated Project Planning, Measuring and Tracking, New York u. a. 1999.

Henning, J., Was muss ein erfolgreiches F + E-Controlling leisten?, in: Boutellier, R., Völker, R., Voit, E. (Hrsg.), Innovationscontrolling, München, Wien 1999, S. 40.

Kaplan, R., Norton, D., Balanced Scorecard. Strategien erfolgreich umsetzen, Stuttgart 1997.

Kargl, H., Projektcontrolling, HMD (2001) 217, S. 14–21.

Knapp, A., Lederer, I., Instrumente des Controlling bei der Steuerung von Projektportfolios, in: Steinle, C. u. a. (Hrsg.), Handbuch Multiprojektmanagement und -controlling, 2. Aufl. Berlin 2010, S. 286 ff.

Krahn, T., Schmidt, L., Strategische Steuerung von Projektportfolios am Beispiel der FinanzIT, in: Steinle, C. u. a. (Hrsg.), Handbuch Multiprojektmanagement und -controlling, 2. Aufl. Berlin 2010, S. 299 f.

Lechner, F., Wertorientierte Projektwahl, dargestellt am Beispiel der Pharmabranche, in: Boutellier, R., Völker, R., Voit, E. (Hrsg.), Innovationscontrolling, München, Wien 1999, S. 136 ff.

May, G., Chrobok, R., Priorisierung des unternehmerischen Projektportfolios. zfo (2001) 2, S. 108–114.

Möhrle, M., Das FuE-Programm-Portfolio: Ein Instrument für das Management betrieblicher Forschung und Entwicklung, technologie & management 37 (1988) 4, S. 12 ff.

Ossadnik, W., Wolf, D., Kossen, K., Optimierte Projektsteuerung durch wertorientierte Produktlebenszyklusrechnungen. Controlling 21. Jg. 2009, H. 2, S.118–125.

Saaty, Th., Fundamentals of Decision Making with the Analytic Hierarchy Process, Pittsburgh 2000.

Sommerlatte, T., F&E-Controlling aus strategischer und operativer Perspektive, in: Steinle, C., Bruch, H. (Hrsg.), Controlling, Stuttgart 1998, S. 694–707.

Steinmann, H., Schreyögg, G., Management. Grundlagen der Unternehmensführung, 6. Aufl., Wiesbaden 2005.

Töpfer, A., Das Management der Werttreiber, FAZ Juli 2000, S. 266 ff.

Wieder, G., Das Projektportfolio strategisch steuern. Projektpriorisierung bei der Coca-Cola Erfrischungsgetränke AG, Projektmagazin 3 (2006) (www.projektmagazin.de)

Operatives Projektcontrolling

„Nur das ist ein schlechter Plan, der keine Veränderungen zulässt." (Publius Syrus, 1. Jh. v. Chr., römischer Dichter)
„Die Stärke des Managements liegt im intelligenten Reagieren auf Veränderungen."
(Robert McNamara)

Vorschau

Kapitel 3 beschreibt, inwiefern das operative Projektcontrolling die Projektplanung und Projektkontrolle unterstützen kann. Sie lernen die einzelnen Schritte der operativen Projektplanung und Projektkontrolle kennen und erfahren, was das Projektcontrolling dabei leistet. Neben der Erörterung der Frage, welche gestaltenden und koordinierenden Aufgaben das Projektcontrolling wahrnehmen kann, werden Instrumente gezeigt, die im Rahmen eines Projektcontrollings zum Einsatz kommen.

Des Weiteren werden die Bedeutung einer systematischen Sicherung der im Projekt gewonnenen Erfahrungen erläutert und Hinweise für ein aussagefähiges Berichtswesen gegeben.

3.1 Operative Projektplanung

3.1.1 Überblick

Nach der Genehmigung eines Projektes und der endgültigen Freigabe muss die Abwicklung im Detail geplant werden. Sorgfältige Projektplanung ist ein wesentlicher Schlüssel zum Projekterfolg. Die Einstellung „Planung ist der Ersatz des Zufalls durch den Irrtum"

© Springer Fachmedien Wiesbaden GmbH, ein Teil von Springer Nature 2020
R. Fiedler, *Controlling von Projekten*, https://doi.org/10.1007/978-3-658-28032-1_3

verhindert bei komplexen Projekten die Erreichung der Projektziele und lässt sie oft scheitern. Die Projektplanung ist keine einmalige Aufgabe am Anfang eines Vorhabens, sondern sie muss auch projektbegleitend durchgeführt werden:

– Anfangs ist ein grober Plan für das gesamte Projekt notwendig,
– mit zunehmendem Projektfortschritt wird der Plan detaillierter ausgearbeitet,
– dauerhafte Änderungen, die während des Projektes auftreten, führen zu einer Anpassung des Plans.

Die Abb. 3.1 zeigt die erforderlichen Informationen für die operative Projektplanung sowie die einzelnen Planungsaufgaben und Instrumente im Überblick. Die von der operativen Projektplanung erzeugten Informationen sind ebenfalls angegeben.

▶ Projektcontrolling darf sich nicht auf die Ermittlung der Projektkosten beschränken, sondern sollte alle Phasen der Planung unterstützen und adäquate Informationen bereitstellen.

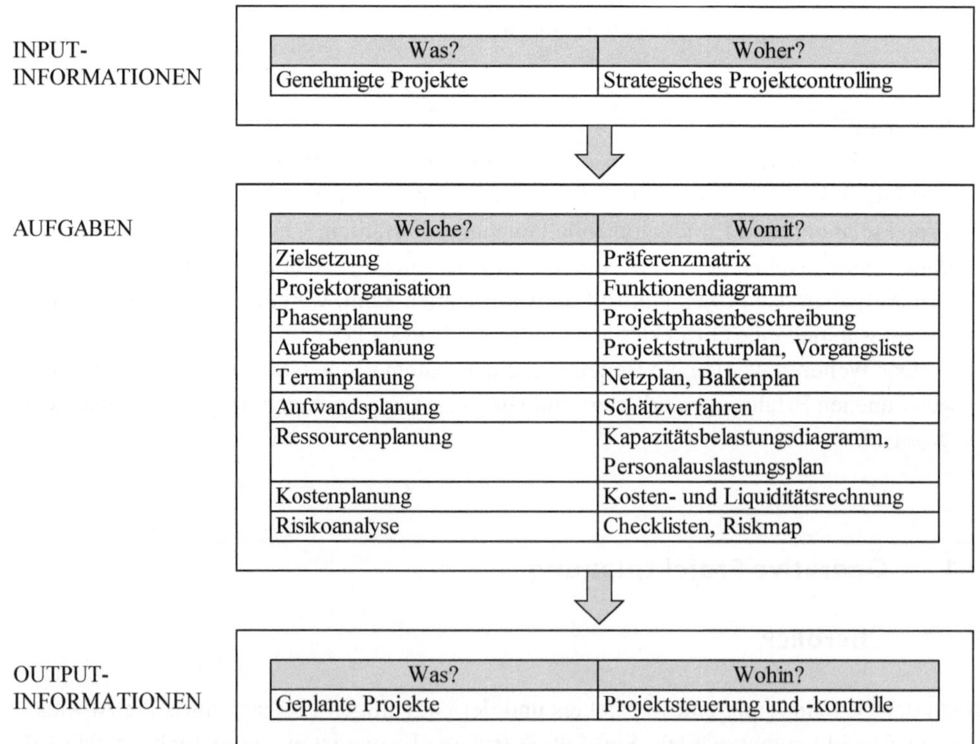

Abb. 3.1 Überblick über die operative Projektplanung

Im Folgenden werden die Aufgaben, Methoden und Instrumente der Projektplanung laut Abb. 3.1 im Überblick beschrieben. Es wird jeweils angegeben, welche Unterstützung das Projektcontrolling leisten kann.

3.1.2 Projektziele

Die Freigabe eines Projektes mündet in den Projektauftrag. Neben der Projektabgrenzung, der Zusammensetzung des Projektteams, der Nennung des Projektleiters, des Gesamtbudgets und des Endtermins müssen dort die Projektziele dokumentiert werden. Die Vorgehensweise zur Zielerarbeitung wurde bereits in Abschn. 2.1.4.1 beschrieben.

▶ Das Projektcontrolling kann die grundsätzlichen Regelungen für die Zielplanung erarbeiten. Dazu gehört die verbindliche Vorgabe, dass kein Projekt ohne eindeutige Zielvereinbarungen gestartet wird. Auch die Zuständigkeiten für die Zieldefinition sollten festgelegt und geeignete Instrumente, wie z. B. die Präferenzmatrix für die Zielgewichtung (vgl. Abb. 2.5), empfohlen werden. Zudem prüft der Projektcontroller die festgelegten Ziele:

- Wurden alle Ziele erfasst?
- Sind die Interessen der Stakeholder bekannt?
- Sind die Ziele schriftlich fixiert?
- Sind die Ziele messbar?
- Ist das Vorhaben machbar?
- Kennen die Beteiligten die Ziele?
- Werden die Ziele akzeptiert?
- Gibt es Zielkonflikte?
- Ist die Priorisierung bekannt?

Insbesondere sich widersprechende Ziele zwischen Auftraggeber und Auftragnehmer müssen vor Projektbeginn aufgedeckt werden. Darüber hinaus kann der Projektcontroller den Projektleiter bei der Kommunikation der Ziele unterstützen. Nur wenn alle Beteiligte die Ziele kennen und auch verstehen, ist ein zielorientiertes Handeln möglich.

3.1.3 Aufbauorganisation

Die Kompetenzen des Projektleiters hängen von der Organisationsform für das Projekt ab. Wählt man eine **Stabsprojektorganisation**, hat der Projektleiter keine Weisungsbefugnisse. Er ist eher ein „Kümmerer" und Koordinator. Für wichtige Projekte greift man deswegen auf andere Organisationsformen zurück. Bei der **Matrixprojektorganisation** wird die vorhandene Linienorganisation durch Projekte überlagert. Der Projektleiter hat fachliche Weisungsbefugnisse, wenn es um die Belange des Projekts geht. Disziplinarisch bleiben die Projektmitarbeiter ihren Fachvorgesetzten in der Linie unterstellt. Bei einer **reinen Projektorganisation** werden die für das Projekt benötigten Ressourcen aus ihrer Linienabteilung herausgelöst und vom Tagesgeschäft entlastet. Der Projektleiter ist fachlicher und disziplinarischer Vorgesetzter mit weitreichenden Kompetenzen. Unter Leistungsaspekten ist diese Organisationsform zu präferieren. Allerdings ist sie in aller Regel aufwendiger zu realisieren als eine Stabs- oder Matrixprojektorganisation. In der Unternehmenspraxis findet man vielfach **Mischformen** zwischen den drei „reinen" Alternativen. Zudem kann ein eigener Unternehmensbereich Projektmanagement installiert werden, bei dem Projekte in Auftrag gegeben werden (Auftragsprojektmanagement). Kleinere Projekte werden oft innerhalb der Fachabteilungen bearbeitet, ohne eine eigene Projektorganisation einzurichten.

Zusätzlich zur Wahl der Organisationsform sind die Projektteams zu bilden und Hauptaufgaben auf Mitarbeiter zu verteilen. Außerdem erfordern größere Projekte einen Lenkungsausschuss, der mit Mitgliedern des Managements besetzt ist und die wichtigen Entscheidungen im Projekt trifft. Weitere Ausschüsse werden je nach Bedarf eingerichtet.

▶   Das Projektcontrolling kann Kriterien (z. B. Größe, Komplexität, Bedeutung des Projekts) für die Wahl der Projektorganisation erarbeiten. So könnte eine Regel lauten, dass sehr große, komplexe Projekte mit hoher Bedeutung für das Unternehmen immer im Rahmen der reinen Projektorganisation abgewickelt werden.

Zudem wird der Projektleiter unterstützt, damit die für das Projekt erforderlichen Personen bereitgestellt werden. In der Matrixorganisation werden die Mitarbeiter nicht immer in ausreichendem Maße von ihren Fachabteilungsaufgaben entlastet. Der Projektcontroller achtet deshalb frühzeitig darauf, dass Vereinbarungen zwischen Projektleiter und Fachbereichsleitung zur Freistellung der Mitarbeiter getroffen und eindeutig dokumentiert werden. Der Projektcontroller sollte auch sicherstellen, dass die Zuständigkeiten im Projekt klar geregelt und jedem Beteiligten bekannt sind.

3.1.4 Projektphasen

Neben der Aufbau- ist die Ablauforganisation eines Projektes zu bestimmen. Es geht zunächst um eine sinnvolle Unterteilung in Phasen. Das ist auch deswegen von Bedeutung, weil nach Abschluss einer Phase jeweils festgelegt wird, ob und wie das Projekt weiter zu bearbeiten ist. Neben standardisierten Phasenschemata für unterschiedliche Projektformen (die Phasen für Bauprojekte werden z. B. verbindlich in der Honorarordnung für Architekten und Ingenieure, der sogenannten HOAI, geregelt), gibt es vor allem in größeren Unternehmen mit umfangreichem Projektgeschäft eigene verbindliche Vorgehensmodelle.

Eine typische Unterteilung eines Projektes ist die in Konzeption, Planung, Realisierung und Abschluss.

Die Konzeption beinhaltet die Zielsetzung für das Projekt, die Prüfung möglicher Alternativen und eine Kontrolle der Ressourcenverfügbarkeit. Die Phase endet mit einer Entscheidung über den Projektstart.

Im Rahmen der Planung wird der Projektverlauf detailliert vorausgedacht. Geplant werden insbesondere die einzelnen Aufgaben und die dafür erforderlichen Ressourcen sowie anfallende Kosten.

Während der Realisierung wird die zur Zielerfüllung nötige Leistung erbracht. Dabei ist ein wesentlicher Erfolgsfaktor eine kontinuierliche Überwachung und Steuerung des Ressourceneinsatzes, der Kosten und der Leistung.

Die Abschlussphase beinhaltet eine systematische Betrachtung des Projektverlaufs, um Erkenntnisse für nachfolgende Projekte zu gewinnen, die Übergabe des Projektergebnisses an den Auftraggeber und die Auflösung des Projektteams.

Die Erfolgsfaktoren in den Projektphasen wurden im Rahmen einer empirischen Studie in den USA, in der 418 Projektmanager befragt wurden, dokumentiert (Pinto und Slevin 1999). Sie werden in Abb. 3.2 im Überblick dargestellt.

Man erkennt in Abb. 3.2, dass während des gesamten Projektes von der Konzeption bis zum Abschluss die Mission, also das Ziel des Projektes, den Beteiligten klar sein muss. In allen Phasen spielt auch die Beziehung zum Kunden eine überaus wichtige Rolle. Die Projektverantwortlichen müssen dem Kunden zuhören, um seine tatsächlichen Wünsche zu erkennen, und mit ihm kommunizieren.

In der Planungsphase ist es wichtig, das Einverständnis des Kunden für die Ideen und Planungsvorschläge des Projektteams zu gewinnen. Die Kommunikation mit dem Kunden muss dabei kontinuierlich aufrechterhalten werden. Die Planungsphase ist dann erfolgreich, wenn ein Projekt als wichtig eingestuft wird. Die Projektmitarbeiter dürfen ihr Projekt nicht als Routineaufgabe oder als überflüssiges Vorhaben auffassen.

Für die Realisierung ist ein sorgfältig ausgearbeiteter Zeitplan nötig. Er dient der Projektleitung und den Projektmitarbeitern als ständige Checkliste, um den aktuellen Stand der Arbeiten zu prüfen. Die Führung des Projekts durch den Projektleiter hat in allen Phasen hohe Bedeutung. Während der Realisierung beeinflusst dieser Faktor den Projekterfolg aber in besonderem Maße.

Die technischen Rahmenbedingungen spielen während der Realisierung und des Abschlusses eine große Rolle. Angemessenes Equipment und qualifiziertes Personal müssen in ausreichender Menge und Qualität vorhanden sein.

▶ Die Projektplanung wird erleichtert, wenn die einzelnen Phasen angemessen standardisiert und beschrieben sind. Diese Aufgabe kann das Projektcontrolling übernehmen. Je Phase sind folgende Informationen sinnvoll:

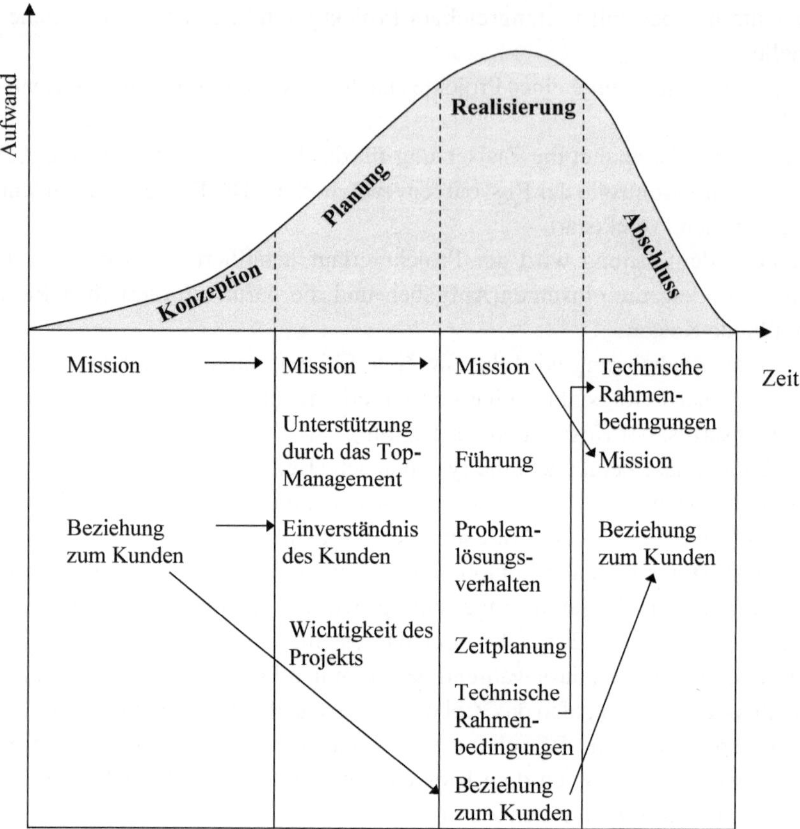

Abb. 3.2 Faktoren für den Projekterfolg in einzelnen Phasen

- notwendiger Input
- zu liefernde Ergebnisse
- wahrzunehmende Aufgaben
- typische Risiken
- durchschnittliche Dauer
- benötigte Ressourcen
- empfohlene Instrumente
- Kostentreiber

Das Projektcontrolling hat darauf zu achten, dass die bereitgestellten Informationen und Empfehlungen auch wirklich verwendet werden. Dies gelingt nur, wenn die verantwortlichen Projektleiter von der Vorteilhaftigkeit überzeugt werden können und die im Phasenschema hinterlegten Informationen regelmäßig gepflegt und angepasst werden.

Ideal ist es, wenn man die gesammelten Erkenntnisse in einem IT-System zur Verfügung stellt. Die Anwendung in Abb. 3.3 enthält in den Spalten die einzelnen Aufgaben der Projektphasen mit den Verantwortlichen in Form eines standardisierten Workflows. Für jede Aufgabe kann in der linken Menüleiste die vom System anzuzeigende Detailinformation ausgewählt werden.

Praxisbeispiel

Die ehemalige **MIS GmbH**, heute als Infor Global Solutions GmbH bekannt, ist ein Unternehmen, das Software und betriebswirtschaftliche Beratung für Planung, Reporting, Konsolidierung und Datenanalyse anbietet. Es hat den Prozess für die Einführung von Business Intelligence Systemen ausführlich beschrieben und im Intranet zur Verfügung gestellt (vgl. Abb. 3.4).

Auf Basis der definierten Prozesse erstellt man auch eine projektneutrale Kalkulation. Für jede Projektaufgabe wird festgelegt, wie stark diese die Ressourcen bindet (vgl. Abb. 3.5) und welche direkten Kosten erfahrungsgemäß auf sie entfallen. Diese Planung erfolgt differenziert nach Projekttypen.

Für die projektindividuelle Kalkulation besteht die Möglichkeit, die Werte als Vorschlag in die Projektkalkulation zu kopieren und individuell anzupassen. Eingaben erfolgen an dieser Stelle immer auf der tiefsten Ebene.

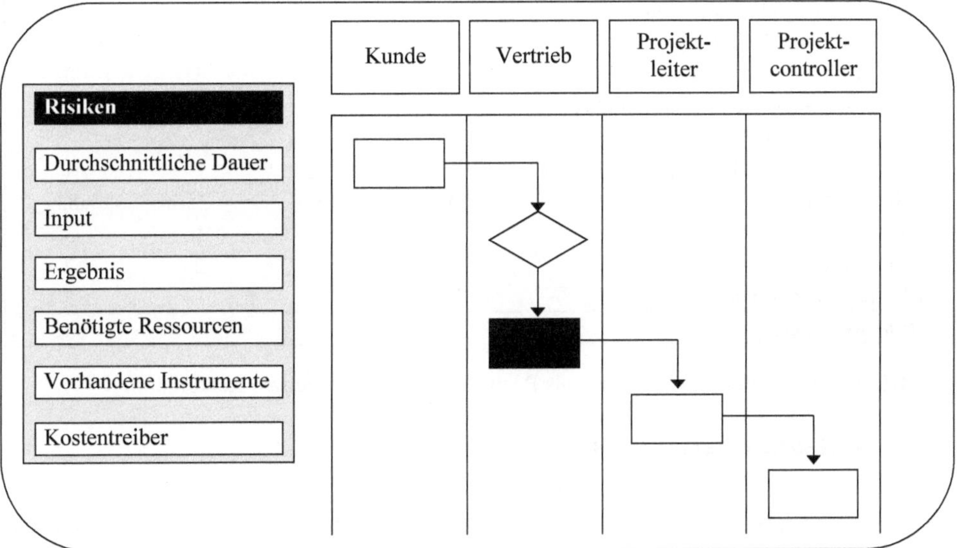

Abb. 3.3 IT-System zur Beschreibung der Projektphasen

Phase:	3. Technisches Konzept
Ziel:	Ziel dieser Phase ist es, die Datenversorgung des Systems aus den Vorsystemen zu gewährleisten.
Input:	Dokumentation der Schnittstellen zu den Vorsystemen.
Output:	Festzulegen sind • Art der Informationen • Struktur • Häufigkeit der Bereitstellung • Beteiligte Vorsysteme.
Risiken:	Ungenaue Modellierung der Schnittstellendatensätze.
Erforderliche Mitarbeiter-Qualifikation:	Technische Projektmitarbeiter.

Abb. 3.4 Auszug aus einer Know-how-Datenbank zur Beschreibung von Prozessschritten

	Leistungstage je Qualifikation			
	A	B	C	gesamt
1 Akquise	5	2	1	8
2 Projektdurchführung	**57**	**47**	**33**	**137**
2.1 Grobkonzept	6	3		9
2.2 Fachliche Konzeption	9	3		12
2.3 Technische Konzeption	**11**	**4**	**5**	**20**
2.3.1 Schnittstellen konzipieren	6	1	1	8
2.3.2 Datenmodellierung	4	1	1	6
2.3.3 Prototyp entwickeln			3	3
2.3.4 Hard- und Softwarearchitektur definieren		2		2
2.3.5 Technisches Konzept abstimmen	1			1
2.4 Realisierung	23	35	25	83
2.5 Test	1	1	1	3
2.6 Einführung	4	1	2	7
2.7 Projektmanagement	3			3
Leistungstage gesamt				**302**

Abb. 3.5 Ressourceninanspruchnahme als Basis für eine projektneutrale Kalkulation

3.1.5   Projektaufgaben und Projektstruktur

Das gesamte Projekt muss in einzelne Teilprojekte und Aufgaben (sogenannte Arbeitspakete) unterteilt werden. Dadurch entsteht der Projektstrukturplan, den man auch als PSP oder Work Breakdown Structure bezeichnet (vgl. Abb. 3.6).

Abb. 3.6 Aufbau des
Projektstrukturplans

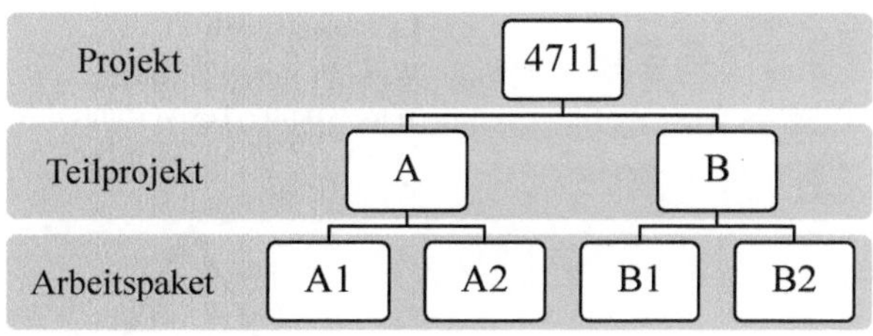

Der Projektstrukturplan enthält alle Aufgaben, die für die Erfüllung der Projektziele notwendig sind. Er beschreibt damit die zu erbringende Leistung und gliedert sie in überschaubare Einheiten. Zusammenhänge zwischen den Aufgaben werden deutlich. Die unterste Gliederungsebene des Projektstrukturplans enthält die Arbeitspakete. Sie bilden die Basis für alle nachfolgenden Planungs- und Kontrollaktivitäten. Deshalb müssen die Arbeitspakete sorgfältig definiert werden. Sie sollten vollständig einem Mitarbeiter oder einer organisatorischen Einheit übertragen werden können. Dabei muss man beachten, dass die Arbeitspakete nicht zu umfangreich werden. Deren Kosten- und Zeitanteil sollte sich zwischen zwei und fünf Prozent des Gesamtprojekts bewegen. Die Dauer der Arbeitspakete kann sich auch an der Berichtshäufigkeit orientieren. Als Faustregel gilt: Berichtsintervall mal 1,5. Wenn also alle vier Wochen berichtet wird, sollte die Dauer der Arbeitspakete sechs Wochen nicht übersteigen. Mit fein gegliederten Arbeitspaketen von kurzer Dauer gewinnt man eine erhöhte Aussagekraft über den Status im Projekt. Darüber hinaus wird die Schätzung des voraussichtlichen Aufwands erleichtert, und Risiken sind eher zu erkennen. Auch Planänderungen sind mit geringem Aufwand durchführbar, weil man sich nur auf diejenige, klar abgegrenzte Einheit im Projektstrukturplan konzentrieren muss, die von der Änderung betroffen ist.

Arbeitspakete können für die Schätzung des Aufwands weiter unterteilt werden. Grundsätzlich sollten sie jedoch die kleinste Planungseinheit sein. Eine weitere Gliederung würde auch den Handlungsspielraum des verantwortlichen Mitarbeiters zu stark einschränken.

Im Projektstrukturplan sind **Meilensteine** zu definieren. Dabei handelt es sich um wichtige Orientierungspunkte, an denen das bisher Geleistete einer Prüfung unterzogen und die weitere Vorgehensweise im Projekt festgelegt wird. Sie sind ausreichend zu beschreiben (vgl. Abb. 3.7).

Für Meilensteine können verschiedene Kategorien vorgegeben werden, z. B. Statusmeilensteine, vertragliche Verpflichtungen oder Zahlungen.

Eine besondere Art von Meilensteinen sind die Quality Gates in Entwicklungsprojekten. Während der Meilenstein nur ein Ergebnis zu einem festgesetzten Termin definiert, darf ein Quality Gate erst durchschritten werden, wenn genau definierte Kriterien erfüllt sind. Die Kriterien sollten bereits vor Projektbeginn vereinbart werden.

Fein terminierte Meilensteine verhindern eine zu starke Abweichung vom Plan. Erfahrungsgemäß nimmt die für eine Aufgabe investierte Energie immer kurz vor dem

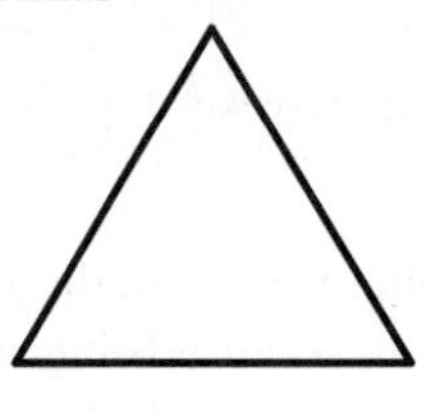

Abb. 3.7 Beschreibung des Meilensteins „Prototyp getestet"

Terminende stark zu („Deadline-Effekt"). Ohne Meilensteine würde man deswegen bei Zielabweichungen erst wenige Tage vor dem Projektende Maßnahmen ergreifen. Die Gefahr, dass man das gesetzte Projektziel verfehlt, wäre in diesem Fall hoch. Sind Meilensteine gesetzt, würde schon früher gegengesteuert, um das Zwischenziel nicht zu verfehlen.

Meilensteine erleichtern auch die Fortschrittskontrolle (vgl. die Meilensteinmethode zur Leistungskontrolle in Abschn. 3.2.2).

Es ist nicht sinnvoll und kaum möglich, für ein komplexes Projekt den kompletten Strukturplan mit allen Einzelheiten zentral aufzustellen. In diesem Fall wird die Feinplanung delegiert (Krüger und Schmolke 1999). Ausgehend von den Projektphasen und den dazugehörigen Meilensteinen am Anfang und Ende jeder Phase erstellt man zunächst einen groben **High-Level-Plan**. Er bildet den Rahmen für die von den verschiedenen Projektteams selbstständig zu erarbeitenden und zu verantwortenden Low-Level-Pläne. Diese enthalten die Arbeitspakete und bilden damit die Grundlage für die detaillierte Planung der Termine, Aufwände, Ressourcen und Kosten. Die so aufgestellten Detailpläne müssen natürlich mit dem High-Level-Plan abgestimmt werden. Die Abb. 3.8 verdeutlicht die schrittweise Konkretisierung der Planung.

Es sollten Verantwortliche benannt werden, die sich sowohl an der High-Level-Planung wie auch an der Ausarbeitung der Detailpläne beteiligen und deshalb die erforderlichen Kenntnisse für die Koordinierung der Schnittstellen besitzen.

Da die Aufgabenstruktur vieler Projekte vergleichbar ist, sollte ein **Standardprojektstrukturplan** erarbeitet werden. Er enthält all diejenigen Standardaufgaben, die typischerweise in Projekten einer bestimmten Kategorie vorkommen. Die Anpassung an ein neues Projekt ist damit schnell durchführbar, indem einfach die nicht benötigten Arbeitspakete entfernt und neue dazu gefügt werden. So erhält man in kurzer Zeit einen aktuellen Plan mit Ausgangsdaten für die Termin- und Kostenplanung. Außerdem dient der Standardprojektstrukturplan quasi als Checkliste, die sicherstellt, dass keine Aufgaben verges-

1. Phasenschema mit Meilensteinen

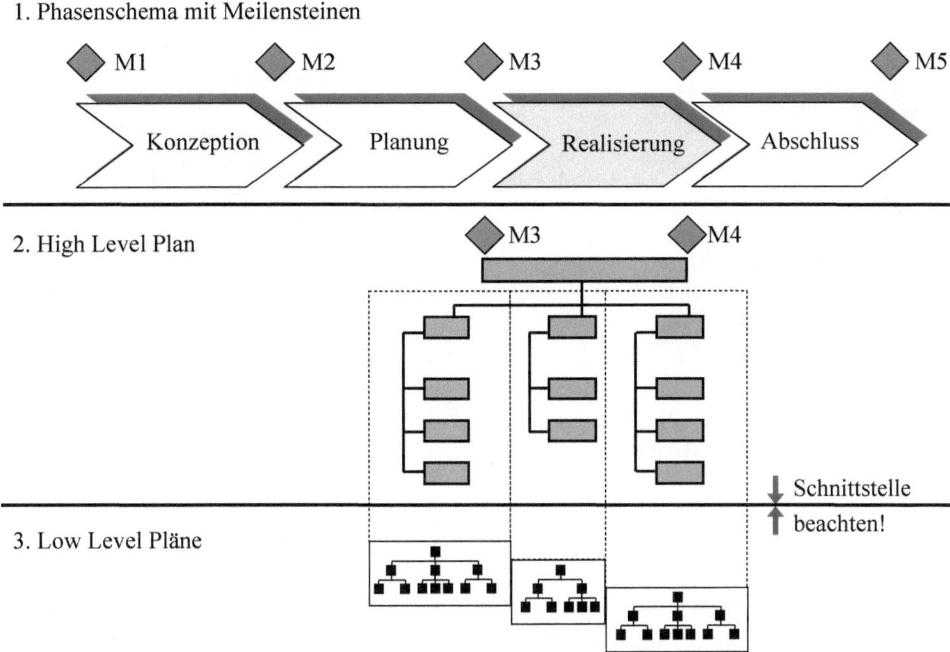

Abb. 3.8 Schrittweise Konkretisierung der Projektplanung

sen werden. Zudem wird ein einheitlicher und damit zwischen Projekten vergleichbarer Aufbau des Projektstrukturplans gewährleistet.

Praxisbeispiel

Bei der **Outokumpu Technology GmbH** sind der formale Aufbau des Projektstrukturplans und der technischen Anlagenstruktur vorgegeben. Der Projektstrukturplan ist die zentrale Basis für alle Aspekte des Projektcontrollings, die Anlagenstruktur wird für das Engineering verwendet. Die Koordination zwischen den beiden Strukturplänen zeigt Abb. 3.9.

Im Produktbereich Instrumentation Systems des Geschäftsbereichs Car Multimedia der **Robert Bosch GmbH** existieren Teilprozesse für die Angebotsphase und die Entwicklungsphase eines zu entwickelnden Kombiinstrumentes. Dort werden alle Arbeitspakete, die zur Erstellung eines Kombiinstrumentes erforderlich sind, aufgeführt.

Projektstrukturpläne können sehr umfangreich werden und enthalten durchaus einige tausend Arbeitspakete. Deswegen ist es wichtig, die Transparenz dieser Pläne sicherzustellen.

Tief gegliederte Pläne sind eher nachvollziehbar als solche, die auf einer Ebene sehr viele Teilprojekte besitzen. Die erste Gliederungsebene sollte deswegen maximal zehn

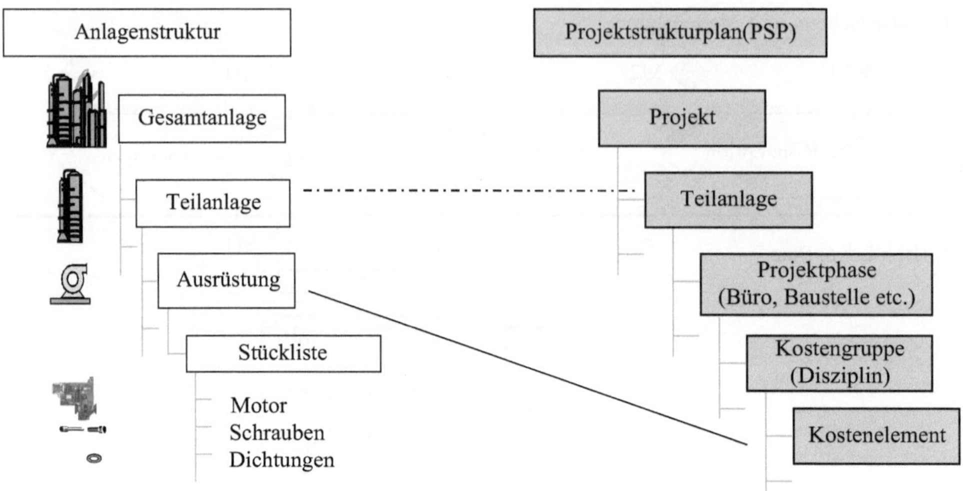

Abb. 3.9 Zuordnung von technischer Struktur und Projektstruktur

Gliederungspunkte enthalten, die zweite maximal 25, die dritte maximal 100 und die vierte maximal 400. Selbst für komplexe Projekte dürften höchstens sechs Gliederungsebenen ausreichen.

Auch **formale Standards** für die Definition von Projektstrukturplänen sollten vorhanden sein. Dies erhöht die Verständlichkeit und erleichtert zudem die Vergleichbarkeit verschiedener Projektstrukturpläne. Beispiele für sinnvolle Regelungen:

– Ein Arbeitspaket muss immer aus einem Hauptwort und einem Verb bestehen, z. B. „Bremsen prüfen".
– Ein Meilenstein ist als Ereignis zu formulieren, z. B. „Bremsen geprüft".
– Die erste Ebene ist mit Großbuchstaben zu schreiben.
– Auf der ersten Ebene dürfen keine Arbeitspakete erscheinen.
– Die erste Ebene umfasst immer die gleichen, zentral vorgegebenen Standardvorgänge.

Warum ist ein wertorientierter Projektstrukturplan vorteilhaft?
Neben dem klassischen Projektstrukturplan kann es für manche Projekte sinnvoll sein, einen wertorientierten Projektstrukturplan zu erstellen (vgl. Abb. 3.10). Damit ist es möglich, den Einfluss der einzelnen Arbeitspakete auf den Erlös eines Projektes abzuschätzen (Devaux 1999). Entsteht das Problem, die Leistung reduzieren zu müssen, weil Ressourcen fehlen und Zeitverzug droht, hat man einen Anhaltspunkt, bei welchen Arbeitspaketen dies mit dem geringsten Verlust möglich wäre. Die Abb. 3.10 verdeutlicht die Methodik an einem Beispiel. Zunächst ist zwischen Kann- und Muss-Aktivitäten zu unterscheiden. **Muss-Aktivitäten** werden einerseits verpflichtend vorgeschrieben. Dabei handelt es sich

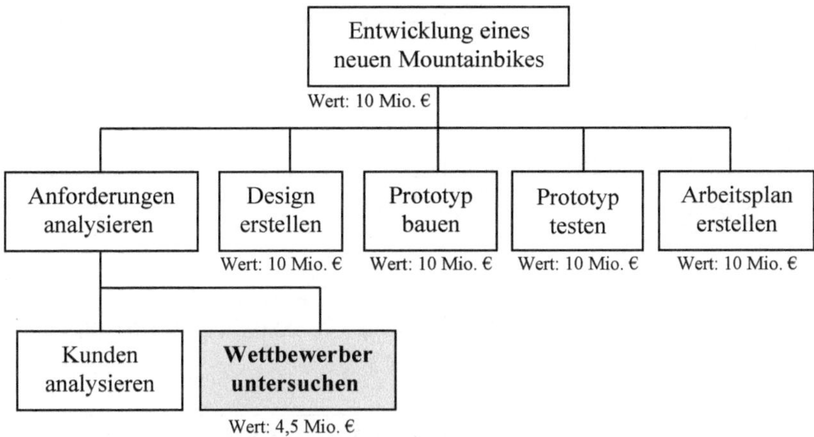

Abb. 3.10 Wertorientierter Projektstrukturplan

z. B. um Qualitätssicherungsmaßnahmen oder Tests. Andererseits sind das solche Arbeitspakete, ohne die das Projekt nicht zu Ende geführt werden könnte. Ohne das Design ist z. B. keine Entwicklung möglich, auch ein Prototyp und Arbeitspläne sind unerlässlich, um das Mountainbike in Abb. 3.10 zu produzieren. Der Wert einer Muss-Aktivität entspricht immer dem Erlös für das gesamte Projekt.

Kann-Aktivitäten sind optional. Ihren Wert bestimmt man durch die Frage: Welchen Erlös erzielen wir, wenn das betrachtete Arbeitspaket gestrichen würde? Die Untersuchung der Wettbewerber ist im Beispiel als Kann-Aktivität definiert. Durch Befragung von Vertriebsspezialisten und die Analyse bereits abgeschlossener ähnlicher Projekte wird versucht, herauszufinden, welche Konsequenzen eine Entwicklung ohne Analyse der Wettbewerber hätte. Als Ergebnis erhält man z. B. die Information, dass in 30 Prozent der Fälle keine Auswirkungen festzustellen wären. In 50 Prozent der Fälle träten Probleme auf, wie Zeitverzug oder Mehrkosten. Insbesondere durch die Verzögerung der Markteinführung müsste man mit reduzierten Erlösen von 5 Mio. € rechnen. In den restlichen 20 Prozent der Fälle wäre sogar mit einem völligen Erlösausfall zu kalkulieren. Daraus resultiert das in Abb. 3.11 dargestellte Ergebnis. Es wird deutlich, dass ohne das Arbeitspaket Kundenanalyse das gesamte Projekt nur noch einen Erlös von 5,5 Mio. € erzielen würde. Das Arbeitspaket repräsentiert also einen Wert von 4,5 Mio. € (10 Mio. € - 5,5 Mio. €).

> ► Das Projektcontrolling erarbeitet die Standardprojektstrukturpläne und formuliert Regeln für den Umfang der Projektstrukturpläne sowie für die Definition der Arbeitspakete und Meilensteine. Das Projektcontrolling kann auch die korrekte Definition der Meilensteine dahingehend prüfen, ob sie mit dem Projektauftrag korrespondieren oder vertraglich zugesicherte Leistungstermine berücksichtigen. Technisch orientierte Projektleiter übersehen schnell vertriebliche und organisatorische Aufgaben. Deswegen muss die Vollständigkeit des Projektstrukturplans begutachtet werden. Da ein

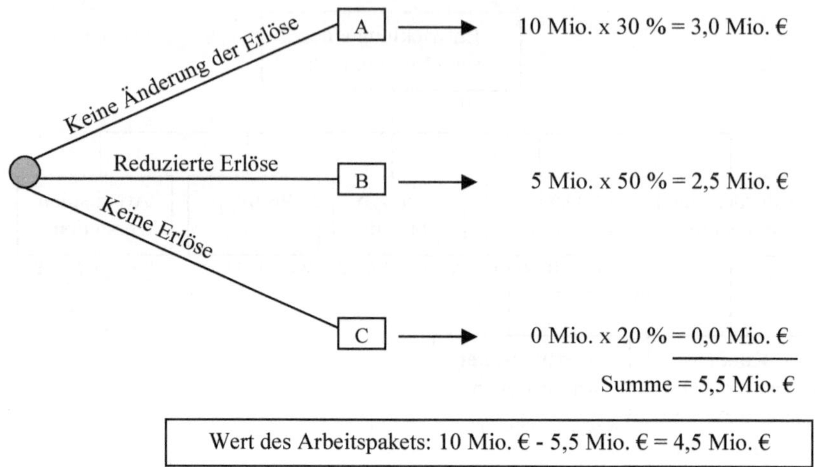

Abb. 3.11 Wertermittlung für ein Arbeitspaket

übergeordneter Knoten immer eine Teilleistung repräsentiert, die durch die untergeordneten Aufgaben erfüllt wird, helfen folgende Fragen, vergessene Arbeitspakete zu identifizieren: Woraus besteht die Teilleistung? Was gehört noch dazu?

Der Projektcontroller unterstützt darüber hinaus die Abstimmung der High-Level- und Low-Level-Pläne.

3.1.6   Projektaufwand

Der Projektaufwand wird auf Basis der Leistungsbeschreibung der einzelnen Arbeitspakete in Personentagen (auch als Manntage bezeichnet) geschätzt. Er ist Grundlage für die weitere Planung. Ist der Projektleiter nicht in der Lage, den Aufwand wichtiger Arbeitspakete selbst festzulegen, wird er auf Expertenschätzungen zurückgreifen, um den Aufwand zu quantifizieren. Dabei dominiert die **Einzelschätzung**, die ein anerkannter Spezialist vornehmen sollte. Er kann z. B. mit Hilfe einer Drei-Punkt-Schätzung den Aufwand bestimmen. Bei dieser Methode werden drei Werte für den Aufwand geschätzt:

- optimistische Aufwandsschätzung A_p,
- wahrscheinliche Aufwandsschätzung A_w,
- pessimistische Aufwandsschätzung A_o.

Der Gesamtaufwand A ergibt sich nach folgender Formel:

$$A = \frac{1 \times A_p + 4 \times A_w + 1 \times A_o}{6}$$

Praxisbeispiel

ProCalc ist ein bei **Lufthansa Systems** entwickeltes Tool für die Aufwandsschätzung. Hierbei werden Aktivitäten identifiziert, die während der Projektabwicklung durchgeführt werden, und man schätzt, wie viel Aufwand jede einzelne Aktivität verursacht. Diese Methode erweiterte man bei der Lufthansa Systems um die Möglichkeit, Unsicherheiten, Einflüsse und Risiken mit einzubeziehen. Für die Schätzung bedeutet dies, dass mehrere (100 bis 1000) unterschiedliche Projektszenarien auf Basis der von der Projektleitung definierten Unsicherheiten und Risiken simuliert werden. Als Ergebnis liegt dann eine Verteilungskurve vor, die aufzeigt, mit welcher Wahrscheinlichkeit welcher Aufwand zu erwarten ist.

Die bei Lufthansa Systems durchzuführende Schätzung dauert bis zu einem Tag und läuft wie folgt ab:

1. Im Rahmen der Schätzklausur werden die Aktivitäten ermittelt, die aus der aktuellen Sicht der Projektleitung später im Ist auf die Projektnummern im SAP-System gemeldet werden. Aktivitätenchecklisten bieten hierbei wertvolle Anhaltspunkte.
2. Pro Aktivität wird der minimale, maximale und der wahrscheinlichste Aufwand geschätzt. Basis sind Annahmen über die Randbedingungen der Projektarbeit, z. B.
   – die Erfahrung des Projektteams mit der Programmiersprache,
   – die Geschäftsprozesse,
   – die Stabilität der Entwicklungsumgebung oder
   – die Qualität und Stabilität der Ausschreibungsunterlagen.
3. In der gleichen Art und Weise wie die Personalaufwände werden auch die nicht aufwandsabhängigen Kosten, wie z. B. Reisekosten (international), Seminarkosten, Infrastrukturkosten, berücksichtigt und separat ausgewiesen.
4. Sind diese Rahmenbedingungen unklar (z. B. weil das Team noch nicht benannt wurde), hat dies Auswirkungen auf die in Punkt zwei geschätzten Aufwände. Durch die Festlegung von Einflüssen und Risikofaktoren sowie deren Zuordnung zu den Aktivitäten werden diese Unsicherheiten bei der Schätzung berücksichtigt. Auch hier liefern wiederum Checklisten wichtige Anhaltspunkte.
5. Im Anschluss an obige Aktivitäten werden durch das Tool 100 bis maximal 1000 unterschiedliche Projektszenarien simuliert. Jedes Szenario stellt ein mögliches Ist dar, basierend auf den gemachten Annahmen. An der durch das System ProCalc erstellten Wahrscheinlichkeitskurve lässt sich dann z. B. ablesen, welcher Aufwand angesetzt werden muss, um eine 75-prozentige Sicherheit zu erzielen.
6. Auf Wunsch können im Anschluss die verschiedenen Rahmenbedingungen und der Funktionsumfang variiert werden („Was-wäre-wenn-Analysen").

7. Sollten weiterhin große Unsicherheiten bestehen, kann die Schätzung von Beratern noch mittels einer anderen Methode, der Analogiemethode (Beschreibung siehe unten), verifiziert werden.

Die transparente Dokumentation aller Annahmen, Risiken und Randbedingungen in ProCalc dient als wichtige Argumentationshilfe gegenüber den internen Vertriebsstellen oder dem Kunden, und hilft, auf kurzfristig geänderte Vorgaben schnell reagieren zu können.

Bei der **Mehrfachbefragung** wird eine interdisziplinär zusammengesetzte Gruppe von Experten konsultiert. Aus den unterschiedlichen Schätzwerten bildet man einen Durchschnitt, der meist bessere Ergebnisse liefert als die Einzelschätzung. Bekannt ist in diesem Zusammenhang die sogenannte **Delphi-Methode**. Dabei geben mehrere Personen Schätzwerte anonym ab. Die Ergebnisse werden ausgewertet und, sofern sie zu weit auseinander liegen, den Experten als Grundlage einer erneuten Schätzung vorgelegt. Der Ablauf der Methode ist in Abb. 3.12 dargestellt.

Um den Projektaufwand zu schätzen, werden auch Analogie-, Multiplikator- und Prozentsatzmethoden eingesetzt. Besonders für große IT-Projekte eignet sich die Function-Point-Methode.

Analogiemethode

– Der Aufwand wird aus vergleichbaren Projekten abgeleitet.
– Voraussetzungen sind ein systematisches Sammeln und Speichern von Erfahrungsdaten abgeschlossener Projekte und die Verfügbarkeit erfahrener Schätzer.

Multiplikatormethode[1]

– Für das Arbeitspaket werden die zu erbringende Leistung und der Aufwand pro Leistungseinheit festgelegt.
– Die geschätzte Gesamtleistung wird mit dem Aufwand pro Leistungseinheit multipliziert.
– Beispiel für das Verputzen beim Bau eines Hauses:
    – Aufwand pro Leistungseinheit: 1 Stunde/qm,
    – geschätzte Gesamtleistung: 500 qm,
    – Gesamtaufwand: 500 Personenstunden für das Arbeitspaket Verputzen.

---

[1] Weitere Informationen siehe www.dasma.org.

Abb. 3.12 Ablauf der
Delphi-Methode

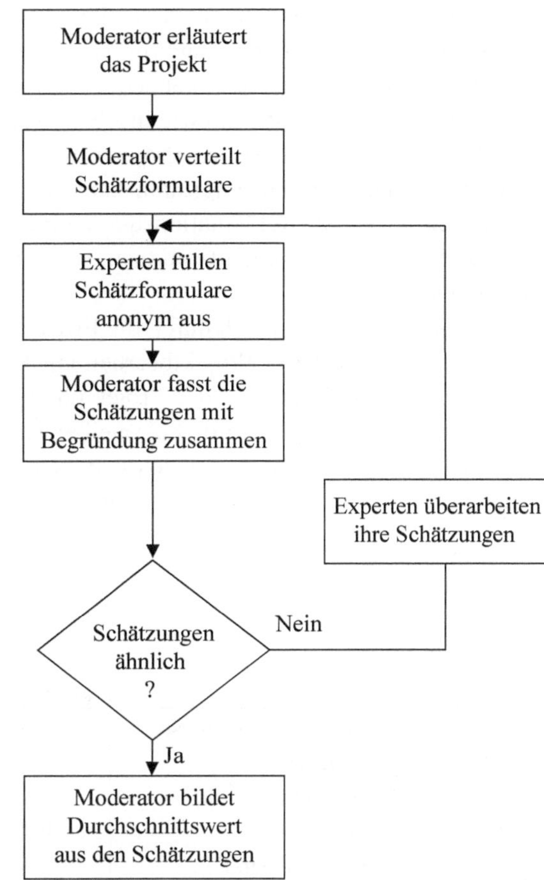

Prozentsatzmethode

- Man verwendet die durchschnittliche phasenbezogene Aufwandsverteilung vergangener Projekte.
- Voraussetzung ist eine phasenbezogene Dokumentation der angefallenen Stunden.

Beispiel für die Anwendung der Prozentsatzmethode: Die Abb. 3.13 enthält den anteiligen Aufwand bei Softwareprojekten in Abhängigkeit von der Programmgröße und der Komplexität. Dem Beispiel liegt die Entwicklung eines Systems bei der Siemens AG zugrunde (Burghardt 2007).

Aus Abb. 3.13 kann man für ein sehr kleines, einfaches Projekt entnehmen, dass 6 Prozent des Gesamtaufwands auf die Anforderungsanalyse entfallen.

Schätzt man den Aufwand für diese Phase auf 120 Stunden (= 6 %), so wird der voraussichtliche Gesamtaufwand für das Projekt 2000 Stunden (= 100 %) betragen.

Kennt man durch die systematische Analyse abgeschlossener Projekte den durchschnittlichen Projektaufwand wie in Abb. 3.13, lassen sich schon frühzeitig während der Bearbeitung der aktuellen Projekte Abweichungen erkennen, so dass das Projektcontrolling steuernd eingreifen kann. Sieht man z. B., dass die Testphase bei Projekten mit hoher Reklamationsquote einen vergleichsweise geringen Anteil am voraussichtlichen Gesamtaufwand hat, sind Maßnahmen für ausführlichere Tests zu initiieren.

Die Aussagen lassen sich durch die Erfassung weiterer Informationen verfeinern. Eine Schwachstelle der Projektbearbeitung kann deutlich werden, wenn auch die durchschnittliche Zeitdauer der Projektphasen bekannt ist. Wenn bei der Analyse z. B. auffällt auf, dass der zeitliche Anteil einer Projektphase normalerweise bei 10 %, der Anteil des Aufwands dieser Phase jedoch bei 5 % liegt, könnte dies daran liegen, dass zu wenige Ressourcen bereitgestellt wurden.

| | | Programmgröße | | | | |
		sehr klein	klein	mittel	groß	sehr groß
Einfache Software-entwicklung	Anforderungsanalyse	6	6	6	6	6
	Systementwurf	15	15	15	15	15
	Programmentwurf	25	23	23	22	22
	Codierung	39	38	35	34	34
	Systemintegration	15	18	21	23	23
Mittelschwere Software-entwicklung	Anforderungsanalyse	7	7	7	7	7
	Systementwurf	16	16	16	16	16
	Programmentwurf	25	24	23	22	21
	Codierung	34	32	31	29	27
	Systemintegration	18	21	23	26	29
Komplexe Software-entwicklung	Anforderungsanalyse	7	7	7	7	7
	Systementwurf	17	17	17	17	17
	Programmentwurf	26	25	24	23	22
	Codierung	30	28	26	24	22
	Systemintegration	20	23	26	29	32

Alle Werte in Prozent

Abb. 3.13 Aufwandsverteilung in Softwareprojekten

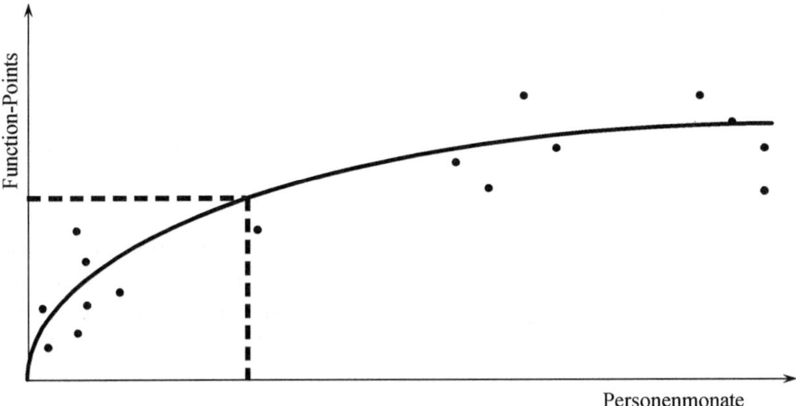

Abb. 3.14 Function-Point-Kurve

Function-Point-Methode[2]

Die Function-Point-Methode hat sich speziell für die Aufwands- und Kostenschätzung bei großen IT-Vorhaben bewährt. Diesem Verfahren liegt die Annahme zugrunde, dass der Aufwand für die Entwicklung eines Programms von verschiedenen Einflussgrößen abhängt (der Verflechtung mit anderen Anwendungen, der Komplexität der abzubildenden Geschäftsvorfälle usw.). Durch die Bewertung dieser Einflussfaktoren nach einem genau spezifizierten Verfahren erhält man für bereits abgeschlossene, repräsentative Projekte sogenannte Function-Points. Für jedes Projekt der Vergangenheit werden die Function-Points zusammen mit dem Aufwand in ein Koordinatensystem eingetragen. Diese Daten bilden die Grundlage für die statistische Ermittlung der Function-Point-Kurve (siehe Abb. 3.14). Für ein anstehendes Projekt werden nun die Function-Points errechnet. Über die zuvor ermittelte Kurve kann der Aufwand in Personenmonaten abgelesen werden.

Eine wichtige Voraussetzung für die Anwendbarkeit der geschilderten Methoden ist die Bearbeitung vergleichbarer Projekte. Je mehr sich neue Projekte von den bisher abgewickelten unterscheiden, desto weniger kann man auf standardisierte Methoden zurückgreifen.

Bei der Bestimmung des Projektaufwands sollten folgende Hinweise beachtet werden:

- Basis der Aufwandsschätzung sind die Arbeitspakete.
- Der Aufwand sollte zusammen mit dem für das Arbeitspaket zuständigen Mitarbeiter ermittelt werden.
- Für eine realistische Aufwandsschätzung ist es vorteilhaft, auf Erfahrungen aus abgeschlossenen Projekten zurückzugreifen.
- Eine detaillierte Projektstrukturierung erleichtert die Aufwandsschätzung.

---

[2] Weitere Informationen siehe http://www.ifpug.org/.

– Fehlschätzungen muss man einer konstruktiven Analyse unterziehen. Auf keinen Fall dürfen negative Konsequenzen angedroht werden. Dies führt sonst zwangsläufig zu sehr sicherheitsorientierten Schätzungen mit hohen Puffern. Eine realistische Aufwandsplanung wird damit unmöglich.

– Auch der Aufwand für das Projektmanagement und die Qualitätssicherung muss berücksichtigt werden.

▶ Das Projektcontrolling erarbeitet Empfehlungen zur Bestimmung des Projektaufwands. Der Projektcontroller kann die Projektplanung zudem unterstützen, indem er Schätzworkshops moderiert. Er prüft die Aufwandsschätzung daraufhin, ob sie plausibel, realistisch und vollständig ist. Bei oberflächlicher Schätzung besteht die Gefahr, dass der Projektleiter den Aufwand zu niedrig ansetzt. Die folgende Kalkulation zeigt am Beispiel eines fünf Wochen dauernden Projekts, um welche Positionen der gemeldete Nettoaufwand ergänzt werden muss, um den tatsächlichen Aufwand zu erhalten (PT = Personentage):

Nettoaufwand laut Aufwandsschätzung des Projektleiters	**250,0**	**PT**
Projektleitung (in der Regel 8 bis 15 Prozent): 10 Prozent	25,0	PT
Sonstiger Grundaufwand für 5 Mitarbeiter:		
- Wochenplanung: 0,5 Stunden/Woche und Mitarbeiter		
- Besprechungen: 3,0 Stunden/Woche und Mitarbeiter		
- Aufwandserfassung: 0,5 Stunden/Woche und Mitarbeiter		
- Gesamt: 4,0 Stunden/Woche und Mitarbeiter	12,5	PT
Schätzungenauigkeit (in der Regel 10 bis 15 Prozent): 10 Prozent	25,0	PT
Risikozuschlag:	10,0	PT
Gesamt:	**322,5**	**PT**

3.1.7 Terminplanung

Nach der Aufwandsschätzung kann man zwei unterschiedliche Vorgehensweisen für die weitere Planung wählen. Grundlage ist folgende Formel:

$$Aufwand = Dauer \times Anzahl\ Ressourcen$$

Allerdings gibt es in der Praxis selten einen proportionalen Zusammenhang zwischen Ressourceneinsatz und Dauer. Trotzdem verwenden diverse Tools für die Projektplanung diese Formel. Bei einer **ressourcengesteuerten Planung** werden der Aufwand und die verfügbaren Ressourcen vorgegeben. Die Dauer der Arbeitspakete errechnet sich als Ergebnis. Diese Art der Planung ist dann sinnvoll, wenn die Ressourcen den Engpass bilden. Außerdem muss es möglich sein, die Ressourcen eindeutig und zuverlässig den einzelnen Arbeitspaketen zuzuordnen. Projekte mit einer hohen Planungsunsicherheit bezüglich der einsetzbaren Ressourcen oder strikt vorgegebenen Terminen werden **termingesteuert geplant**. Ausgehend von der Schätzung des Projektaufwands terminiert man die Arbeitspakete so, dass ein gewünschter Projektendtermin erreicht werden kann. Die notwendigen Ressourcen lassen sich rechnerisch mit der oben angegebenen Formel ermitteln. Die folgenden Ausführungen orientieren sich an der Planungsreihenfolge der termingesteuerten Planung.

Für die Terminplanung sind die logischen Abhängigkeiten zwischen den Arbeitspaketen in einer Vorgangsliste festzulegen (vgl. Abb. 3.15). Daraus ergibt sich die

Nr. im Strukturplan	Arbeitspaket	Vorgänger	Dauer (Wochen)	Verantwortliche Stelle
1.1	Projektteam bilden		1	Projektleiter
1.2	Ziele festlegen	1.1	1	Projektleiter
1.3	Projektplan erstellen	1.2	2	Projektleiter
1.4	Genehmigung der Planung	1.3		
2.1	Erhebung und Analyse	1.4	4	Organisation
2.2	Würdigung	2.1	2	Organisation
2.3	Genehmigung der Analyse	2.2		
3.1	Konzept erarbeiten	2.3	5	Organisation
3.2	Konzept präsentieren	3.1	1	Organisation
3.3	Genehmigung Soll-Konzept	3.2		
4.1	Systembau	3.3	8	DV-Abteilung
4.2	Einführung	4.1	3	Organisation
4.3	Projekt abgeschlossen	4.2		

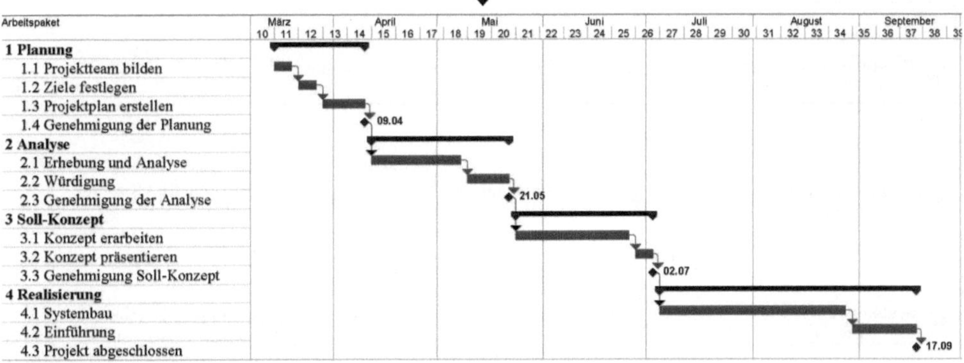

Abb. 3.15 Terminplanung

Bearbeitungsreihenfolge. Danach ist die Dauer aller Arbeitspakete so zu bestimmen, dass der gewünschte Endtermin erreicht werden kann. Die Darstellung der Terminplanung erfolgt überwiegend mit Balkenplänen. Der Terminplan in Abb. 3.15 zeigt die Dauer und zeitliche Zuordnung aller Arbeitspakete und Teilprojekte. Dazu sind auch Meilensteine eingeplant, z. B. in Zeile 5 „Genehmigung der Planung". Die Verbindungslinien des Balkenplans verdeutlichen die Abhängigkeiten aus der Vorgangsliste.

Eine Alternative zu Balkenplänen ist das Netzplandiagramm. Es verdeutlicht Beziehungen sowie technische, wirtschaftliche und logische Abhängigkeiten zwischen den Arbeitspaketen. Ein Netzplan ist vor allem dann hilfreich, wenn man die Auswirkung von Änderungen im Rahmen der Planoptimierung simulieren möchte. Auch die hohe Transparenz von Zeitreserven spricht für den Netzplan. Im Folgenden wird deshalb ein kurzer Überblick über die Netzplantechnik gegeben.

Es existieren unterschiedliche Techniken der Netzplanerstellung. Die heutigen IT-gestützten Projektmanagementsysteme arbeiten überwiegend mit dem Vorgangsknotennetzplan (vgl. Abb. 3.16). Die Vorgänge (= Arbeitspakete) werden in Kästchen (= Knoten) geschrieben, die durch Pfeile (= Kanten) verbunden sind.

Der Netzplan zeigt den kritischen Weg und Vorgänge mit Pufferzeiten. Auf dem kritischen Weg liegen all jene Vorgänge, die sich nicht verzögern dürfen (sie haben einen Puffer von Null), weil sich sonst der geplante Projektendtermin nicht einhalten ließe. Ein wesentliches Ziel der Netzplantechnik ist es, solche Vorgänge zu identifizieren. Um den kritischen Weg eines Netzplans zu bestimmen, müssen folgende Daten errechnet werden:

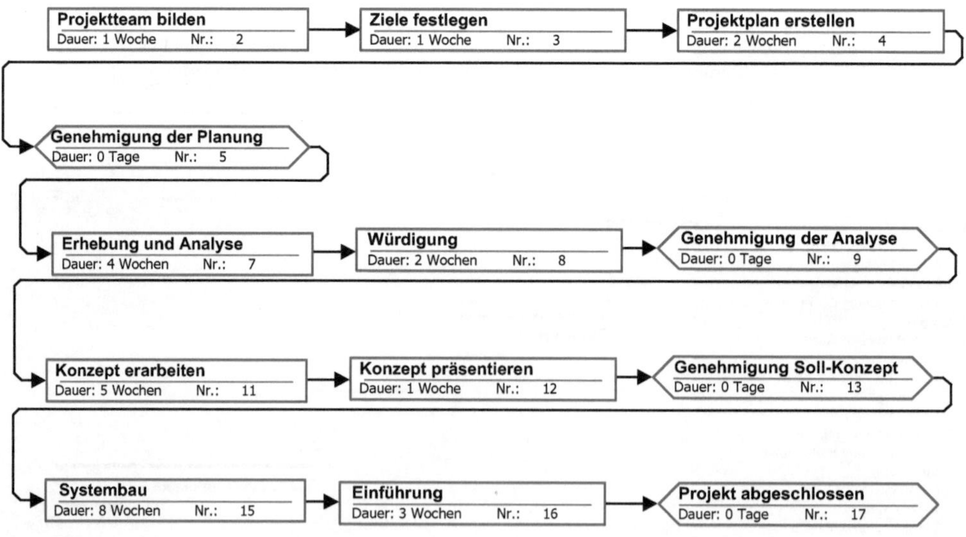

Abb. 3.16 Netzplan (generiert mit MS Project)

- Frühester Anfang (FAZ in Abb. 3.17 und 3.18):
  Frühester Termin, an dem ein Vorgang beginnen kann.
- Frühestes Ende (FEZ in Abb. 3.17 und 3.18):
  Frühester Termin, an dem ein Vorgang enden kann.
- Spätester Anfang (SAZ in Abb. 3.17 und 3.18):
  Spätester Termin, an dem ein Vorgang beginnen kann, ohne das Projektende zu verzögern.
- Spätestes Ende (SEZ in Abb. 3.17 und 3.18):
  Spätester Termin, an dem ein Vorgang enden kann, ohne das Projekt zu verzögern.
- Puffer (vgl. zur Ermittlung Abb. 3.17 und 3.18):
  Zeit, um die sich ein Vorgang gegenüber seinem frühesten Termin verspäten darf, ohne den Abschlusstermin des Projekts zu beeinflussen.

Die Abb. 3.17 und 3.18 verdeutlichen an einem Beispiel, wie die Pufferzeit für einen Knoten ermittelt wird. Zunächst bestimmt man durch die Vorwärtsrechnung den FAZ und den FEZ. Dafür werden alle Vorgänger, die mit dem betrachteten Knoten verknüpft sind, identifiziert. Das Maximum der FEZ aller Vorgängerknoten (38) wird als FAZ übertragen. Addiert man dazu die Dauer (8), so erhält man die FEZ (46).

Durch die Rückwärtsrechnung werden SEZ und SAZ festgelegt. Von den SAZ aller direkten Nachfolger wählt man diejenige als SEZ für den betrachteten Knotens aus, die am kleinsten ist (55). Zieht man davon die Dauer (8) ab, so resultiert die SAZ.

Den Puffer errechnet man nun entweder als Differenz zwischen FAZ (38) und SAZ (47) oder als Differenz zwischen FEZ (46) und SEZ (55). Bei Arbeitspaketen, die auf dem kritischen Weg liegen, sind die früheste und die späteste Lage identisch. Damit weisen sie einen Puffer von null auf.

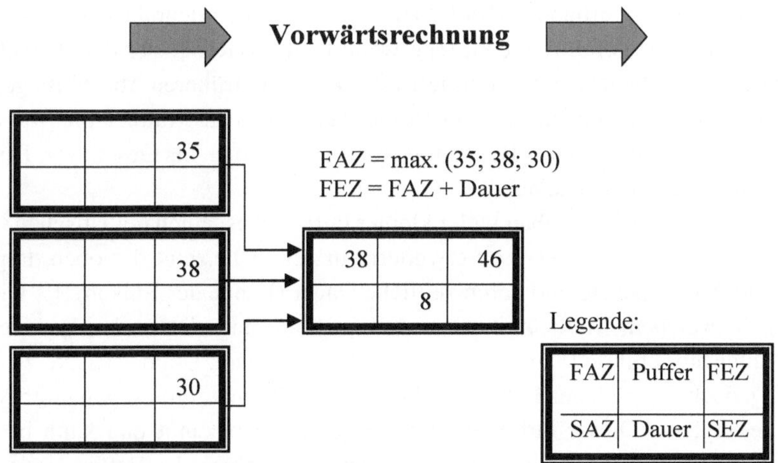

Abb. 3.17 Berechnung der frühesten Vorgangszeitpunkte

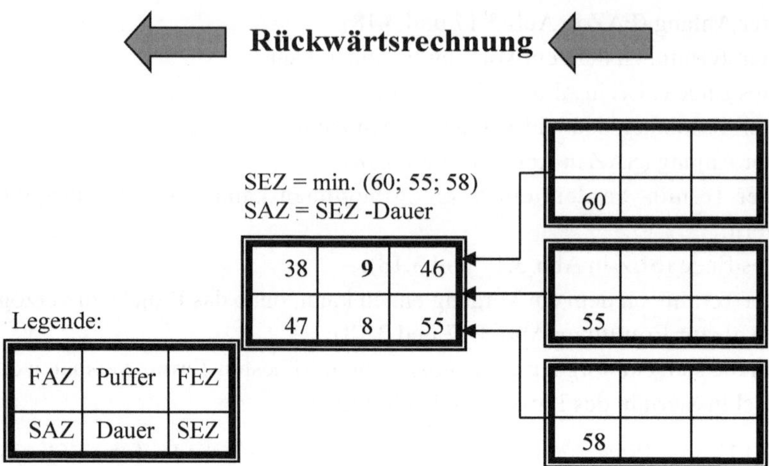

Abb. 3.18 Berechnung der spätesten Vorgangszeitpunkte

Es empfiehlt sich der Einsatz eines **IT-gestützten Projektmanagementsystems,** da der manuelle Aufbau eines Netzplanes sehr aufwendig ist. Diese Software kann die Knoteninhalte je nach Auswertungsbedarf mit unterschiedlichen Informationen belegen (Dauer, Beginn- und Endzeitpunkte, Kosten, zuständige Mitarbeiter u. a.).

Wie sollten Zeitreserven eingeplant werden (Puffermanagement)?
Bei der Termin- und Aufwandsplanung ist eine möglichst realitätsnahe Schätzung durch die Arbeitspaketverantwortlichen erforderlich. Die wahrscheinliche Dauer der Arbeitspakete wird jedoch oft um komfortable Puffer erweitert, um das Risiko der Zeitüberschreitung zu minimieren. Obwohl dies wenigstens teilweise zu einem früheren Abschluss gegenüber der geplanten Dauer führen müsste, füllen die Aktivitäten fast immer die vorgesehene Dauer aus oder überschreiten sie. Bekannt ist dieses Phänomen als Gesetz von Parkinson: „Work expands to fill time available".

Besser als der versteckte Einbau vieler kleiner Puffer ist es, einen realistischen Gesamtplan um eine Managementreserve zu erweitern. In Abb. 3.19 zeigt der oben dargestellte Netzplan fünf Arbeitspakete und deren zeitliche Dauer (Länge der Balken). Es wird nicht ersichtlich, in welchem Maße Zeitreserven eingeplant sind. Die Arbeitspakete des in Abb. 3.19 unten aufgeführte Plans wurden ohne Puffer geplant. Um das Risiko zu reduzieren, wurde jedoch ein globaler Puffer für das gesamte Projekt, eine sogenannte Managementreserve, ergänzt. Dieser Puffer ist dem Projektleiter bekannt und kann beeinflusst werden. Die Vorteile, welche durch die Nichtinanspruchnahme des Puffers erzielbar wären, sind auch monetär zu bewerten. So ist es möglich, Einsparungen teilweise als Incentive an die Mitarbeiter weiterzugeben. Das wiederum motiviert das Projektteam, die Managementreserve möglichst wenig in Anspruch zu nehmen.

Abb. 3.19 Einplanung einer
Managementreserve

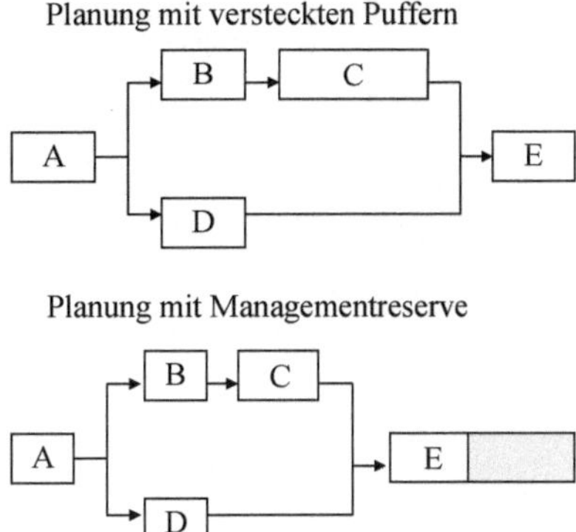

Um versteckte Puffer zu vermeiden, sollte allen an der Projektplanung Beteiligten bewusst sein, dass ein Zeitplan keine exakte Vorausschau ist, sondern ein Hilfsmittel, um kritische Entwicklungen zu identifizieren.

Die **Critical Chain-Methode** unterstützt eine Planung ohne versteckte Puffer. Sie soll die Nachteile der klassischen Projektplanung vermeiden:

– Zeiteinsparungen werden oft nicht weitergereicht. Endet ein Arbeitspaket A früher als geplant, startet das nachfolgende Arbeitspaket B trotzdem erst zum ursprünglich geplanten Termin. Bei der Critical Chain-Methode würde man zehn Tage, drei Tage und einen Tag vor Abschluss von A die Verantwortlichen für Arbeitspaket B darauf hinweisen, dass man früher abschließen wird. So kann sich das Team von Arbeitspaket B auf den früheren Beginn vorbereiten. Man spricht vom sogenannten „Staffellaufprinzip". Dieses Vorgehen erfordert, dass das oberste Ziel eine möglichst schnelle Projektabwicklung ist.

– Bei der klassischen Projektplanung werden Ressourcen oft in mehreren Projekten parallel eingeplant. Dadurch geht viel Produktivität verloren. Die Critical Chain-Methode verbietet es, eine bestimmte Ressource parallel laufenden Arbeitspaketen zuzuordnen.

– Um verdeckte Puffer zu vermeiden, werden die Mitarbeiter aufgefordert, den Aufwand so zu schätzen, dass er in 50 von 100 Schätzungen nicht überschritten würde. Normalerweise plant man mit einer Sicherheit von 90 Prozent. Zeitüberschreitungen werden mit dem gemeinsamen Puffer für das gesamte Projekt aufgefangen.

Einzelne Projekte oder ein Projektportfolio können durch den Vergleich von Inanspruchnahme der Managementreserve (= Pufferverbrauch) und Projektfortschritt gesteuert werden. Die Kennzahl Pufferindex quantifiziert die Situation. Sie ist wie folgt definiert:

$$\text{Pufferindex} = \frac{\text{Pufferverbrauch in}\,\%}{\text{Projektfortschritt in}\,\%}$$

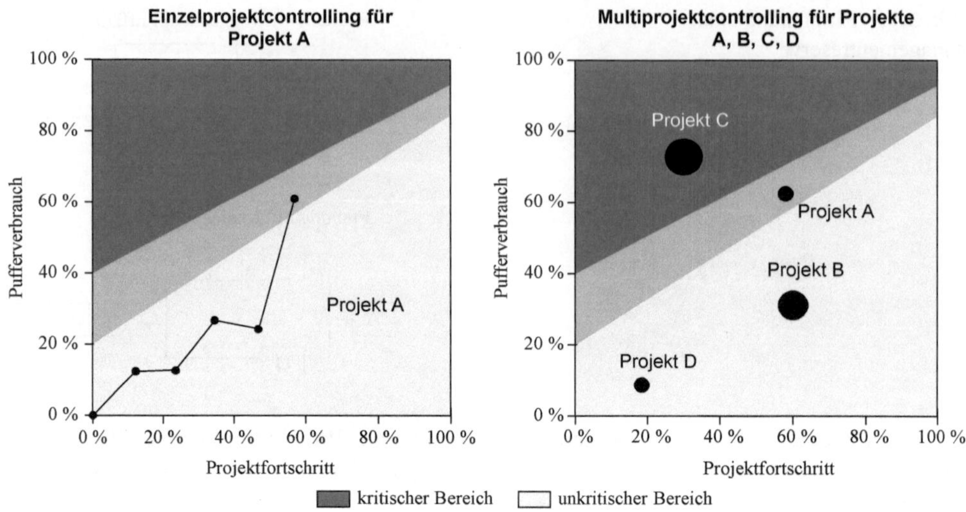

Abb. 3.20   Steuerung mit dem Pufferindex

Ein Pufferindex kleiner eins ist gut, ein Wert größer eins dagegen problematisch. Die Diagramme (vgl. Abb. 3.20) verdeutlichen die Situation.

Die linke Seite der Abb. 3.20 zeigt die Entwicklung des Pufferverbrauchs für ein einzelnes Projekt im Zeitablauf; rechts ist die Situation eines Projektportfolios zu einem bestimmten Berichtstermin dargestellt. Das Management kann schnell erkennen, dass die Entwicklung von Projekt A kritisch ist. Es handelt sich jedoch um ein kleineres Projekt (die Kreisgröße auf der rechten Seite der Abb. 3.20 zeigt die Größe eines Projektes, gemessen am Projektbudget). Problematischer ist die Situation des Großprojekts C.

Praxisbeispiel

Die **IBM Global Services** steuert das gesamte Projektportfolio anhand einer mit Kosten bewerteten Managementreserve. Gegenübergestellt werden die reservierten Managementreserven und die kumulierte Inanspruchnahme (vgl. Abb. 3.21). Dazu wird gezeigt, wie viel der gesamten Managementreserve durch Projekte, die ihre Plankosten überschreiten, und durch solche, die bisher nur ihre eigene Managementreserve verwenden, verbraucht wird.

Wie sollte man bei einer geforderten Verkürzung der Projektdauer vorgehen?

Der Projektleiter identifiziert diejenigen Arbeitspakete, durch deren Wegfall eine Verkürzung der gesamten Projektdauer möglich wird. Das sind solche, die auf dem kritischen Weg liegen (sie entsprechen all jenen Vorgängen, die sich nicht verzögern dürfen). Im Beispiel der Abb. 3.22 sind das die Arbeitspakete A, C, F, H und J.

Aus der Menge der für die Verkürzung der Projektdauer in Frage kommenden Arbeitspakete wird bei jenen die Dauer reduziert, die das Gesamtergebnis des Projektes am we-

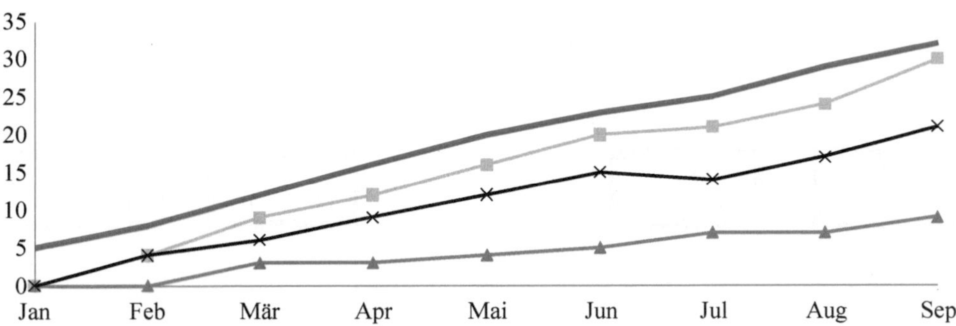

Abb. 3.21 Steuerung des Projektportfolios mit der Managementreserve

nigsten verschlechtern. Die Daten dafür stellt der Projektcontroller zur Verfügung. Basis seiner Überlegungen ist die Erkenntnis, dass sich durch die Reduzierung der Dauer eines Arbeitspakets

1. die kalkulierten Kosten des Arbeitspakets und
2. die Erlöse des gesamten Projekts ändern können.

Theoretisch existiert eine optimale Dauer, bei der die **Kosten** minimal sind (Schmitz und Windhausen 1980). Verkürzt man ein Arbeitspaket über diesen Punkt hinaus, steigen die direkten Kosten (durch Überstundenlöhne, Einsatz teurer externer Mitarbeiter u. a.). Gleichzeitig sinken die indirekten Kosten, weil z. B. die in Anspruch genommenen Kapazitäten (Räume, Anlagen) früher frei werden. In Summe überwiegt die Kostenerhöhung (vgl. Abb. 3.23). Die Kostenerhöhung wird vereinfacht in Abb. 3.24 als lineare Gerade dargestellt.

Geht man von einem optimal geplanten Projekt aus, so gibt die Formel in Abb. 3.25 die Wirkung einer Verkürzung der Vorgangsdauer auf die Kosten an. Der Zusammenhang ist auch unter dem Begriff der mittleren Beschleunigungskosten bekannt.

Um die Beschleunigungskosten zu ermitteln, muss man die minimale Dauer (D_{min}) eines Arbeitspakets und die entsprechenden maximalen Kosten (K_{max}) bestimmen. Die folgende Schätzmethode unterstützt dies: Festgelegt wird, um wie viel sich durch eine Verdopplung des Personaleinsatzes die Dauer eines Arbeitspakets verkürzen ließe. Damit erhält man die minimale Dauer. Zusätzliche Ressourcen über das geplante Maß hinaus führen natürlich zu Mehrkosten. Die maximalen Kosten bei minimaler Dauer kann man grob quantifizieren, indem man die ursprünglichen personalabhängigen Plankosten verdoppelt.

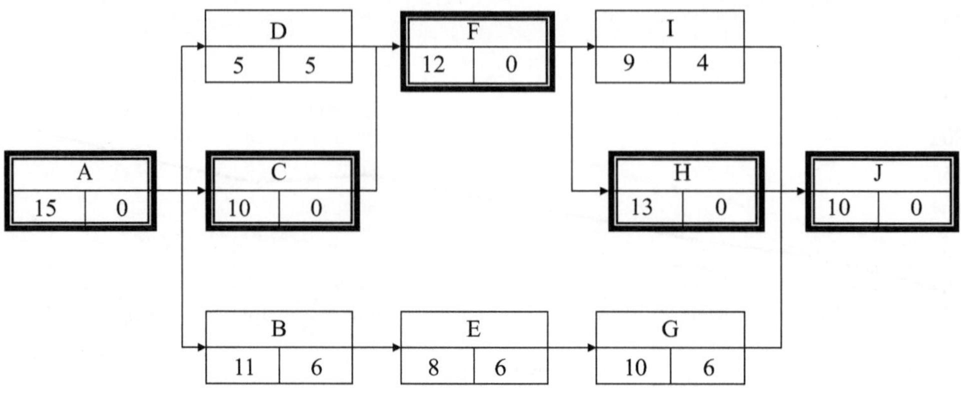

Legende

Bezeichnung	
Dauer	Puffer

Abb. 3.22 Netzplan für die Bestimmung der kritischen Arbeitspakete

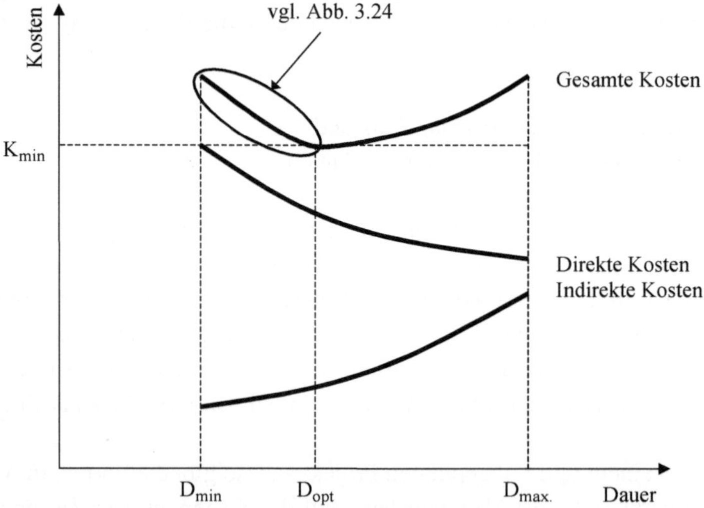

Abb. 3.23 Abhängigkeit der Kosten von der Vorgangsdauer

$$K_{max} = \left(2 \times K_{min}\right)$$

Allerdings ist die Kosteneinsparung durch die reduzierte Dauer der Arbeitspakete gegenzurechnen. Je mehr Zeit eingespart wird, desto weniger zusätzliche Kosten fallen an. Deswegen werden die maximalen Kosten mit der Zeiteinsparung gewichtet, die durch den doppelten Personaleinsatz zustande kommt:

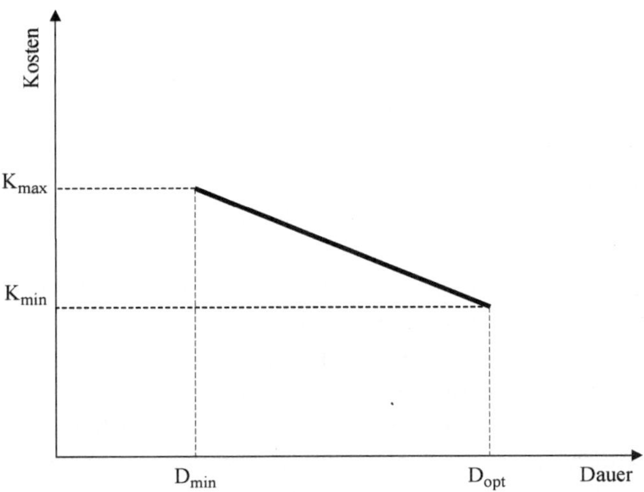

Abb. 3.24 Mehrkosten durch Verkürzung eines Vorgangs

$$\text{Mittlere Beschleunigungskosten} = \frac{K_{max} - K_{min}}{D_{opt} - D_{min}}$$

K_{max} = maximale Kosten eines Vorgangs bei minimaler Dauer
K_{min} = minimale Kosten eines Vorgangs bei geplanter Dauer
D_{min} = minimale Dauer
D_{opt} = geplante Dauer

Abb. 3.25 Berechnung der mittleren Beschleunigungskosten

$$K_{max} = \left(2 \times K_{min}\right) \times \left(\frac{D_{min}}{D_{max}}\right)$$

Die Laufzeit des Projekts in Abb. 3.22 soll um drei Wochen verkürzt werden. Das Arbeitspaket F kommt dafür in Frage. Es könnte unter normalen Bedingungen in 12 Wochen, bei einer Verdopplung des Personaleinsatzes schnellstens jedoch in sieben Wochen abgeschlossen sein. Dabei entstünden Mehrkosten von 90.000 € gegenüber der normalen Zeitdauer. Die gesamten Kosten würden sich dann auf 180.000 € belaufen. Berücksichtigt man die Zeiteinsparung, betragen die Kosten nicht 180.000 €, sondern 105.000 €:

$$K_{max} = \left(2 \times 90.000 \, €\right) \times \left(\frac{7}{12}\right)$$

Die zusätzlichen Kosten für eine Verkürzung um drei Wochen berechnen sich in diesem Fall wie folgt:

$$\text{Mehrkosten F} = \frac{105.000\,€ - 90.000\,€}{12 - 7}$$

Somit entstehen Mehrkosten von 3.000 € pro Woche. Eine Verkürzung um drei Wochen verursacht also zusätzliche Kosten von 9.000 €. Abbildung 3.26 enthält die Werte für die übrigen Arbeitspakete.

In Entwicklungsprojekten hängen nicht nur die Kosten, sondern auch die erzielbaren **Erlöse** von der Projektdauer ab. Die Erlöse steigen bei einem früheren Projektabschluss vor allem deswegen, weil man das Produkt oder die Leistung schneller anbieten kann. Die Abb. 3.27 zeigt, dass bei einer Dauer von 60 Wochen Erlöse von 10 Mio. € erzielt würden. Eine Verlängerung um eine Woche verursachte Erlöseinbußen von 2 Mio. €, eine Verkürzung um eine Woche brächte Zusatzerlöse von 500.000 €.

Angenommen, drei Wochen Verkürzung des Projektes würde Mehrerlöse von 1.500.000 € erbringen. Dann errechnete sich nach Abzug der Mehrkosten von 9000 € für die schnellere Fertigstellung von Arbeitspaket F ein zusätzlicher Gewinn von 1.491.000 €. Damit hat man Hinweise für die Optimierung der Projektdauer. Im Beispiel bietet sich Arbeitspaket F an. Sofort sieht man, dass auch die Verkürzung der Arbeitspakete A, C und H zusätzlichen Gewinn brächte. Arbeitspaket J stellt einen Sonderfall dar. Trotz einer Verdopplung des Ressourceneinsatzes lässt sich die Projektdauer nicht reduzieren.

Kennt man den Einfluss eines Arbeitspakets auf die Projektdauer und den Gewinn, hat man einen Anhaltspunkt, bei welchen Aktivitäten es sich lohnt, knappe Ressourcen zu verwenden.

Zusammenfassend ist festzustellen, dass für fundierte Entscheidungen über die Verkürzung der Projektdauer folgende Analysen erforderlich sind:

1. Bestimmung aller kritischen Arbeitspakete und deren Potenzial, die gesamte Projektlaufzeit zu reduzieren.
2. Ermittlung der **minimalen Dauer** dieser Arbeitspakete, indem man abschätzt, um wie viele Wochen durch die Verdopplung des Ressourceneinsatzes verkürzt werden könnte.

Arbeits-paket	Plandauer D_{opt}	Plan-kosten K_{min}	Plandauer D_{min}	Kosten K_{max}	Mehrkosten für 3 Wochen Verkürzung
A	15	70.000 €	12	112.000 €	42.000 €
C	10	80.000 €	8	128.000 €	72.000 €
F	12	90.000 €	7	105.000 €	9000 €
H	13	90.000 €	9	124.615 €	25.961 €
J	10	80.000 €	10	-	-

Abb. 3.26 Daten des Beispiels

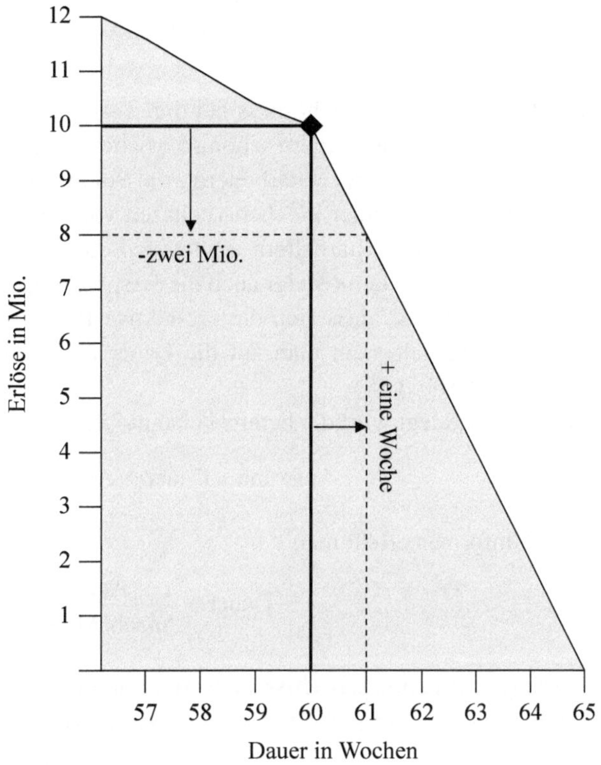

Abb. 3.27 Erlösveränderung in Abhängigkeit der Projektdauer

3. Kalkulation der **Mehrkosten**, die bei einer Verdopplung des Ressourceneinsatzes entstehen würden.
4. Bestimmung des **zusätzlichen Erlöses** bei einer Verkürzung der Projektdauer.
5. Errechnung des **zusätzlichen Gewinns**.

Wie wirkt sich der Einsatz zusätzlicher Ressourcen auf die Dauer eines Arbeitspakets aus?

Die Verkürzung der Dauer erfolgt in der Regel durch einen vermehrten Personaleinsatz (=Ressourcen). Zusätzliche Ressourcen verändern die Dauer der Arbeitspakete jedoch in unterschiedlichem Maße. Deshalb soll die Frage geklärt werden, wie sich der Einsatz zusätzlicher Ressourcen auf die Dauer eines Arbeitspakets auswirkt. Man hat empirisch nachgewiesen, dass es eine optimale Anzahl von Teammitgliedern gibt (Brooks 1995). Wird die Teamgröße darüber hinaus erweitert, erhöhen sich die Dauer und der Aufwand für die Erledigung einer Aufgabe. Der Zusammenhang wird im Folgenden skizziert:

Mit zunehmender Gruppengröße steigt die Zahl der möglichen Kommunikationsbeziehungen K überproportional an. Sie errechnen sich nach der Formel

$$K = \text{Gruppengrösse} \times \frac{\left(\text{Gruppengrösse} - 1\right)}{2}$$

Abbildung 3.28 verdeutlicht, dass bei drei Teammitgliedern drei Kommunikationsbeziehungen, bei sechs Mitarbeitern schon 15 existieren. Ausgehend von der Annahme, dass bei einer Teamgröße von drei Mitarbeitern zwei Stunden Besprechung pro Woche erforderlich sind, ergibt sich bei einer Wochenarbeitszeit von 40 Stunden eine Restarbeitszeit von 38 Stunden. Bei sechs Mitarbeitern erhöht sich die Zahl der Kommunikationsbeziehungen auf das Fünffache. Damit steigt auch die Besprechungsdauer von zwei auf zehn Stunden. Die Konsequenz ist, dass sich die produktive Restarbeitszeit auf 30 Stunden reduziert. Diesen Sachverhalt kann man auf die Dauer eines Vorhabens übertragen (siehe rechte Spalte in der Abb. 3.28)

Zugrunde gelegt wird die bereits bekannte Beziehung

$$\text{Aufwand} = \text{Dauer} \times \text{Anzahl Mitarbeiter}$$

Durch Umformen erhält man

$$\text{Dauer} = \frac{\text{Aufwand}}{\text{Anzahl Mitarbeiter}}$$

Die Menge der **produktiv einsetzbaren** Mitarbeiter wird durch Multiplikation der Anzahl Mitarbeiter mit der produktiven Restarbeitszeit ermittelt, so dass die Formel

$$\text{Dauer} = \frac{\text{Aufwand}}{\text{Anzahl Mitarbeiter} \times \text{produktive Restarbeitszeit in \%}}$$

entsteht. Für den Ausgangsfall mit drei Mitarbeitern errechnet sich folgendes Ergebnis für die produktive Restarbeitszeit:

Gruppen-größe	K	Besprechungs-dauer	Produktive Restarbeitszeit (40 Std./Woche)	Projektdauer
3	3	2 Stunden	38 Stunden	D = 0,351 * Aufwand
4	6	4 Stunden	36 Stunden	D = 0,278 * Aufwand
6	15	10 Stunden	30 Stunden	D = 0,222 * Aufwand
7	21	14 Stunden	26 Stunden	D = 0,220 * Aufwand
9	36	24 Stunden	16 Stunden	D = 0,278 * Aufwand
10	45	30 Stunden	10 Stunden	D = 0,400 * Aufwand
11	55	37 Stunden	3 Stunden	

Abb. 3.28 Zahl der Kommunikationsbeziehungen bei zunehmender Gruppengröße

$$\text{Produktive Restarbeitszeit} = \frac{38\,\text{Stunden}}{40\,\text{Stunden}} \times 100 = 95\,\%$$

Setzt man diesen Wert in die Formel zur Ermittlung der Dauer ein, erhält man den Faktor 0,351, der noch mit dem Aufwand gewichtet werden muss:

$$\text{Dauer}(D) = \frac{1}{(3 \times 0,95)} \times \text{Aufwand} = 0,351 \times \text{Aufwand}$$

Aus der rechten Spalte der Abb. 3.28 ist zu entnehmen, dass ein zusätzlicher Mitarbeitereinsatz bei gegebenem Projektaufwand zunächst zu einer Reduzierung der Projektdauer führt. Bei sieben Mitarbeitern ist die Projektdauer am kürzesten. Setzt man jetzt weitere Mitarbeiter ein, steigt die Projektdauer sogar. Die Abb. 3.29 verdeutlicht diesen Sachverhalt grafisch. Sie zeigt, dass die Dauer bei vier Mitarbeitern genauso lang wie bei neun Mitarbeitern ist. Zu beachten ist auch, dass durch den fünften, sechsten und siebten Mitarbeiter die Dauer nur noch wenig reduziert wird.

Vergleicht man das vorliegende Modell mit der Projektrealität, so ist Folgendes einschränkend zu beachten:

– Es wird davon ausgegangen, dass jeder mit jedem kommuniziert. Durch organisatorische Regelungen, insbesondere durch Arbeitsteilung, ist dies in Projekten nicht erforderlich.
– Das Modell berücksichtigt andererseits keine Kommunikationsbeziehungen, die für die Pflege der sozialen Beziehungen anfallen.

Patterson und Fenoglio bestätigen die bisherigen Erkenntnisse. Sie beschreiben die Wirkung des Ressourceneinsatzes auf die Dauer und den Return on Investment (ROI; vgl. Abb. 2.22) eines Projektes (Patterson und Fenoglio 1999). Bei zunehmendem Personaleinsatz verkürzt sich die Dauer, und der ROI steigt (vgl. Abb. 3.30). Ab zehn Mitarbeitern führt eine zusätzliche Ressource nur zu einer geringen zusätzlichen Verkürzung der Zeit, der ROI verbessert sich kaum. Ab 20 Mitarbeitern verlängert sich sogar die Dauer, und der ROI geht zurück.

Zusammenfassend kann man feststellen, dass die Projektdauer nicht in gleichem Maße sinkt, wenn zusätzliche Mitarbeiter eingesetzt werden. In bestimmten Fällen steigt sogar der erforderliche Zeitbedarf. Die Regel von Fred Brooks (Brooks' law) wird also bestätigt: *„Adding manpower to a late project makes the project later"*. Brooks erkannte bereits früh, dass Projekte durch einen Mehreinsatz von Mitarbeitern aufgrund des rapide steigenden Abstimmungsbedarfs oft nicht verkürzt werden können.

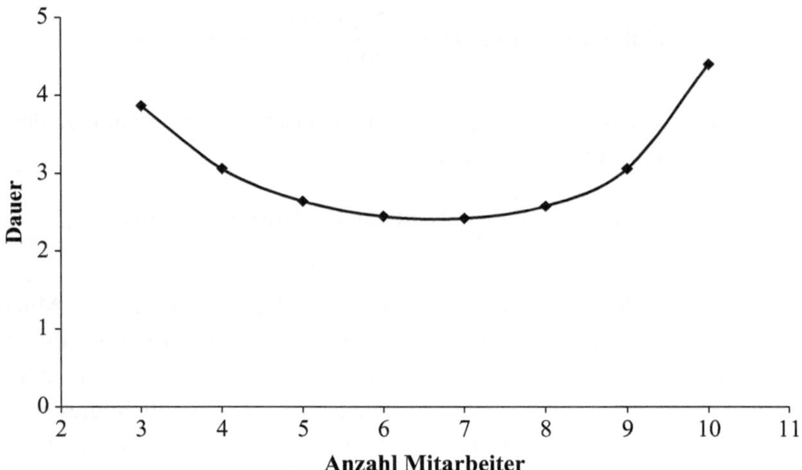

Abb. 3.29 Einfluss der Gruppengröße auf die Projektdauer

▶   Der Projektcontroller kann die Terminplanung in folgenden Punkten unterstützen:

1. Es muss eine Terminplanung mit ausreichendem Detaillierungsgrad für jedes Projekt verbindlich eingefordert werden.
2. Ergänzend sollten Empfehlungen für den Einsatz von Balkenplänen und Netzplandiagrammen formuliert werden. Hinweise auf geeignete IT-Instrumente gewährleisten eine effiziente und einheitliche Terminplanung.
3. Der Projektcontroller kann die Machbarkeit des Terminplans prüfen. Insbesondere sollte er darauf achten, ob genügend Ressourcen zu den geplanten Zeitpunkten bereitstehen. Es ist auch sicherzustellen, dass die Ressourcen projektübergreifend entsprechend der Projektprioritäten optimal eingesetzt werden.
4. Ein besonderes Augenmerk sollte der Projektcontroller auf die eingeplanten Puffer richten.
5. Der Projektcontroller kann auch Entscheidungsgrundlagen liefern, mit denen eine geforderte Verkürzung der Projektdauer kostenminimal möglich wird.

3.1.8 Ressourcenplanung

Unter Ressourcen versteht man Mitarbeiter, Material und Sachmittel. Von besonderer Bedeutung ist die sorgfältige und systematische Planung des Mitarbeitereinsatzes. Die Ressourcenplanung erfordert je Mitarbeitergruppe (eine Gruppe beinhaltet Mitarbeiter gleicher Qualifikation) die folgenden Arbeitsschritte:

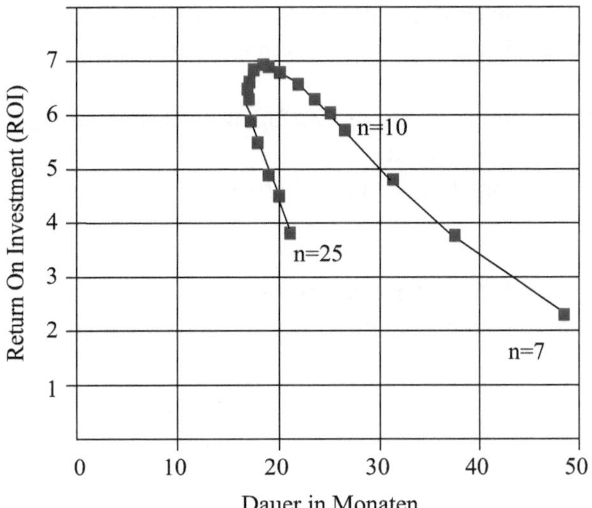

Abb. 3.30 Wirkung zusätzlicher Ressourcen

1. Ermittlung des Personalbedarfs,
2. Ermittlung der zur Verfügung stehenden Personalkapazität,
3. Vergleich von Kapazität und Bedarf sowie Kapazitätsausgleich bei einer Überschreitung der verfügbaren Kapazität.

Was ist bei der Ermittlung des Personalbedarfs zu beachten?
Für jedes Arbeitspaket muss möglichst konkret angegeben werden, **welche Mitarbeiter** benötigt werden. Im Einzelnen sind diese Fragen zu beantworten:

– Welche Qualifikation müssen die Mitarbeiter besitzen?
– Wie viele Mitarbeiter sind nötig?
– Wie lange sind die Mitarbeiter einzusetzen?
– Wann müssen sie zur Verfügung stehen?

Mit einem Ressourcenbelastungsdiagramm (vgl. Abb. 3.31) kann man für jede benötigte Qualifikation deren Bedarf über die Zeitachse verdeutlichen.

Abbildung 3.31 zeigt, dass drei Wochen nach Projektstart für die Arbeitspakete C, E und D jeweils zwei Einheiten einer bestimmten Ressource (z. B. Mitarbeiter der Qualitätssicherung) benötigt werden. Bei termingesteuerter Planung resultiert der Personalbedarf des Kapazitätsbelastungsdiagramms unmittelbar aus dem geschätzten Aufwand und der vorgegebenen Dauer. In diesem Fall muss anschließend geprüft werden, ob die erforderlichen Ressourcen vorhanden sind.

Wie ermittelt man die verfügbare Personalkapazität?
Die vorhandene Personalkapazität wird im Kapazitätsbelastungsdiagramm in Abb. 3.32 durch eine waagrechte Linie verdeutlicht. Man sieht, dass in der Woche drei die vorhandene Kapazität nicht ausreicht, um den Kapazitätsbedarf zu decken.

Die im Projekt nutzbare Personalkapazität hängt von der zeitlichen Verfügbarkeit der Mitarbeiter ab, für deren Bestimmung zwei Informationen vorliegen müssen:

1. Durchschnittlich zur Verfügung stehende Arbeitszeit eines Mitarbeiters pro Monat (Nettoarbeitszeit),
2. Inanspruchnahme des Mitarbeiters für Routineaufgaben und andere Projekte.

1. Ermittlung der Nettoarbeitszeit

Die Nettoarbeitszeit errechnet sich z. B. wie folgt:

−	Anzahl Tage pro Jahr:	365 Tage
−	Samstage und Sonntage	104 Tage
=	Feiertage	11 Tage
−	Vorläufige Arbeitszeit	250 Tage
−	Urlaub	30 Tage
−	Weiterbildung, Sonderurlaub	6 Tage
=	Durchschnittliche Krankheitstage	6 Tage
	Nettoarbeitszeit	208 Tage

Zusätzlich kann man weitere Zeitabzüge berücksichtigen:

- sachliche Verteilzeiten, die z. B. Behinderungen des Arbeitsablaufs durch fehlendes Material oder andere Störungen des Arbeitsprozesses berücksichtigen;
- persönliche Verteilzeiten, die ungeplante Pausen während der Arbeitszeit (z. B. Gespräche im Kollegenkreis, Geburtstagsfeiern) beinhalten.

Die verfügbare Arbeitszeit für unterschiedliche Wochenarbeitszeiten ist in Abb. 3.33 dargestellt (Burghardt 2007). Diesem Beispiel liegen eine vorläufige Arbeitszeit von 250 Tagen pro Jahr, 42 Tage Urlaubs- und Fehlzeiten und damit eine Normalarbeitszeit von 208 Tagen zugrunde. Bei einer 35-Stunden-Woche stehen z. B. 121,3 Stunden netto pro Monat zur Verfügung.

Praxisbeispiel

Bei der **1&1 Internet AG** wird die verfügbare personelle Kapazität pro Jahr errechnet, indem man die Zahl der verfügbaren Mitarbeiter mit deren Kapazität in Tagen und einem Prozentsatz für den Zeitanteil, der für Projekte verwendet wird (Projektquote), multipliziert (Müller 2010). Dividiert man das Ergebnis durch 12, so erhält man die verfügbare Personalkapazität pro Monat. Da sich die Urlaubs- und Krankheitstage pro Jahr sehr unterschiedlich auf die Monate verteilen, wird für jeden Monat ein Korrekturfaktor berücksichtigt, der sich zwischen 80 und 110 Prozent bewegt.

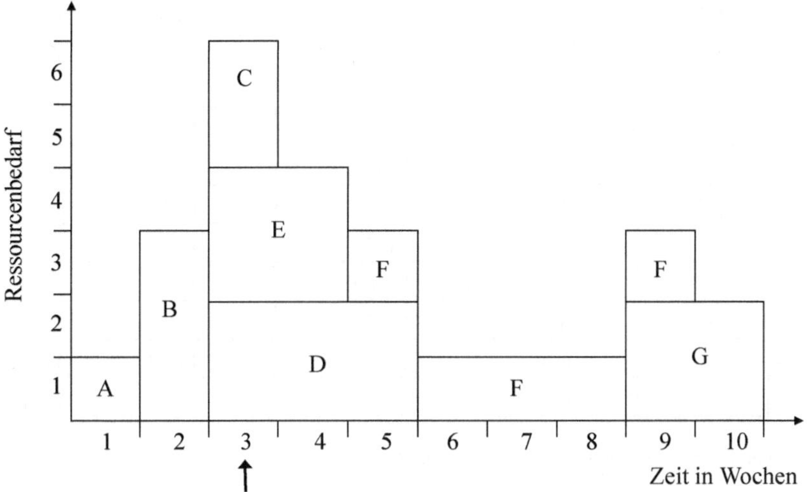

Abb. 3.31 Ressourcenbelastungsdiagramm mit erforderlichem Personalbedarf

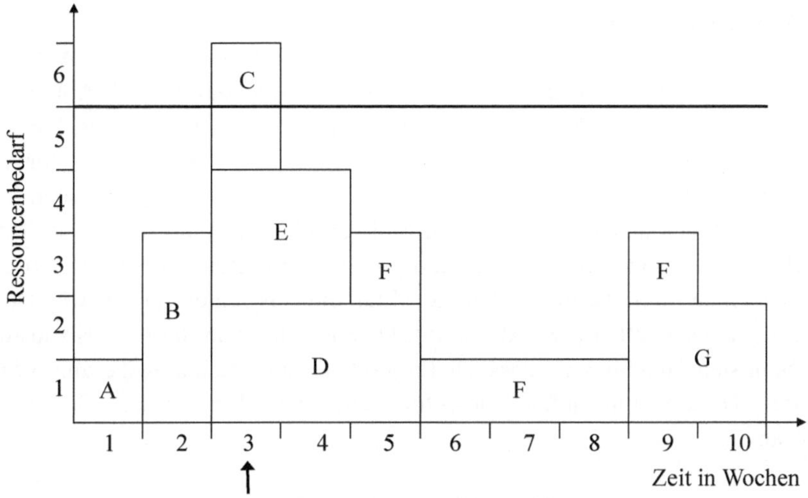

Abb. 3.32 Ressourcenbelastungsdiagramm mit verfügbarer Kapazität

Die Nettoarbeitszeit wird in der bereits in Abschn. 3.1.7 erwähnten Planungsformel wie folgt berücksichtigt:

$$\text{Aufwand} = \text{Dauer} \times \text{Anzahl Ressourcen} \times \textbf{Stunden / Monat}$$

Bei einem geschätzten Aufwand von 10.000 Stunden, einer vorgegebenen Dauer von zehn Monaten und einer Arbeitszeit von 100 Stunden pro Monat ergibt sich ein Personalbedarf von zehn Mitarbeitern.

Stunden/ Woche	Stunden/ Tag	Stunden/Jahr netto	Stunden/Monat netto
40	8,0	1664,0	138,7
39	7,8	1622,4	135,2
38	7,6	1580,8	131,7
37	7,4	1539,2	128,3
36	7,2	1497,6	124,8
35	7,0	1456,0	121,3
34	6,8	1414,4	117,9
33	6,6	1372,8	114,4
32	6,4	1331,2	110,9

Abb. 3.33   Verfügbare Personalstunden pro Monat

2. Inanspruchnahme des Mitarbeiters für Routineaufgaben und andere Projekte

Um sich über die freie Personalkapazität immer aktuell informieren zu können, ist es sehr hilfreich, die verplanten Mitarbeiterkapazitäten projektübergreifend in einer zentralen Datenbank zu dokumentieren.

Einen groben Überblick über die Einplanung der Mitarbeiter und deren Aufgaben im Projekt liefert auch eine **Funktions- oder Verantwortungsmatrix** (vgl. Abb. 3.34). Sie lässt erkennen, welche Mitarbeiter in welchem Umfang für ein bestimmtes Arbeitspaket eingeplant sind. Mitarbeiter 2 ist in Abb. 3.34 zu 40 Prozent seiner Arbeitszeit für Arbeitspaket 5 und zu 30 Prozent für Arbeitspaket 3 verplant. 30 Prozent sind also noch frei.

IT-gestützte Projektmanagementtools informieren über die Einplanung von Mitarbeitern innerhalb eines einzelnen Projektes und projektübergreifend. MS Project zeigt z. B. im zeitlichen Ablauf den Aufwand, den die Mitarbeiter in den einzelnen Arbeitspaketen und Projekten leisten sollen (vgl. Abb. 3.35). Daraus kann man die Arbeitsbelastung errechnen. Man sieht in Abb. 3.35, dass der Projektleiter am Montag insgesamt 8 Stunden eingeplant ist. Diese 8 Stunden fallen ausschließlich für das Arbeitspaket „Grobe Termine festlegen" an.

Wie erfolgt der Ausgleich von Kapazität und Bedarf?

Als Ergebnis der Kapazitätsbedarfsplanung erhält man die **Kapazitätsbelastung** wie in Abb. 3.32. Stehen die benötigten Kapazitäten zu einem bestimmten Zeitpunkt nicht zur Verfügung, muss der Spitzenbedarf durch einen **Kapazitätsausgleich** abgebaut werden (vgl. Abb. 3.36).

Ziel ist es, dass das Angebot und die Nachfrage nach Ressourcen übereinstimmen. Dafür gibt es mehrere Möglichkeiten:

- **Zeitliche Verschiebung** der Vorgänge in Phasen geringer Kapazitätsbelastung, wie in Abb. 3.36 für Arbeitspaket C dargestellt,
- **Intensivere Nutzung** der Kapazitäten,

– Erhöhung der **zeitlichen Verfügbarkeit** der Kapazitäten, z. B. durch Überstunden,
– Einsatz **anderer Verfahren**, z. B. besserer Betriebsmittel,
– Einplanung **zusätzlicher Kapazitäten**, z. B. durch Nutzung externer Dienstleister.

Die Planung des Stundenaufwands wird bei der **Outokumpu Technology GmbH** durch die Projektcontroller in Zusammenarbeit mit dem Projektleiter personenbezogen erstellt. Hieraus ergibt sich die Auslastungsplanung der einzelnen Abteilungen. Die verantwortlichen Abteilungsleiter müssen die erforderlichen Kapazitäten durch den Einsatz von Eigen- und Fremdpersonal bereitstellen. Aus der Summe der Kundenaufträge und internen Projekte resultieren die entsprechenden Auslastungen der Fachabteilungen, der Geschäftsbereiche sowie der Gesellschaft insgesamt (vgl. Abb. 3.37).

Der Ressourcenbedarf wird bei der **1&1 Internet AG** differenziert für die laufenden Projekte, die Vielzahl kleiner Projekte und die wenigen Großprojekte ermittelt (Müller 2010).

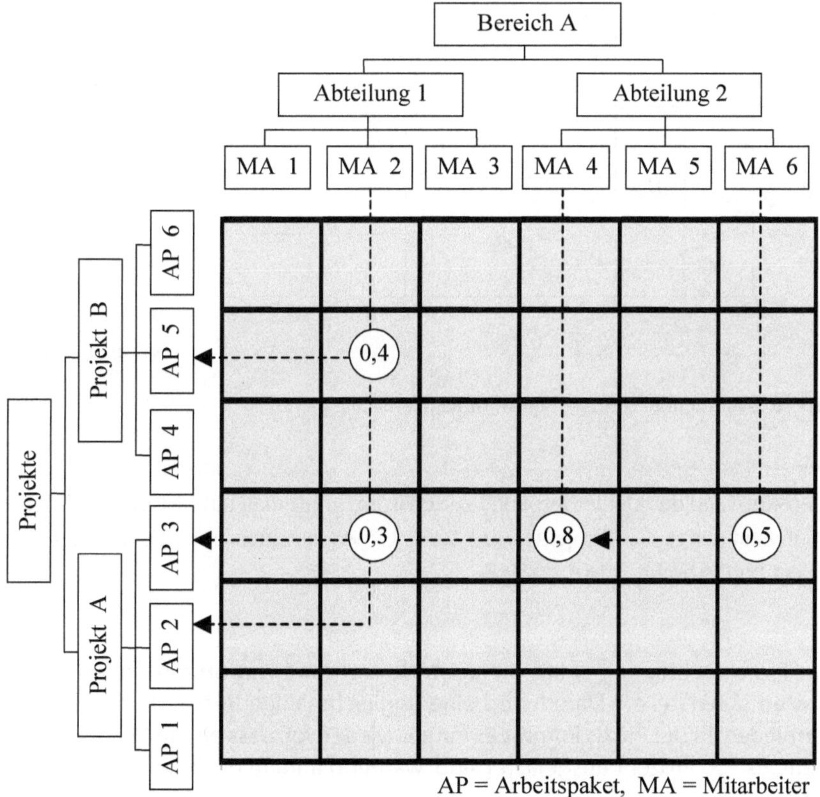

Abb. 3.34 Funktionsmatrix

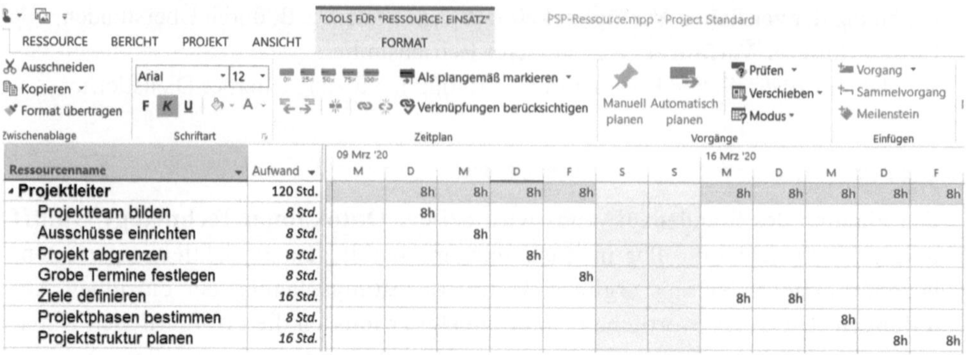

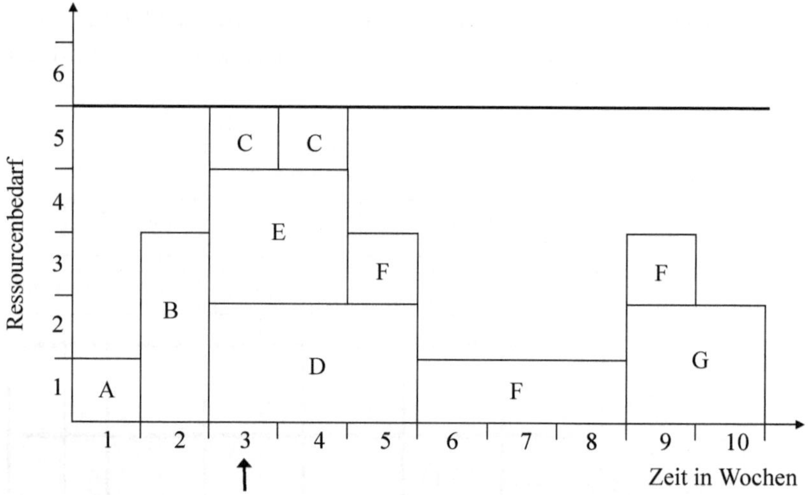

Abb. 3.35 Ressourceneinplanung in MS Project

Abb. 3.36 Ressourcenbelastungsdiagramm Kapazitätsausgleich

Um den Aufwand der kleinen Projekte zu schätzen, greift man auf historische Daten zurück. Der Aufwand der großen Projekte wird durch Experten mittels einer Drei-Punkt-Schätzung festgelegt (vgl. Abschn. 3.1.6).

▶ Das Projektcontrolling sollte die **zentrale Dokumentation der freien Kapazitäten** sicherstellen. Damit wird eine ungleichmäßige Ressourcenauslastung vermieden. In der Praxis kommt es immer wieder vor, dass einige Mitarbeiter zu mehr als 100 Prozent ausgelastet sind, während andere noch freie Kapazitäten haben.

Projektcontrolling kann auch verhindern, dass die für ein Projekt zur Verfügung stehende Zeit eines Mitarbeiters zu optimistisch gesehen wird. Gründe für eine unrealistische Ressourcenplanung sind z. B.:

- Es wird die gesamte Bruttoarbeitszeit eingeplant.
- Offiziell abgeschlossene Projekte binden weiterhin Kapazitäten des Mitarbeiters.
- Urlaub und Krankheitstage werden übersehen.

Erkennt der Projektcontroller **Engpässe**, muss er dafür sorgen, dass diese frühzeitig kommuniziert und beseitigt werden.

Es ist vor allem bei knappen Ressourcen erforderlich, dass eine **projektübergreifende Koordination des Mitarbeitereinsatzes** erfolgt. Wertvoll ist es in dieser Situation, wenn die Prioritäten der Projekte bekannt sind.

Der Projektcontroller sollte auch dafür Sorge tragen, dass die einzelnen Mitarbeiter **nicht in zu vielen Projekten gleichzeitig eingesetzt** werden. Verplant man den Mitarbeiter in mehr als fünf Projekten, sind der Koordinierungsaufwand und die durch den Wechsel zwischen den verschiedenen Aufgaben bedingten „geistigen Rüstzeiten" zu hoch. Wenn ein Mitarbeiter nur mit weniger als 20 Prozent seiner Arbeitszeit zur Verfügung steht, ist zudem sein Interesse für das Projekt gering.

In einer Projektmatrixorganisation, bei der ein Mitarbeiter neben dem Projekt auch noch sein Tagesgeschäft erledigen muss, ist von vornherein sicherzustellen, dass er in seiner Fachabteilung auch im erforderlichen Umfang entlastet wird. Geschieht das nicht, wird der Mitarbeiter schnell überfordert, mit der Folge, dass seine Motivation im Projekt sinkt. Um diese Situation zu vermeiden, kann der Projektcontroller einen **Kontrakt mit den Leitern der Personal abstellenden Fachbereiche** anregen, in dem diese sich verpflichten, die Mitarbeiter entsprechend ihrer Projekteinplanung vom Tagesgeschäft freizustellen. Es sollte darin auch geregelt werden, wie der Ausfall für die Fachabteilung kompensiert werden kann.

Der Projektcontroller sorgt des Weiteren dafür, dass die nötigen Ressourcen nicht nur mengenmäßig bereitstehen, sondern auch die **erforderliche Qualifikation** besitzen.

3.1.9   Kosten- und Erlösplanung

Für Projekte werden oft Budgets vorgegeben, die man Top down auf die Teilprojekte und Arbeitspakete herunter bricht. Grundlage der Mittelverteilung sind Schätzungen aufgrund von Vergleichswerten oder Erfahrungen aus ähnlichen bereits abgeschlossenen Projekten. Arbeitspakete werden nicht im Detail kalkuliert. Man erkennt bei einer reinen Top-down-Planung nicht, ob das Budget ausreicht, um die geforderten Leistungen zu erbringen. Dies ist nur möglich, wenn bereits zu einem frühen Zeitpunkt auf der Ebene der Arbeitspakete detailliert kalkuliert wird und die so ermittelten Kosten Bottom-up aggregiert werden.

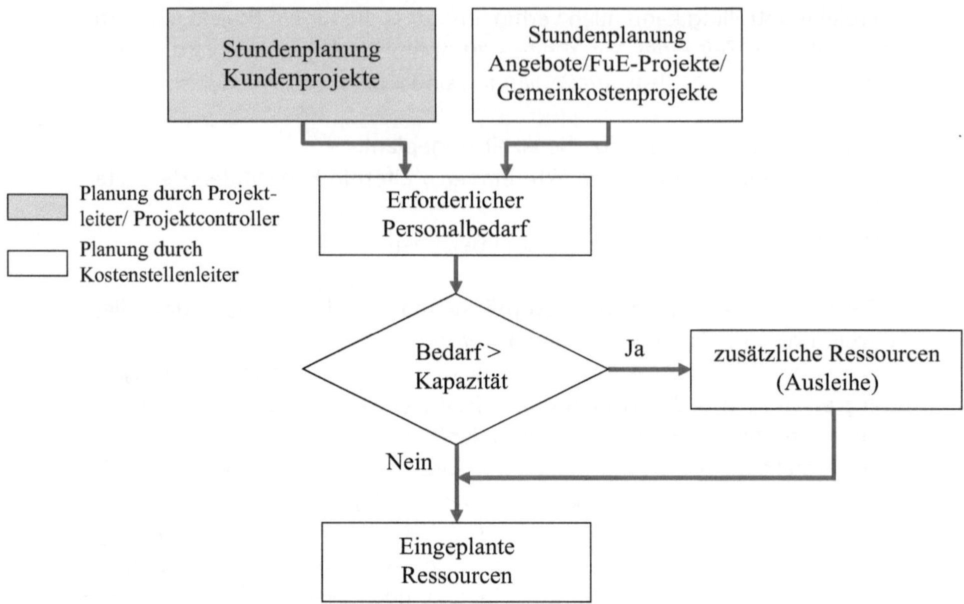

Abb. 3.37 Systematik der Auslastungsplanung

Dabei wird die Kalkulation in Abhängigkeit des Projektfortschrittes sukzessive verfeinert. Während zu Beginn auf der Grundlage einer groben Aufwandsermittlung Kosten geschätzt werden müssen, kann man mit zunehmender Projektdauer genauer kalkulieren, da die Datengrundlage für die Kostenbestimmung differenzierter und zuverlässiger wird.

Für die Kostenplanung ist eine enge Zusammenarbeit von Projektleiter und Projektcontroller erforderlich. Die Abb. 3.38 verdeutlicht, dass der Projektleiter die Mengenangaben, wie Anzahl Personalstunden, vorgibt. Mit Hilfe der wertmäßigen Daten aus dem Rechnungswesen, wie z. B. Stundensätzen, können die Plankosten ermittelt werden.

Die Abb. 3.39 zeigt ein Beispiel, wie die verschiedenen Kostenpositionen in der Kalkulation für ein Arbeitspaket berücksichtigt werden.

Für Entscheidungen ist es zweckmäßig, zunächst nur die direkt und eindeutig dem Projekt zurechenbaren Kosten zu kalkulieren und erst in einem weiteren Schritt die allgemeinen Gemeinkosten des Unternehmens zu berücksichtigen. In diesem Fall kann schnell die Frage beantwortet werden, welche Kosten entfallen, wenn das Projekt oder das Arbeitspaket nicht ausgeführt wird.

Wie werden die Personalkosten ermittelt?

In vielen Projekten entfällt der größte Kostenanteil auf das Personal. Für die Personalkostenermittlung ist es nicht praktikabel, mit den tatsächlichen Lohn- und Gehaltssätzen zu arbeiten. Besser ist es, auf Standardsätze zurückzugreifen, die das Rechnungswesen bereitstellt.

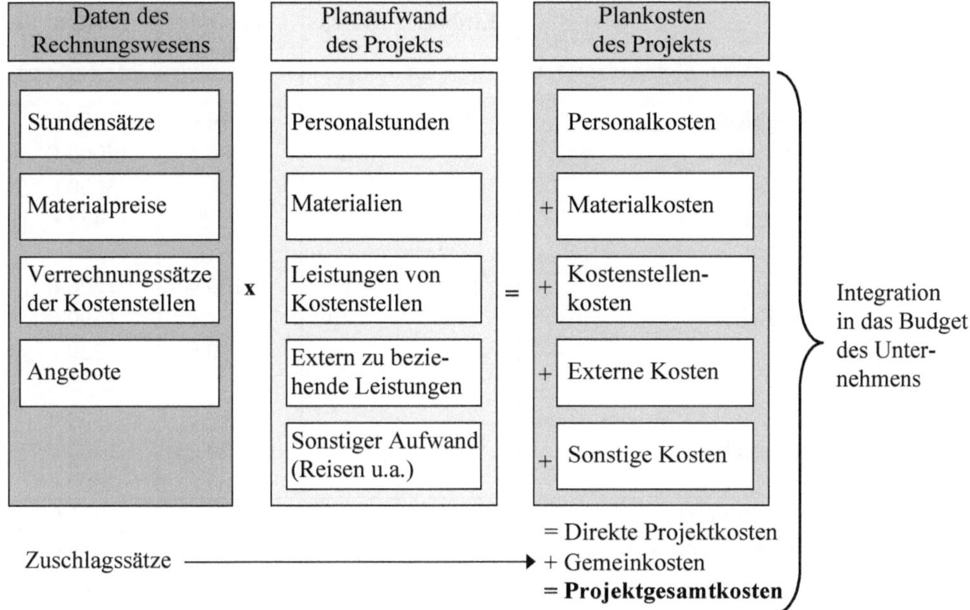

Abb. 3.38 Daten für die Projektkostenkalkulation

Bei der Ermittlung der Standardlohn- und -gehaltskosten stuft man die Mitarbeiter in Kategorien ein (vgl. Abb. 3.40). Es ist darauf zu achten, dass die Anzahl der verschiedenen Kategorien möglichst klein gehalten wird (max. 10).

Für jede Kategorie wird vom Controlling ein einheitlicher Stundensatz errechnet. Abbildung 3.41 zeigt die kostenstellenbezogene Errechnung eines Stundensatzes. Verzichten sollte man auf willkürlich nach unternehmenspolitischen Gesichtspunkten festgelegte Stundensätze, weil dadurch die Kalkulation nicht mehr aussagekräftig wäre und sie ihre Lenkungsfunktion für das Projekt verlieren würde.

Wie werden die Kostenstellenkosten ermittelt?
Kostenstellenkosten fallen an, wenn für das Projekt innerbetriebliche Leistungen erforderlich sind. Benötigt man z. B. die Kostenstelle Qualitätssicherung, wird die zeitliche Inanspruchnahme mit dem Verrechnungssatz der Qualitätssicherung multipliziert, um die entstehenden Kosten auf das Projekt umzulegen. Das Controlling plant die Verrechnungssätze. Man ermittelt dafür die aufgrund der geplanten Kostenstellenleistungen anfallenden Gesamtkosten der Kostenstelle (Gehälter und Sozialkosten aller Mitarbeiter der Kostenstelle, Raumkosten, Abschreibungen, Energie- und Instandhaltungskosten sowie sekundäre Kosten aufgrund der Inanspruchnahme von Leistungen anderer Kostenstellen) und dividiert sie durch die Beschäftigung der Kostenstelle (z. B. geplante Leistungsstunden für Projekte, Anzahl geplante Maschinenstunden).

	Einheit	Menge	Preis/ Einheit	Kosten
Direkte Materialkosten				
Messingblech	St.	150	10 €	1500 €
Leiterplatten	St.	50	80 €	4000 €
Sonstiges				3000 €
Materialgemeinkosten			5 %	425 €
Direkte Gehaltskosten				
Ingenieure	Std.	10	120 €	1200 €
Techn. Zeichner	Std.	20	75 €	1500 €
Prüfer	Std.	4	130 €	520 €
Kostenstellenkosten				
Montage	Std.	3	110 €	330 €
Qualitätssicherung	Std.	4	120 €	480 €
Externe Engineeringkosten	Std.	4	500 €	2000 €
Summe der direkten Projektkosten				14.955 €
Verwaltungs- und Vertriebskostenzuschlag (10 %)				1496 €
Projektgesamtkosten				16.451 €

Abb. 3.39 Beispiel einer Projektkostenkalkulation

Abb. 3.40 Einteilung der Mitarbeiter in Kategorien

Kategorie	Mitarbeiter
1	Geschäftsführer, Bereichsleiter
2	Projektmanager, Abteilungsleiter
3	Leitende Techniker, Gruppenleiter
4	Untergeordnete Techniker, Einkäufer
5	Sekretärinnen

Wie werden Gemeinkosten berücksichtigt?

Während z. B. Personal- und Materialkosten in einem direkten Bezug zu den Projektleistungen stehen und genau geplant werden, ist dies bei anderen Kosten nicht der Fall. Kosten für die Nutzung des Kopierers, von Büroräumen, der Kantine oder für allgemeine Verwaltungsleistungen werden nicht direkt für das Projekt erfasst. Entweder, weil dies gar nicht möglich ist (welcher Gehaltsanteil des Pförtners entfällt auf ein bestimmtes Projekt?) oder weil der Erfassungsaufwand zu hoch wäre. Diese Gemeinkosten verrechnet man deshalb pauschal über prozentuale Zuschläge auf die direkt zurechenbaren Projektkosten. Dabei sollte darauf geachtet werden, dass die Zuschlagssätze nicht zu hoch ausfallen. Dies kann die Genauigkeit der Kalkulation beeinträchtigen. Wenn die Zuschläge über 20 Prozent betragen, was aufgrund der großen Bedeutung der indirekten Kosten durchaus möglich ist, sollte man eine leistungsorientierte Verrechnung über die Prozesskostenrechnung in Erwägung ziehen.

Tage pro Jahr	365	Tage
- Samstage und Sonntage	104	Tage
- Feiertage	11	Tage
- Urlaub	30	Tage
- Krankheitstage	6	Tage
- Weiterbildung, Sonderurlaub	6	Tage
Nettoarbeitszeit	208	Tage
Nettoarbeitszeit (35-Stunden-Woche)	1456	Stunden
- Verteilzeit (15 %)	218	Stunden
Produktivzeit	1238	Stunden
x Anzahl Mitarbeiter	100	Mitarbeiter
Produktivzeit gesamt	123.760	Stunden
Gesamtkosten der Kostenstelle	15	Mio. €
- direkt verrechenbare Kosten	5	Mio. €
Abzudeckende Kosten	10	Mio. €
Stundenverrechnungssatz	**81**	**€**

Abb. 3.41   Errechnung eines Standardstundensatzes

Was ist noch beachtenswert?

Kostenschlüsselung vermeiden

Kosten werden idealerweise pro Arbeitspaket kalkuliert. Eine Schlüsselung von Kosten, die durch mehrere Arbeitspakete gemeinsam verursacht sind, sollte vermieden werden. Man könnte sonst nicht mehr erkennen, welche Kosten wegfielen, wenn ein Arbeitspaket gestrichen würde. Deshalb sind die für mehrere Arbeitspakete oder Teilprojekte anfallenden Kosten separat auszuweisen. Ein Beispiel soll diesen Sachverhalt verdeutlichen (vgl. Abb. 3.42).

Für die Arbeitspakete A (15.000 € geplante Kosten) und B (25.000 € geplante Kosten) muss zusätzlich eine CAD-Software geleast werden. Die Kosten betragen 10.000 €. Bei herkömmlicher Verrechnung würden die 10.000 € entsprechend der Inanspruchnahme der Leasingsoftware durch die Arbeitspakete auf diese verteilt werden. So entfielen z. B. zusätzlich 6000 € auf A und 4000 € auf B. Müsste man nun entscheiden, ob Arbeitspaket A bei einem externen Dienstleister für 19.000 € in Auftrag gegeben werden soll, ginge man von eigenen Gesamtkosten in Höhe von 21.000 € für A aus, die bei externer Leistungserbringung nicht anfielen. In Wirklichkeit würde jedoch die Leasinggebühr immer in voller Höhe zu bezahlen sein, so dass die Kosten bei externer Leistungsvergabe nur um 15.000 € reduziert werden könnten.

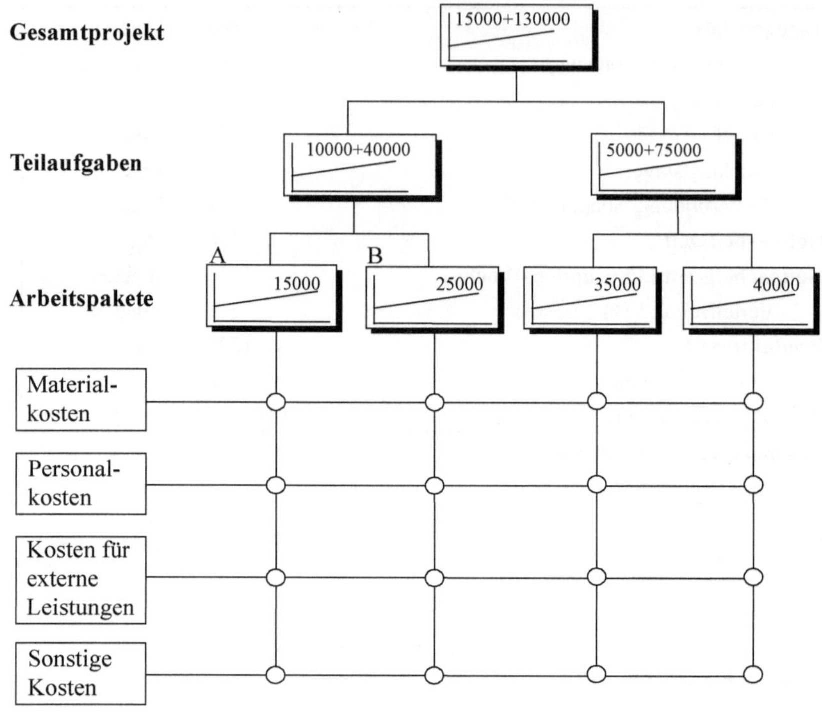

Abb. 3.42 Kalkulation der Kosten für Arbeitspakete und Teilprojekte ohne Kostenschlüsselung

	Falsche Rechnung	Realistische Rechnung
Kalkulierte Kosten	15.000 €	15.000 €
Kosten für 60 Prozent Nutzung des CAD-Systems	6000 €	0
Direkte Gesamtkosten	21.000 €	15.000 €
	↕	↕
Externes Angebot	19.000 €	19.000 €
Gewinn/Verlust	+2000 €	− 4000 €

Kosten differenzieren

Sinnvoll ist eine Trennung in leistungsunabhängige (fixe) und leistungsabhängige (variable) Kosten, um Auswirkungen einer vom Kunden gewünschten Mehrleistung schnell abschätzen zu können.

Plant man die Kosten auf der Ebene der Arbeitspakete, ist es einfach, den Kostenanfall nicht nur für die Komponenten des Projektstrukturplans, sondern auch für einzelne Perioden oder für bestimmten Meilensteine auszuweisen.

Vorteilhaft kann eine weitere Differenzierung der Kalkulation in Basisbudget und verschiedene Zusatzbudgets sein (siehe Abb. 3.43). Jedes Zusatzbudget kann separat kontrolliert und gesteuert werden. Bei Budgetüberschreitungen sind die Ursachen genauer feststellbar.

Projektdeckungsbeitrag ermitteln

Alternativ zu einer **progressiven Ermittlung** der Projektkosten wie in Abb. 3.39 kann z. B. für Kundenprojekte auch retrograd in Form einer **Deckungsbeitragsrechnung** kalkuliert werden (Fiedler und Gräf 2012). Das Beispiel in Abb. 3.44 verdeutlicht, dass nach Abzug der von der Leistung abhängigen und direkt durch das Projekt verursachten Kosten ein Deckungsbeitrag von 47.000 € übrig bleibt. Davon werden die direkt dem Projekt zurechenbaren, nicht von der Projektleistung, sondern nur von der Zeit abhängigen Kosten (z. B. Leasingkosten oder Mietkosten) abgezogen. Man erhält das Projektergebnis I. Wird diese Position um Projektgemeinkosten (z. B. anteilige Kosten eines zentralen Projektbüros) bereinigt, resultiert das Projektergebnis II in Höhe von 40.000 €. Das Projektergebnis III berücksichtigt zusätzlich die allgemeinen Verwaltungskosten des Unternehmens. Langfristig muss das Projektergebnis III positiv sein, kurzfristig bei Unterauslastung reicht ausnahmsweise ein positives Projektergebnis I.

Praxisbeispiel

Die **Outokumpu Technology GmbH** ermittelt auf Grundlage der Kundenbestellung die Projektkosten. Nach einem standardisierten Schema werden mechanische und elektrische Ausrüstungen, Materialien und Leistungen für Bau und Montage, Nebenkosten für Reisen, Versicherungen und Steuern detailliert kalkuliert. Schließlich werden auch die zur Abwicklung notwendigen Eigen- und Fremdleistungen geschätzt. Diese werden anhand von Kostensätzen bewertet und in die Kalkulation eingebracht. Die Projektergebnisse fließen in die Deckungsbeitragsrechnung des Unternehmens ein (vgl. Abb. 3.45). Nur die variablen Einzelkosten werden für das Projekt geplant. Die fixen Gemeinkosten werden dem Unternehmen zugeordnet.

Liquidität planen

Größere Projekte, die mit erheblichen Ausgaben verbunden sind, können die Liquidität eines Unternehmens beeinflussen. Deswegen sind schon bei der Planung die voraussichtlichen Zahlungsflüsse für die großen Projekte zu verdeutlichen. Abbildung 3.46 zeigt, wie durch Addition der Ein- und Auszahlungen der Liquiditätsverlauf ermittelt wird. Es wird deutlich, dass bis zum Zeitpunkt 18 mehr Geld ab- als zufließt. In diesem Fall muss sichergestellt werden, dass trotzdem alle Zahlungsverpflichtungen erfüllt werden können. Bei der Ermittlung der Projektliquidität helfen die folgenden Hinweise:

Abb. 3.43 Zusammensetzung des Gesamtbudgets

Budget für Risiken	Budget für ungeplante Änderungen
Basis-Budget Kosten laut Auftragskalkulation	

Abb. 3.44 Retrograde
Projektkalkulation

	Projekt C
Kundenpreis	**200.000 €**
- Variable Projekteinzelkosten	153.000 €
Deckungsbeitrag I	**47.000 €**
- Fixe Projekteinzelkosten	2800 €
Projektergebnis I	**44.200 €**
- Projektgemeinkosten	4200 €
Projektergebnis II	**40.000 €**
- Sonstige Gemeinkosten	**25.402 €**
Projektergebnis III (Vollkosten)	**14.598 €**

Abb. 3.45 Integration der
Projekt-Deckungsbeiträge in
das Unternehmensergebnis

Projektkostenrechnung

Planerlös (Auftragswert der Projekte)

- Auftragseinzelkosten

= **Bruttoertrag** (Summe der Projektergebnisse)

Unternehmensrechnung

- Kosten für technische/kaufmännische Abwicklung

= **Deckungsbeitrag I**

- Kosten der Business Line (Overheadkosten)

= **Deckungsbeitrag II**

- Kosten der Gesellschaft (Overheadkosten)

= **Ergebnis**

- In die Betrachtung der Zahlungsmittelabflüsse sollten Risiken, wie sie z. B. Konventionalstrafen darstellen, einbezogen werden. Zudem muss frühzeitig klar sein, zu welchen Zeitpunkten große Beträge fällig werden.
- Sind die exakten Auszahlungen nicht bekannt, sind die Kosten in ausgabenwirksame und ausgabenunwirksame Kosten zu differenzieren. Durch pauschale Korrekturen der Zeitpunkte, zu denen die ausgabenwirksamen Kosten anfallen, kann man die tatsächlichen Zahlungsflüsse schätzen.
- Auch die Einzahlungen können vorherbestimmt werden. Bei Aufwandsprojekten erfolgen die Zahlungen des Kunden oft mit einem Zeitverzug zwischen 30 und 60 Tagen nach Anfall der Kosten. Bei Festpreisprojekten regelt der Vertrag die Einzahlungen abhängig vom Leistungsfortschritt.
- Es ist darauf zu achten, dass das Maximum des Liquiditätsdefizits möglichst schon in der ersten Hälfte des Projektes unterschritten wird.

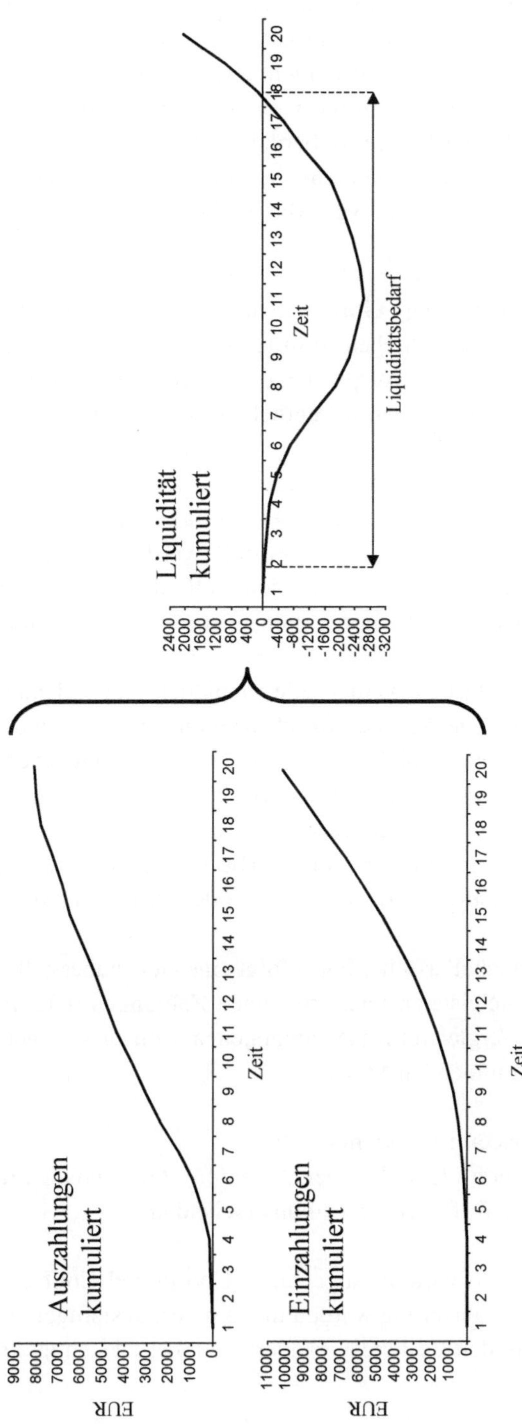

Abb. 3.46 Ermittlung der Liquidität

- Erkennt man, dass es im Laufe des Projektes zu Zahlungsschwierigkeiten kommt, können Vorgänge mit genügend Puffer, die hohe Auszahlungen verursachen, so verschoben werden, dass die „finanzielle Kapazität" nicht überschritten wird.
- Der Verlauf der Liquidität bestimmt die Höhe der Finanzierungskosten. Sie sind als weitere Kostenart im Projekt-Budget zu berücksichtigen.
- In Entwicklungsprojekten bietet sich eine Gesamtbetrachtung des Liquiditätsverlaufs bis zum Ende des Lebenszyklus an (vgl. Abb. 3.47).

Praxisbeispiel

Bei der **Outokumpu Technology GmbH** plant und verfolgt das Projektcontrolling für jeden in der Abwicklung befindlichen Auftrag mit einem Auftragswert über eine Mio. € alle Zahlungsströme, die das entsprechende Projekt betreffen. Die Liquiditätskontrolle der Großprojekte liefert einen wesentlichen Beitrag zur Liquiditätssteuerung der Gesellschaft.

Innerhalb der Planung werden jeweils die Kosten entsprechend der Kalkulationsstruktur aufgeführt. Der Zeitraum der Fälligkeit der Kosten jedes Gewerks wird angegeben, so dass eine Kurve ermittelt werden kann, die Auskunft über zukünftige Zahlungsausgänge gibt. Für den Fall, dass große Auftragspakete an einen oder mehrere Unterlieferanten gehen, werden die dafür fälligen Zahlungen manuell geplant.

In weiteren Arbeitsschritten werden alle monatlich angefallenen Zahlungsströme registriert. Sowohl die eingegangenen Kundenzahlungen wie auch die getätigten Auszahlungen für das betroffene Projekt werden für den Berichtsmonat erfasst und im Zeitverlauf als kumulierte Werte dargestellt. Auf Basis der Istwerte extrapoliert ein System den zukünftigen Verlauf über die Restabwicklungsdauer bis zu den endgültigen Gesamtwerten der einzelnen Kostengruppen. Die Liquiditätsanalyse für die einzelnen Monate erlaubt dementsprechend eine Über- oder insbesondere Unterdeckung zu identifizieren.

In grafischer und in tabellarischer Form folgt eine Gegenüberstellung der Planwerte sowie der tatsächlich geleisteten und. erwarteten Zahlungen. Die Systematik erlaubt sowohl einen Soll-Ist-Vergleich für die vergangenen Monate wie auch den Soll-Erwartet-Vergleich für die kommenden Monate.

Projekterlöse erfolgswirksam verbuchen

Für Projekte, die über mehrere Jahre bearbeitet werden, stellt sich die Frage nach der korrekten Bilanzierung. Zwei Verfahren sind zu unterscheiden:

- Nach dem deutschen HGB wird die sogenannte **Completed Contract Methode** angewendet. Während der Realisierung werden die aktivierungsfähigen Aufwendungen als unfertige Leistungen in den Bestandsveränderungen berücksichtig. Die Erlöse werden

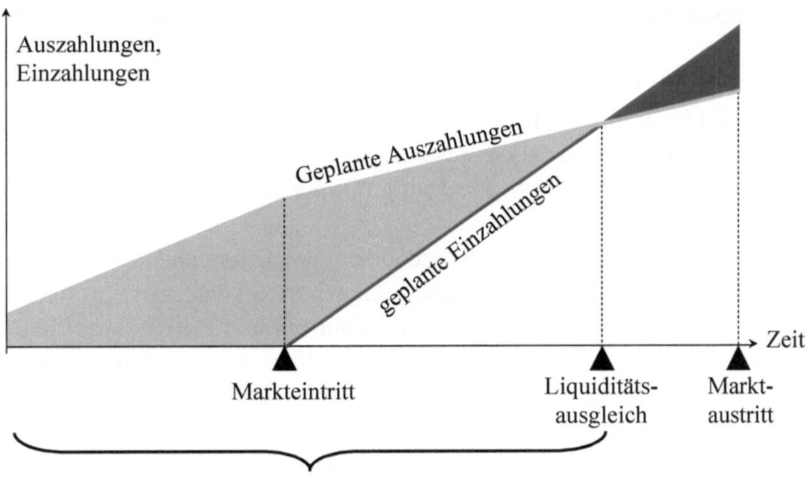

Abb. 3.47 Liquiditätsverlauf in einem Entwicklungsprojekt

erst nach Projektende erfolgswirksam verbucht, wenn die Leistung gemäß den vertraglichen Vereinbarungen erbracht wurde. Dauert ein Projekt vier Jahre, wird erst nach dem vierten Jahr der korrekte Gewinn ausgewiesen. Dies führt zu einer Belastung des Ergebnisses während der Projektabwicklung. Die Completed Contract Methode gewährleistet wohl eine hohe Ergebnissicherheit, allerdings ist die periodengerechte Darstellung der Leistungsfähigkeit des Unternehmens nicht gewährleistet.

– Bei einer Bilanzierung nach den International Financial Reporting Standards IFRS muss die **Percentage of Completion Methode** Anwendung finden, wenn folgende Voraussetzungen vorliegen (Hans Böckler Stiftung 2011):

  – Die gesamten Auftragserlöse können zuverlässig geschätzt werden.
  – Der wirtschaftliche Nutzen aus dem Auftrag muss wahrscheinlich zufließen (Auftraggeber zahlt voraussichtlich).
  – Die Gesamtkosten lassen sich zuverlässig bestimmen.
  – Die bereits angefallenen Kosten können eindeutig ermittelt und mit früheren Schätzungen verglichen werden.
  – Die für die Projektfertigstellung weiterhin noch anfallenden Kosten können zuverlässig geschätzt werden.
  – Der Grad der erreichten Fertigstellung lässt sich zuverlässig ermitteln.

Mit der Percentage of Completion Methode ist der periodengerechte Ausweis der Gewinne möglich, da bereits während der Projektabwicklung Erlöse prozentual entsprechend dem Leistungsfortschritt verbucht werden. Es muss also der Leistungsstand im Projekt bekannt sein (Methoden zur Bestimmung des Projektstatus werden in Abschn. 3.2.2 beschrieben).

Projektergebnisse und -liquidität in ein ganzheitliches Informationssystem integrieren

Alle Ergebnis- und Finanzinformationen aus der Projekttätigkeit und der Nichtprojekttätigkeit sollten in einem in sich konsistenten Gesamtsystem einer integrierten Unternehmensplanung und -analyse zusammengeführt werden. Für das Berichtswesen ist es in diesem Fall möglich, die Daten in unterschiedlichen Verdichtungen zu zeigen.

Das Informationssystem in Abb. 3.48 verdeutlicht den Erfolg und die Liquidität für jedes einzelne Projekt über alle Perioden der gesamten Projektlaufzeit. Für die Unternehmensrechnung können zudem die Kosten, Auszahlungen und Erlöse eines Projektes anteilsmäßig auf die jeweiligen Geschäftsjahre verteilt werden. Durch die stufenweise Verdichtung der Projektdaten des betrachteten Geschäftsjahres über die Projekthierarchie gelangt man zum Projektgesamtergebnis des Geschäftsjahres. Es wird ergänzt um die Kosten und Erlöse aus der Nichtprojekttätigkeit. Die Analyse des Ergebnisses über alle Verdichtungsstufen hinweg kann aussagekräftige Informationen für die Projektsteuerung liefern.

3.1.10 Risikomanagement und -controlling

Hamel und Prahalad belegten, dass sich das Management in weniger als drei Prozent seiner verfügbaren Zeit mit Risikomanagement beschäftigt (Hamel und Prahalad 1997). Risikobehafteten Vorhaben wird auch heute noch zu wenig Aufmerksamkeit geschenkt. Während das gesamte Management in endlosen Sitzungen über das nächste Jahresbudget diskutiert, wird die Entscheidung über die Einführung einer komplexen Software mit einem Investitionsvolumen von mehreren Millionen € in wenigen Wochen getroffen.

Die große Bedeutung des Risikomanagements für Unternehmen wird durch diverse gesetzliche Vorschriften offensichtlich, die ein Risikomanagementsystem fordern. Bereits 1998 wurde das Gesetz zur Kontrolle und Transparenz im Unternehmensbereich (KonTraG) verabschiedet. Es verpflichtet börsennotierte Aktiengesellschaften, ein Risikomanagementsystem einzurichten, um Entwicklungen, die den Fortbestand des Unternehmens gefährden, möglichst frühzeitig zu erkennen. Das Management muss also bei seinen Entscheidungen die Unternehmensrisiken mit der nötigen Sorgfalt berücksichtigen. Mittlerweile gibt es weitere Vorschriften (Basel II, BilMoG, Risikoberichterstattungspflicht nach HGB, Prüfungsstandard zur Risikofrüherkennung des Instituts der Deutschen Wirtschaftsprüfer), die von den Unternehmen ein Risikomanagement verlangen.

Sorgfältiges und systematisches Risikomanagement ist besonders im Projektgeschäft wichtig, da Projekte schon definitionsgemäß mit hohen Risiken behaftet sind (vgl. Abschn. 1.1).

Die elementaren Bausteine eines Risikomanagements sind in Abb. 3.50 aufgeführt und werden im Folgenden beschrieben.

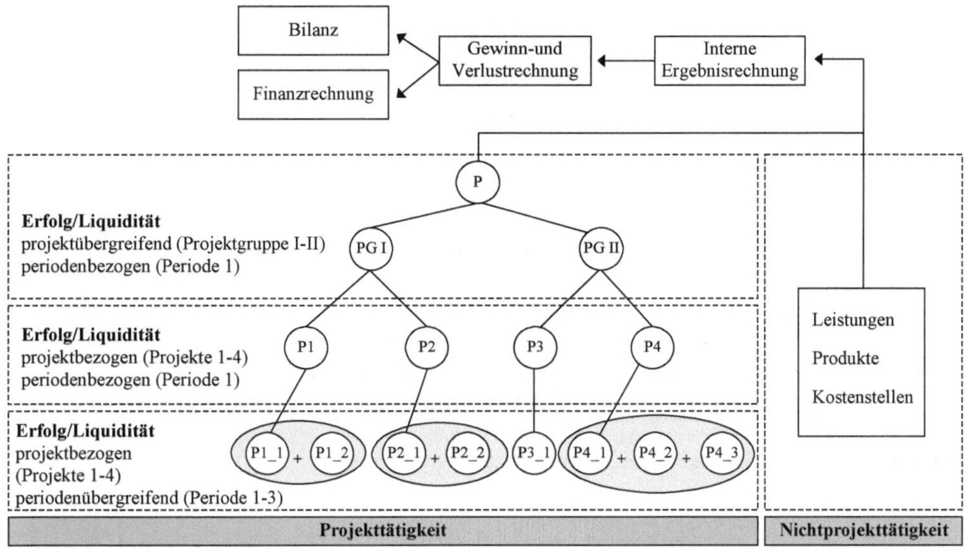

Abb. 3.48 Integration der Daten aus Projekttätigkeit und Nichtprojekttätigkeit in die Unternehmensrechnung

Was beinhaltet die Risikokultur?

Die Einstellung des Managements und der Mitarbeiter gegenüber Risiken ist die Basis eines wirksamen Risikomanagements. Mitarbeiter sollten aufgefordert werden, mögliche Probleme bewusst wahrzunehmen und zu kommunizieren, auch wenn es sich um unangenehme Risiken handelt. Keinesfalls dürfen negative Konsequenzen für denjenigen entstehen, der auf Risiken hinweist.

Risikomanagement sollte aber nicht zu einem Übermaß an Kontrollen führen. Projektleiter sollten weder risikoignorant noch zu risikopenibel sein.

Wer ist für Risikomanagement zuständig (Aufbauorganisation)?

In größeren Unternehmen existiert oft eine eigene Stabsabteilung für Risikomanagement. Gibt es keinen zentralen Risikomanager, sollte das Controlling an der Konzeption, Einführung und Weiterentwicklung eines Risikomanagementsystems für Projekte mitwirken.

Das Projektcontrolling kann bereits für die strategische Projektauswahl und -priorisierung Informationen über Risiken bereitstellen und zusätzlich dafür Sorge tragen, dass die wichtigen Risiken auf der Grundlage des etablierten Risikomanagementsystems vor Beginn eines jeden Projektes im Detail analysiert und während der Projektabwicklung laufend beobachtet werden.

Wie sieht der Risikomanagementprozess aus (Ablauforganisation)?

Der Risikomanagementprozess beinhaltet mindestens diese Schritte:

1. Risiken identifizieren,
2. Risiken bewerten,

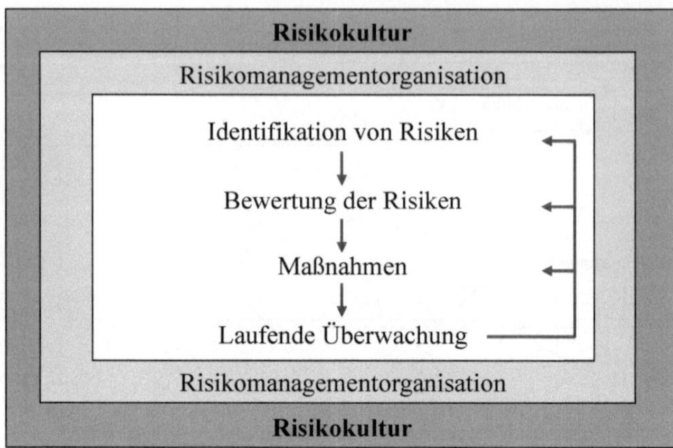

Abb. 3.49 Bausteine des Risikomanagements und -controllings

Abb. 3.50 Detaillierung der Projektaufgaben

3. Maßnahmen planen,
4. Risiken überwachen.

1. Risiken identifizieren

„Wir unterstellen folgende Entwicklung", lautet eine Standardaussage. Nach Risiken wird in diesem Fall nicht konsequent gesucht. Oft findet man eine gewisse Betriebsblindheit. Dabei wäre es notwendig, systematisch nach Risiken zu fahnden und in unterschiedlichen Szenarien zu denken.

Man sollte zunächst einen standardisierten Risikokatalog, oper für alle Projekte gilt, erarbeiten. Dafür sucht man nach typischen Risiken, die in früheren Projekten auftraten. Die Ergebnisse können in Checklisten einfließen. Sie beinhalten die wichtigsten Risikofaktoren übersichtlich und nach Risikogruppen gegliedert. Die folgende Aufstellung enthält einige Fragen aus einer solchen Checkliste[3]:

Technische Risiken

- Sind alle Komponenten technisch kompatibel?
- Besitzen wir die notwendige Ausrüstung?
- Haben wir bereits Erfahrung mit der Entwicklungsumgebung?

Betriebswirtschaftliche Risiken

- Ist die Bonität des Kunden in Ordnung?
- Gibt es Währungsrisiken?
- Ist die Liquidität gesichert?
- Gibt es genügend Puffer in der Kalkulation?

Personelle Risiken

- Besitzen die Mitarbeiter die notwendige Qualifikation?
- Haben wir genügend Mitarbeiter zur Verfügung?
- Können wir auf externe Mitarbeiter zurückgreifen?

Umwelt-Risiken

- Steht das Management hinter dem Vorhaben?
- Gibt es Einwände des Betriebsrates?
- Gibt es wichtige Mitarbeiter, die gegen das geplante Projekt sind?
- Sind nationale Mentalitäten zu berücksichtigen?

Zulieferungs-Risiken

- Haben wir zuverlässige Lieferanten?
- Können wir kurzfristig auf andere Lieferanten ausweichen?

Zeit-Risiken

- Haben wir genügend Puffer eingeplant?
- Könnte es nicht beeinflussbare Einwirkungen geben (schlechtes Wetter, Streik)?

---

[3] Eine Risikocheckliste für IT-Projekte findet der Leser unter https://resources.sei.cmu.edu/library/asset-view.cfm?assetid=11847.

Zusätzlich zu den in der Checkliste abgedeckten Standardrisiken sollten im Rahmen eines Workshops weitere Risiken gesucht werden, die für das anstehende Projekt relevant sein könnten und u. U. im Standardrisikokatalog nicht erfasst sind. Ausgangspunkt des Workshops sind deutlich definierte Projektziele. Die Teilnehmer schreiben alle Projektrisiken auf, die ihnen einfallen. Danach präsentiert jeder Teilnehmer seine Risiken. Neu gefundene Risiken sollten in die bestehende Checkliste einfließen.

Wenn die Wahrnehmung neuer Risiken schwierig ist, hilft es auch, die **Projektaufgaben** zu **verfeinern**. In Abb. 3.51 wurde die Phase der Detaillierung und Realisierung in einzelne Prozessschritte unterteilt. Bereits bei dieser groben Gliederung erkennt man, dass bei der Durchführung der Tests Qualitätsrisiken drohen und auch die Abbildung der Prozesse wegen der Abhängigkeit von externen Beratern kritisch sein könnte.

Die Risiken sollten möglichst ausführlich verbal beschrieben werden, um eine Bewertung vornehmen zu können. Es reicht nicht, ein Risiko „Verlängerung der Projektlaufzeit" zu formulieren. Besser wäre es, die Form „Wenn-Dann-Folge" zu verwenden. Also z. B.:

Wenn die Brandschutzanlagen nicht abgenommen werden, **dann** verzögert sich die Fertigstellung der Halle; **das hat** eine Verlängerung der Projektlaufzeit um vier Wochen und 100.000 € Konventionalstrafe **zur Folge**.

2. Risiken bewerten

Die Projektverantwortlichen sehen das Risiko oft unscharf. Ihnen fehlt das richtige Risikomaß. Typisch ist der Ausspruch: „Da könnte was auf uns zukommen". Eine nähere Beschreibung erfolgt nicht. Der Controller hat in dieser Situation die Aufgabe, eine hinreichend objektive Risikobewertung zu gewährleisten.

Grundlage der Risikobewertung ist ein Katalog der identifizierten Risiken, der um die Ursachen, die Häufigkeit des Auftretens und eine Einschätzung der Auswirkungen ohne Risikovorsorge ergänzt werden muss (vgl. Abb. 3.52). In den Risikokatalog sollten in einem weiteren Schritt die bereits vorhandenen Maßnahmen zur Risikominimierung aufgenommen werden.

Der Risikokatalog wird in hohe, mittlere und geringe Risiken unterteilt. Um dies zu erreichen, können die Auswirkungen und die Eintrittswahrscheinlichkeit eines Risikos mit Punkten bewertet werden. Die Visualisierung erfolgt üblicherweise mit der Risk Map (vgl. Abb. 3.53). Daraus lassen sich hohe, mittlere und geringe Risiken ablesen. Das in Abb. 3.53 eingetragene Risiko hat z. B. eine hohe Auswirkung auf das Projekt. Zudem wurde eine mittlere Eintrittswahrscheinlichkeit geschätzt. Dies ergibt insgesamt noch ein hohes Risiko.

Risiko	Ursache	Eintrittswahrscheinlichkeit	Auswirkung
fehlerhafte Codierung	unzureichende Qualifikation der Mitarbeiter	hoch	kritische Terminüberschreitung

Abb. 3.51 Risikokatalog

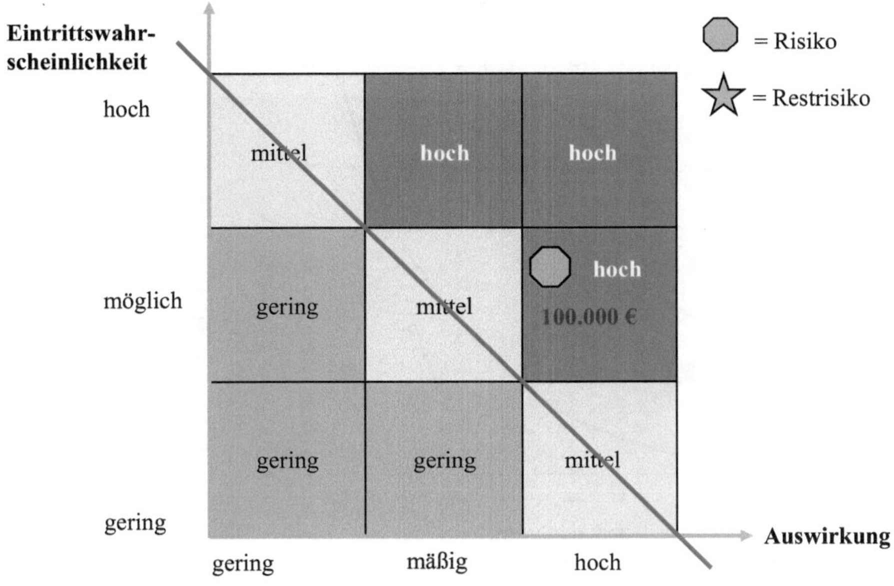

Abb. 3.52 Klassifizierung von Projektrisiken in einer Risk Map

Praxisbeispiel

Für die Risikobewertung von Projekten der **Regierung von Australien** wird die Methode in Abb. 3.54 angewandt (Baccarini und Archer 2001).

- Es werden keine konkreten Einzelrisiken beurteilt, sondern nur das Kosten-, Termin- und Qualitätsrisiko als Ganzes.
- Die Eintrittswahrscheinlichkeit und die Auswirkungen von Kosten-, Termin- und Qualitätsrisiken werden anhand einer Skala von 1 bis 5 bewertet.
- Die jeweiligen Punkte für Eintrittswahrscheinlichkeit und Auswirkung werden getrennt nach Kosten-, Termin- und Qualitätsrisiken multipliziert. Es gilt folgende Bewertung:
  - geringes Risiko: 1 bis 5 Punkte,
  - mittleres Risiko: 6 bis 10 Punkte,
  - signifikantes Risiko: 11 bis 15 Punkte,
  - hohes Risiko: 16 bis 25 Punkte.
- Das Gesamtrisiko ergibt sich aus der höchsten Punktzahl von Kosten-, Termin- und Qualitätsrisiko. Im Beispiel der Abb. 3.54 liegt ein mittleres Gesamtrisiko vor, weil für das Qualitäts- und das Kostenrisiko jeweils 8 Punkte errechnet werden.
- Für geringe und mittlere Risiken werden keine besonderen Maßnahmen getroffen.

Auswirkungen

	Bewertung			
	5	4	3	2	1
Auswirkung bei Überschreitung der **Kostenziele**	Projekt muss abgebrochen werden	•••	•••	•••	zusätzliche Mittel verfügbar
Auswirkung bei Überschreitung der **Terminziele**	keine Verlängerung möglich	•••	•••	•••	Fertigstellungstermin nicht wichtig
Auswirkung bei Überschreitung der **Qualitätsziele**	das Geschäft des Kunden muss eingestellt werden	•••	•••	•••	keine erkennbare Wirkung

Eintrittswahrscheinlichkeit

	Bewertung			
	5	4	3	2	1
Art der Festlegung der **Kostenziele**	das Budget ist offensichtlich unzureichend	•••	•••	•••	das Budget wurde aufgrund ähnlicher Projekte festgelegt
Art der Festlegung der **Terminziele**	es gibt keinen klaren Terminplan	•••	•••	•••	der Terminplan wurde aufgrund ähnlicher Projekte festgelegt
Art der Festlegung der **Qualitätsziele**	Qualitätsanforderungen sind nicht bekannt	•••	•••	•••	Qualitätsanforderungen wurden genau festgelegt

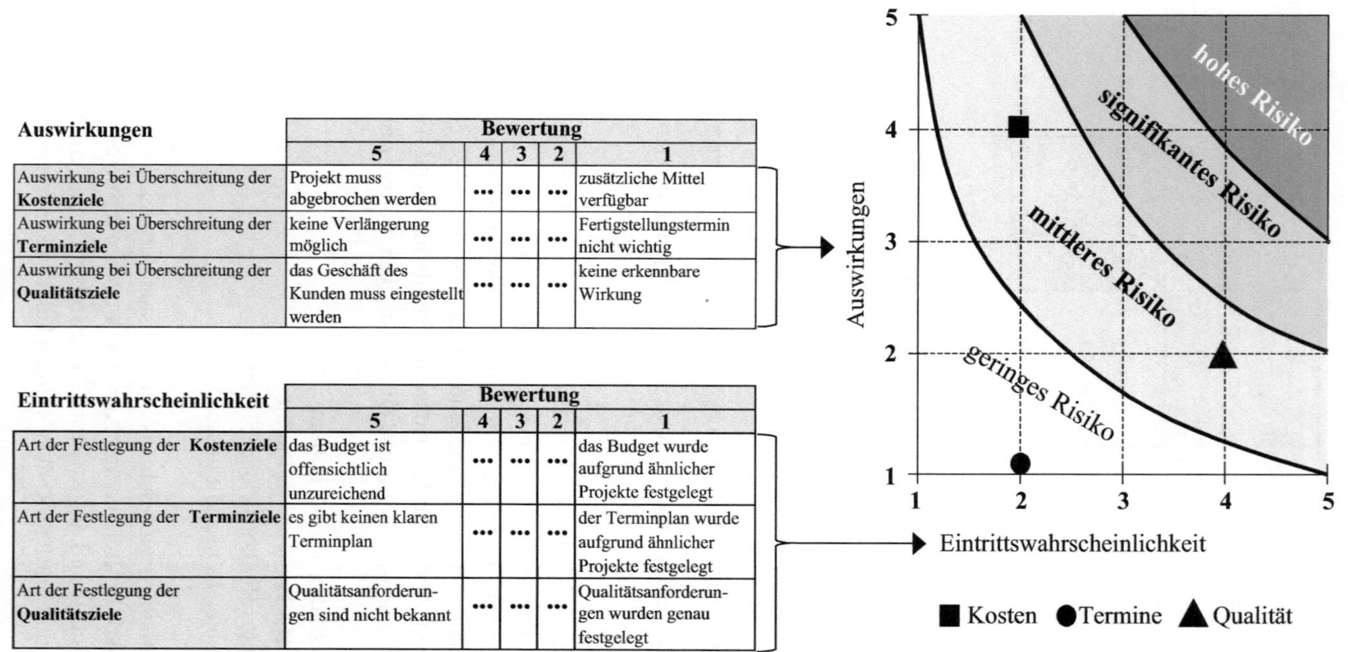

Abb. 3.53 Projektrisikobewertung der Regierung von Australien

3. Maßnahmen planen

Geringe Risiken und manche Risiken mittlerer Stärke wird man im Regelfall akzeptieren, da sich der Aufwand für Maßnahmen nicht lohnt (vgl. Abb. 3.55). Für ausgewählte mittlere, aber vor allem für Risiken mit gravierenden Auswirkungen und einer hohen Eintrittswahrscheinlichkeit sind vorbeugende Maßnahmen vorzubereiten. Sie können Risiken vermindern, vermeiden oder übertragen.

Die Abb. 3.56 zeigt Möglichkeiten der Verminderung, Vermeidung und Übertragung von Risiken (Rinza 1985).

Für Risiken mit schwerwiegenden Auswirkungen sind Korrektivmaßnahmen vorzusehen. Diese greifen, wenn trotz aller Vorkehrungen das Risiko eintritt. Sie sind in der Regel sehr kostenintensiv und werden deshalb nur in Ausnahmefällen erarbeitet. Ein bekanntes Beispiel, bei dem viele Unternehmen aufwändige Korrektivmaßnahmen planten, war die Umstellung von Software für das Jahr 2000.

Da Maßnahmen meistens einen Mehraufwand für das Projekt verursachen, muss das Management diese genehmigen. Grundlage dafür ist ein Risikomanagementplan wie in Abb. 3.57, der zeigt, ob sich eine Maßnahme auch lohnt. Dort werden Risikokosten von 50.000 € ausgewiesen (100.000 € x 50 %). Die Maßnahmen in Form von Schulungen und des Einsatzes von externen Spezialisten würden 15.000 € kosten. Dadurch könnten die Risikokosten auf 20.000 € reduziert werden (100.000 € x 20 %). Die Maßnahme würde sich also lohnen.

Es ist zu überlegen, ob das Projektbudget um die berechneten Risikokosten erhöht wird. Im Beispiel der Abb. 3.57 würde das Budget gegenüber der bisherigen Planung um 15.000 € für die Maßnahme und 20.000 € für das verbleibende Risiko, also insgesamt um 35.000 € steigen. Die Gefahr von Kostenüberschreitungen, die vor allem bei Großprojekten regelmäßig auftreten, würde damit erheblich reduziert.

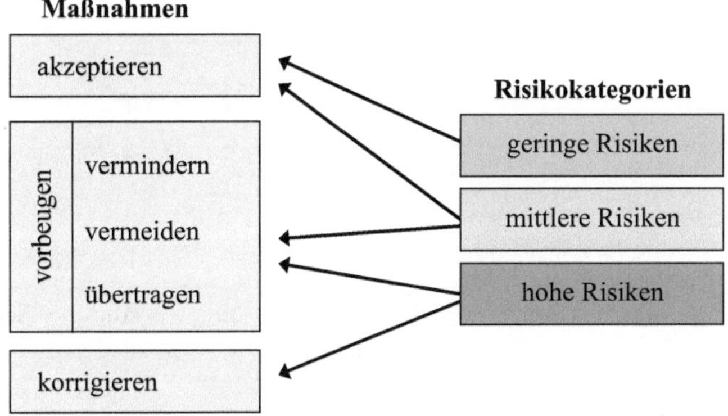

Abb. 3.54 Möglichkeiten der Risikosteuerung

<table>
<tr><th colspan="3">Risiken übertragen</th><th>Risiken vermindern/vermeiden</th></tr>
<tr><td rowspan="2">An den Auftraggeber zurückgeben</td><td colspan="2">An Dritte weitergeben</td><td rowspan="2">Puffer im Termin- und Ressourcenplan

Risikozuschlag in der Kalkulation

Einsatz qualifizierter Mitarbeiter

Zusätzliche Reviews

Qualifizierungs-maßnahmen</td></tr>
<tr><td>Lieferanten, Unterauftrag-nehmer</td><td>Versicherungen</td></tr>
</table>

Abb. 3.55 Möglichkeiten der Risikovorbeugung

Risikoidentifikation		Risikobewertung vor der Maßnahme			Maßnahmen		Risikobewertung nach der Maßnahme	
Risiko	Ursache	Aus-wirkung	Wahrschein-lichkeit	Risiko-kosten	Maßnahme	Kosten	Wahrschein-lichkeit	Risiko-kosten
Fehlerhafte Codierung	Geringe Qualifikation	100.000 € Konventional-strafe	50 %	50.000 €	Umfangreiche Schulung, externe Spezialisten	15.000 €	20 %	20.000 €

Abb. 3.56 Risikomanagementplan

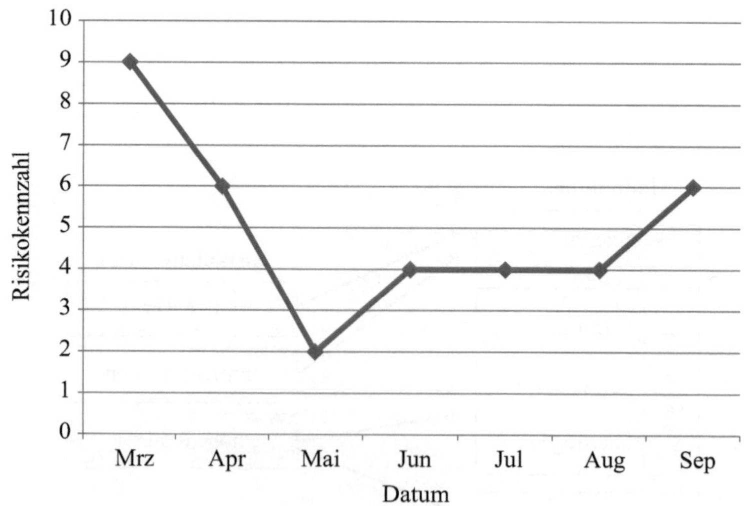

Abb. 3.57 Überwachung von Einzelrisiken

4. Risiken überwachen
Die schwerwiegenden Einzelrisiken sollten kontinuierlich überwacht werden. Dafür kann der Statusbericht um eine Grafik wie in Abb. 3.58 ergänzt werden. Die Risikokennzahl wird aus der Risk Map (vgl. Abb. 3.53) entnommen. Bei hoher Auswirkung und hoher Eintrittswahrscheinlichkeit beträgt die Risikokennzahl z. B. 9.

Zusätzlich sollte das Gesamtrisiko eines Projektes ausgewiesen werden. Abbildung 3.59 verdeutlicht eine mögliche Vorgehensweise für die Berechnung. Man ermittelt und multipliziert die Werte für die Eintrittswahrscheinlichkeit und die Auswirkungen der zehn Einzelrisiken des Beispielprojektes. Die jeweiligen Ergebnisse werden addiert und aus der Summe der Mittelwert gebildet. Daraus resultiert ein Risikowert von 3,8. Das Gesamtrisiko könnte maximal bei neun liegen. Das Projekt besitzt also ein mittleres Risiko. Die Methode kann man verfeinern, indem z. B. eine zusätzliche Gewichtung für die hohen und mittleren Risiken eingeführt wird. Dadurch würden hohe Risiken besonders hervorgehoben.

Zudem könnten, wie im IT-Bereich der RWE AG, Risikoklassen gebildet und das Gesamtrisiko separat pro Risikoklasse ausgewiesen werden (vgl. Abb. 3.60).

Wie kann die Risikoanalyse systematisch durchgeführt werden?
Die Analyse des Risikos eines Projektes bzw. einzelner Arbeitspakete kann systematisch in folgenden Schritten ablaufen:

– Festlegung der einzelnen Planungsschritte,
– Aufzeigen kritischer Bereiche,
– Erkennen potenzieller Probleme (Risiken),

Abb. 3.58 Gesamtrisiko eines Projektes

	W	A	Ergebnis
Risiko 1	2	3	6
Risiko 2	3	2	6
Risiko 3	1	1	1
Risiko 4	2	2	4
Risiko 5	2	1	2
Risiko 6	1	1	1
Risiko 7	3	3	9
Risiko 8	2	3	6
Risiko 9	2	1	2
Risiko 10	1	1	1
Gesamt			38

Gesamtrisiko: 38/10 = 3,8 (max. 9)

W: Eintrittswahrscheinlichkeit des Risikos
A: Auswirkung des Risikos

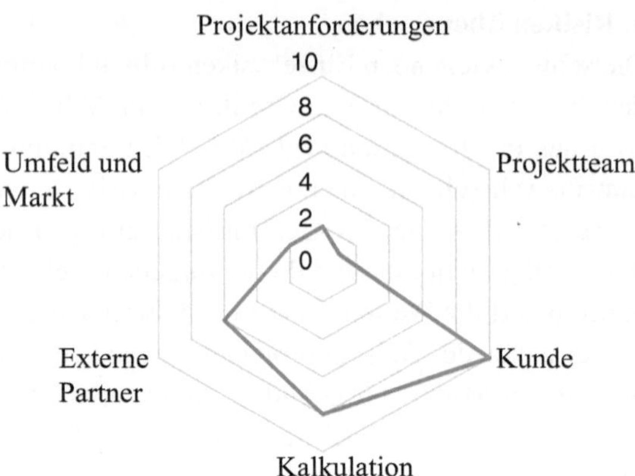

Abb. 3.59 Differenzierung des Gesamtrisikos nach Risikoklassen

- Bestimmung von Auswirkung und Wahrscheinlichkeit der Risiken,
- Ermittlung möglicher Ursachen,
- Planung vorbeugender Maßnahmen,
- Erarbeitung von Korrektivmaßnahmen für besonders kritische Risiken,
- Einrichten eines Warnsystems (Auslöser der Korrektivmaßnahmen).

Mittels der drei Formblätter in Abb. 3.61 ist eine systematische Risikoanalyse mit vertretbarem Aufwand zu gewährleisten.

Praxisbeispiel

Die Risikoanalyse ist bei **Lufthansa Systems**-Projekten Standard und deswegen in jedem Fall durchzuführen. Mit der Risikoanalyse beurteilt der Angebots- oder Projektmanager vordefinierte und gewichtete Risikofaktoren. Ergebnis ist die Risikoklasse, bei der nach „hoch", „mittel" und „niedrig" unterschieden wird.

Ein hohes Projektrisiko ist Anlass für den Vertrieb und die verantwortliche Profit-Center-Leitung, bestimmte Aspekte zu berücksichtigen:

- Vertragsform: Festpreis/Werkvertrag statt Aufwandsvertrag,
- Risikoaufschlag bei der Preisgestaltung,
- Durchführung einer Wirtschaftlichkeitsanalyse,
- sorgfältige Angebotsschätzung.

Die Risikoanalyse liegt in der Verantwortung der Angebots- oder Projektmanager. Für die Beurteilung der einzelnen Risikofaktoren kann der Vertrieb oder die verantwortliche Profit-Center-Leitung hinzugezogen werden.

Für die Risikoanalyse wird ein Excel-Sheet verwendet (vgl. Abb. 3.62), das wie folgt gehandhabt wird:

Seite 3

Korrektiv-Maßnahmen

Welche Konsequenzen hat es, wenn das Problem trotzdem eintritt?
Wie kann man den Schaden gering halten?
Wie viel kostet die Korrektiv-Maßnahme?
Wer übernimmt die Verantwortung für die Auslösung der Maßnahme?

Nummer		Verant-wortung	Aus-löser	Anmerkungen

Seite 2

Mögliche Ursachen

Welche Ursachen könnte das Problem haben?

Vorbeugende Maßnahmen

Welche Maßnahmen könnten die Ursache beseitigen?
Wie könnte man vorbeugen?
Wer übernimmt bis wann die Verantwortung?

Nummer			Verant-wortung

Seite 1

Planungsschritte

Welche Aufgaben werden von wem bis wann erledigt?

Kritische Bereiche

Welche Aufgaben sind kritisch?
Wo wird was Neues probiert?
Wo führen Fehlschläge zu bedeutsamen Konsequenzen?

Potentielle Probleme

Was könnte schiefgehen?
Wie hoch ist die Eintrittswahrscheinlichkeit W?
Wie gravierend sind die Auswirkungen A?
(1 = gering 2 = mittel 3 = hoch)

Nummer			W	A

Abb. 3.60 Formblätter für eine systematische Risikoanalyse

Kurzanleitung:
Bitte die Angebotsnummer eintragen und jeden Risikofaktor in der entsprechenden Spalte beurteilen (niedrig, mittel, hoch). Die Spalte Vorbewertung kann als Hilfestellung bei der Beurteilung des Risikos dienen. Die auszufüllenden Felder sind grau markiert. Alle anderen Felder dürfen nicht verändert werden. Grundsätzlich sollte je Zeile (d.h. je Risikofaktor) ein Kreuz oder ein beliebiges Zeichen eingetragen werden. Werden je Zeile mehrere Kreuze eingetragen, so wird automatisch das größte Risiko angenommen. Sind alle Risikofaktoren beurteilt, dann wird der Eintrag „Bitte alle Risikofaktoren bewerten" nicht mehr angezeigt.

Bereich	Risikofaktor	Gewichtung	Risiko niedrig	Risiko mittel	Risiko hoch	Risikowert	Vorbewertung – soll eine Hilfestellung zur Beurteilung des Risikos geben
Umfeld des Kunden	Einstellung des Kunden, der Ansprech-partner, der Entscheider	5			x	15	Niedrig: Einstellung positiv ggü. LSY; Kunde hat Verständnis für LSY-Lösung. Mittel: Einstellung unentschlossen und zögerlich; Kunde hat wenig Verständnis für LSY-Lösung. Hoch: Einstellung negativ/kritisch ggü. LSY; Kunde versteht die LSY-Lösung nicht.
	...			...			...
Lösung von LSY	Leistungs-umfang	5		x		10	Niedrig: Klare, vollständige Beschreibung des Leistungsumfangs ist Bestandteil des Angebots. Mittel: Klare Beschreibung des Leistungsumfangs, aber nicht ausreichend dokumentiert. Hoch: Unklare, unvollständige Beschreibung des Leistungsumfangs.
	...			...			...
Projekt-organisation	Vorgehens-methode	2		x		4	Niedrig: Vorgehensmethode von LSY kann von Projektmitgliedern verwendet werden. Mittel: Projektmitglieder haben Erfahrung mit der zu verwendenden Vorgehensmethode. Hoch: Projektmitglieder haben keine Erfahrung mit der zu verwendenden Vorgehensmethode.
	...			...			...
Projektteam LSY (intern und extern)	Staffing	5		x		10	Niedrig: Ressourcenplan ist vollständig ausgearbeitet. Mittel: Die Verfügbarkeit der Ressourcen ist teilweise nicht sichergestellt. Hoch: Die Verfügbarkeit der Ressourcen ist nicht sichergestellt.
	...			...			...
	Person des Projektleiters	2			x	6	Niedrig: Projektleiter ist der Angebotsmanager. Mittel: Projektleiter ist nicht der Angebotsmanager, hat aber bereits ähnliche Projekte geleitet. Hoch: Projektleiter ist nicht der Angebotsmanager, hat noch keine Projektleitererfahrung mit ähnlichen Projekten.
	...			...			...
Abhängig-keiten	Abhängigkeit von Lieferanten und Supportstellen (Produkte, Hardware, Sonstige, ..)	5		x		10	Niedrig: Keine Lieferanten/Supportstellen involviert. Mittel: Eine oder mehrere Lieferanten/Supportstellen involviert. Hoch: Ein Lieferant, eine Supportstelle liefert eine erfolgskritische Sache (HW- oder SW-Produkt).
	...			...			...

Abb. 3.61 Risikoanalyse mit einem MS-Excelmodell

- Die Gewichtung der einzelnen Risikofaktoren wird fest vorgegeben und kann vom Anwender nicht geändert werden. Somit wird die Vergleichbarkeit der Risikoanalysen von verschiedenen Angeboten gewährleistet. Alle Risikofaktoren sind bestimmten Risikobereichen zugeordnet. Jeder einzelne Risikofaktor der Risikobereiche muss bewertet werden.
- Zur Beurteilung des Risikos muss der Anwender je Risikofaktor das Risiko als „Risiko niedrig" – „Risiko mittel" – „Risiko hoch" bewerten. Zur besseren Beurteilung des Risikos steht für jeden Risikofaktor eine Einteilungshilfe, an der sich der Anwender orientieren kann, zur Verfügung. Je nach Bewertung wird der Risikowert jedes Risikofaktors berechnet.

  Nimmt der Projektmanager z. B. an, dass der Kunde negativ gegenüber der Lufthansa Systems eingestellt ist, so bewertet er diesen Risikofaktor mit „Risiko hoch". Daraus errechnet sich im Beispiel der Abb. 3.62 der Risikowert 15 (ein hohes Risiko hat Multiplikationsfaktor 3). Das Ergebnis der Multiplikation wird in der Spalte „Risikowert" angezeigt.
- Die Summe der Risikowerte aller Risikofaktoren ergibt den Gesamtrisikowert des Projektes Ergibt sich ein Gesamtrisikowert zwischen 100 und 150, so wird das Risiko als niedrig eingeschätzt. Bei einem Gesamtrisikowert zwischen 151 und 220 wird das Risiko als mittel und bei einem Gesamtrisikowert zwischen 221 und 300 als hoch beurteilt. Ergibt sich ein Gesamtrisikowert von 130 bis 150, so wird das Risiko des Projektes zwar als niedrig eingestuft, jedoch wird dem Projektmanager empfohlen, weitere Informationen einzuholen bzw. Details zu klären und die Risikobeurteilung zu wiederholen, da das Risiko gegen „mittel" tendiert. Analoges gilt für den Bereich des Gesamtrisikowertes zwischen 200 und 220.
- Der Projektmanager muss zur korrekten Beurteilung des Risikos alle Risikofaktoren berücksichtigen. Besitzen nicht alle Risikofaktoren eine Bewertung, so wird eine Fehlermeldung generiert, die darauf hinweist, dass alle Faktoren zu bewerten sind.
- Bei Abschluss der Risikoanalyse hat der Projektmanager zusätzlich die Möglichkeit, Bemerkungen zur Beurteilung der Risikoklasse anzugeben. Er kann z. B. auch sein „Bauchgefühl" zur Beurteilung des Risikos beschreiben.

Praxisbeispiel

Das Risikomanagement der **Outokumpu Technology GmbH** erfasst die Problembereiche eines Projektes und stellt deren Auswirkungen auf die Kosten fest. Sie wird erstmalig bei der Angebotskalkulation und regelmäßig bei der Auftragsabwicklung durchgeführt.

Der erste Schritt der Risikoanalyse besteht in der Identifikation aller Risiken, die im Projektverlauf auftreten können. Dies erfolgt mit Hilfe von Risikochecklisten und Erfahrungswerten. Für die Bewertung eines Risikos, ist eine realistische Eintrittswahrs-

Nr.			Import - Lurgi Metallurgie									
			Drittkosten					Eigenleistungen				
			Startkalkulation			Risiko Vormonat €	Risiko akt. Monat €	Startkalkulation			Risiko Vormonat €	Risiko akt. Monat €
			Basiswert €	real. Eintrittswahrsch.	Risikowert €			Basiswert €	real. Eintrittswahrsch.	Risikowert €		
1.	**Technologische Risiken**											
1.1	Qualität Basic Package / Verfahrensauslegung		21.027.102	0,00%	0			3.486.055	0,00%	0		
1.2	Neue Technologie / Erstanlage		21.027.102	0,00%	0			3.486.055	0,00%	0		
1.3	Scale-up / Umbauprojekt		21.027.102	0,00%	0			3.486.055	0,00%	0		
1.4	Modernisierungsprojekt		21.027.102	0,00%	0			3.486.055	0,00%	0		
2.	**Kalkulationsrisiken (Kosten und Preise)**											
2.1	Lieferungen		20.681.102	1,75%	361.919	0	0					
2.2	Massivbau		0	5,00%	0	0	0					
2.3	Montage		346.000	5,00%	17.300	0	0					
2.4	Reisekosten		384.816	3,00%	11.544	45.000	45.000					
2.5	Engineering (Fremd)		1.031.683	1,00%	10.317	0	0					
2.6	Überwachungsleistungen (Fremd)		532.464	2,00%	10.649	0	0					
3.	**Abwicklungsrisiken**											
3.1	Vollständigkeit der Ausrüstungen		20.681.102	0,75%	155.108	0	0					
3.2	Massivbau (Massen)		0	5,00%	0							
3.3	Montage (Mengengerüst)		346.000	5,00%	17.300	0	0					
3.4	Engineering: Stundenüberschreitungen		991.912	2,50%	24.798	0	50.000	2.775.907	2,00%	55.518	27.886	0
3.5	Einflüsse Dritter (Kunde, Partner, Behörden)		991.912	0,50%	4.960	0	0	2.775.907	0,00%	0	0	0
3.6	Einflüsse Dritter (Lieferanten)		21.027.102	0,50%	105.136	0	0					
3.7	Risiken aus spez. Standards / Normen		20.681.102	0,75%	155.108	0	0					
3.8	MÜ / IBS: Stundenüberschreitungen		532.464	5,00%	26.623	0	0	710.148	4,00%	28.406	50.000	0
3.9	Terminverzögerungen (eigene Kosten)		2.294.963	2,00%	45.899	0	0	3.486.055	1,50%	52.291	0	0
4.	**Kommerzielle und vertragliche Risiken**											
4.1	Zahlungsausfall / -verzögerung		27.112.120	0,50%	135.561	0	0					
4.2	Finanzierung / Cash Flow		27.112.120	0,50%	135.561	0	0					
4.3	Währungsrisiko für Auslandsanteil		70.000	10,00%	7.000	0	0					
4.4	Risiken aus Steuern		50.000	0,00%	0							
4.5	Risiken aus Zöllen		0	0,00%	0							
4.6	Bankgebühren		45.000	0,00%	0							
4.7	Verzugspönalen (% v. Zielpreis)	0,0%	0	0,00%	0	0	0	0	0,00%	0		
4.8	Verfahrens- / Perf.Garantien (% v. Zielpreis)	10,0%	3.069.690	0,00%	0	300.000	300.000	3.069.690	0,00%	0		
4.9	Absolute Garantien (% v. Zielpreis)	0,0%	0	0,00%	0			0	0,00%	0		
4.10	Gesamthaftung (% v. Zielpreis)	10,0%	3.069.690	1,00%	30.697	0	0	3.069.690	1,00%	30.697	0	0
5.	**Externe Risiken**											
5.1	Klima											
5.2	Isolierung											
5.3	Streik											
5.4	Infrastruktur											
	Risikovorsorge				1.360.615	345.000	395.000			166.912	77.886	0

Abb. 3.62 Risikoanalyse bei der Outokumpu Technology GmbH

cheinlichkeit anzunehmen. Die kalkulierten Kosten werden mit dieser Eintrittswahrscheinlichkeit multipliziert. Es ergibt sich der Wert des jeweiligen Risikos, der in die Kalkulation mit einfließt vgl. Abb. 3.63.

Zu Beginn eines Projektes existieren viele qualitative Risiken, d.h. Risiken, deren Kostenauswirkungen noch nicht absehbar sind. Diese nehmen im Projektverlauf mit zunehmendem Kenntnisstand ab. Zum einen können einige Risiken auf Grund ihrer Lage im Projekt nicht mehr eintreten. Zum anderen lassen sich bestimmte Risiken mit zunehmendem Kenntnisstand besser bewerten. Aus diesem Grund muss die Risikoanalyse regelmäßig überarbeitet werden, um die aktuelle Kostenerwartung zum Projektabschluss darzustellen. Aufgabe des Auftragscontrollings ist hier die Erfassung der aktualisierten Daten.

3.2 Operative Projektkontrolle

3.2.1 Überblick

Abbildung 3.64 zeigt die erforderlichen Informationen für die operative Projektkontrolle sowie deren Aufgaben und Instrumente im Überblick. Die von der operativen Projektkontrolle erzeugten Informationen sind ebenfalls angegeben.

Die Projektsteuerung und -kontrolle begutachtet die erbrachte Leistung sowie die Termin- und Kostensituation. Sie beinhaltet folgende Aufgaben (vgl. Abb. 3.65):

1. Ermittlung der Istdaten,
2. Gegenüberstellung der entsprechenden Plan- und Solldaten,
3. Untersuchung der aufgetretenen Abweichungen mit dem Ziel, deren Ursachen herauszufinden und gegebenenfalls
4. Planung und Einleitung von Gegenmaßnahmen.

Grundlage ist eine konsistente und realistische Planung.

Ermittlung der Istdaten
Basis der Steuerung und Kontrolle ist neben einer **sorgfältigen Planung** eine regelmäßige, korrekte und zeitnahe **Erfassung der Istdaten**. Im Idealfall existiert ein zentrales System, in dem alle projektrelevanten Daten gespeichert sind. Besonders wichtige Daten sind die Rückmeldungen des geleisteten Aufwands. Die Projektmitarbeiter müssen die erbrachten Stunden täglich oder mindestens wöchentlich auf Projekte und Arbeitspakete kontieren. Grundsätzlich sollten folgende Punkte beachtet werden:

– Frühzeitig muss geklärt werden, wie und welche Daten der Finanzbuchhaltung für das Projektberichtswesen genutzt werden können.

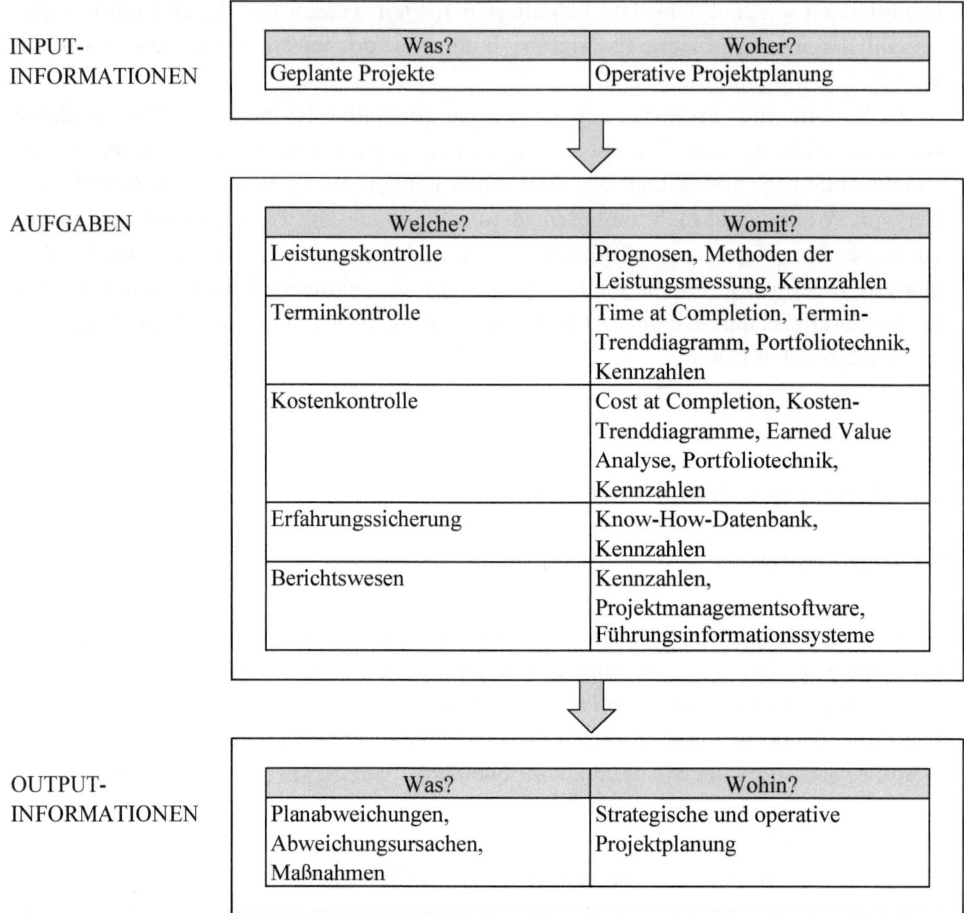

Abb. 3.63 Überblick über die operative Projektkontrolle

– Plan- und Istdaten müssen in der gleichen Feinheit vorliegen. Sie dürfen außerdem nicht zu detailliert sein.
– Turnusmäßige Sitzungen (wöchentlich) ermöglichen einen realistischen Einblick in die Projektsituation.
– Permanente Kommunikation erleichtert die Projektsteuerung. Dabei ist der persönliche Kontakt der E-Mail vorzuziehen. „Management by walking around" ist oft die beste Methode, sich über den Leistungsfortschritt zu informieren.

Für die effiziente Projektsteuerung und -kontrolle sind zudem eine systematische Erfahrungssicherung und ein aussagefähiges Berichtswesen erforderlich.

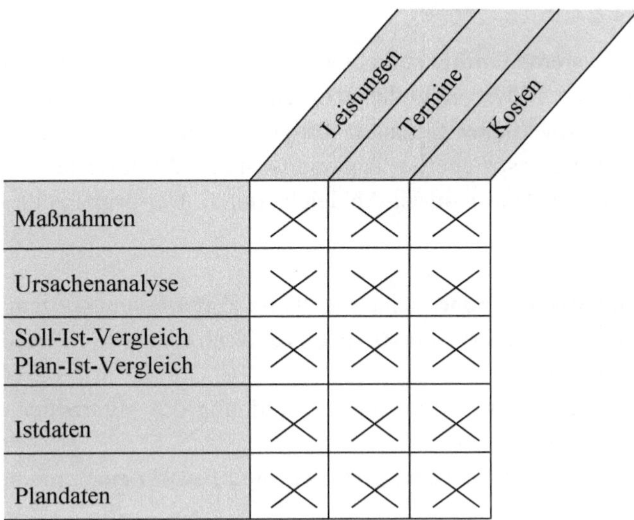

Abb. 3.64 Elemente der Projektsteuerung und -kontrolle

Monat	Kosten pro Monat in tausend Euro	Fortschritt pro Monat in %	
1	100	5	
2	400	10	
3	700	12	Vergangenheit
4	1.000	20	
5	1.400	35	
6	1.700	50	
7	1.750	60	
8	1.800	65	
9	1.900	70	
10			Zukunft
11			
12			

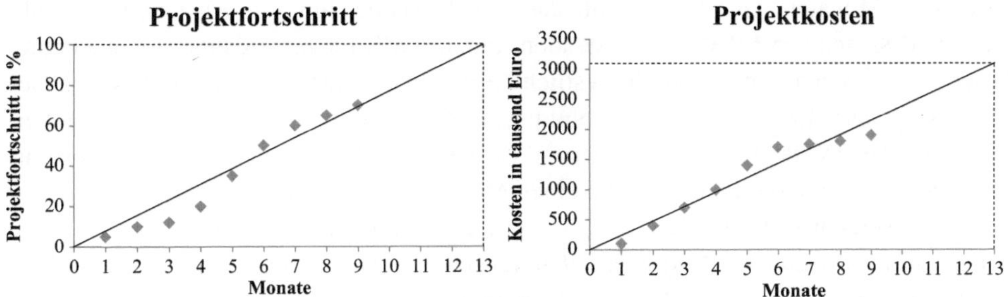

Abb. 3.65 Hochrechnung der Projektdauer und der Projektkosten mit MS-Excel

---

Praxisbeispiel

Die **Lufthansa Systems GmbH** setzt eine SAP-Anwendung ein, mit der die Arbeitszeiten der einzelnen Mitarbeiter, die über ein Zeiterfassungssystem aufgenommen werden, den vom Projektleiter geplanten Tätigkeiten zugeordnet werden. Der Projektleiter kontrolliert die gespeicherten Aufwandsdaten, gibt diese für das SAP-System frei und führt anschließend Plan-Ist-Abgleiche durch. Der prinzipielle Ablauf ist wie folgt:

- Der Projektmitarbeiter ordnet seine bereits im Zeiterfassungssystem gespeicherten Stunden den jeweiligen Projektaktivitäten zu. Nach Ende einer Periode gibt er seine Zeitdatenzuordnung frei.
- Der Projektleiter überprüft die Stundenzuordnung der Mitarbeiter und veranlasst notwendige Korrekturen.
- Der Mitarbeiter nimmt die Korrekturen vor und bewirkt eine erneute Freigabe der Daten.
- Der Projektleiter wertet die Daten aus, führt einen Monatsabschluss durch und sorgt für die korrekte Verbuchung der Aufwandsdaten im SAP-System.
- Der Profit-Center-Leiter nutzt die Daten für Auswertungen über erbrachte Stunden seiner Mitarbeiter in den diversen Projekten und zur Abgrenzung von produktiven gegenüber den nicht produktiven Stunden.
- Nach Monatsabschluss sind Änderungen an der Zeiterfassung nicht mehr möglich. Sogenannte Parkstunden (Stunden, die keiner Aktivität zugeordnet wurden) werden in das Erfassungsblatt des Folgemonats übertragen und müssen dort einer Aktivität zugeordnet werden.

Da Istdaten teilweise erst spät verfügbar sind, dauert es in manchen Fällen zu lange, bis Maßnahmen eingeleitet werden können. Deswegen sollten auch **zukunftsbezogene Daten** zur Verfügung gestellt werden. Sie erlauben ein frühzeitiges Gegensteuern, so dass Planabweichungen im Idealfall nicht mehr auftreten. Die Abb. 3.66 zeigt ein Projekt mit einer Plandauer von zwölf Monaten und geplanten Kosten von angenommenen 2,3 Mio. €. Nach neun Monaten wird festgestellt, dass die Projektleistung zu 70 Prozent erreicht wurde und Kosten von 1,9 Mio. € entstanden sind. Mit MS-Excel wird eine Hochrechnung dieser Daten vorgenommen, um die restliche Projektdauer und die voraussichtlichen Gesamtkosten abschätzen zu können. Abbildung 3.66 (MS-Excel-Auswertung links unten) zeigt, dass das Projekt 13 Monate dauern müsste, um 100 Prozent der Leistung zu erbringen. Dadurch würde die Plandauer um einen Monat überschritten.

Zudem verdeutlicht Abb. 3.66 (MS-Excel-Auswertung rechts unten), dass bei einer Dauer von 13 Monaten 3,1 Mio. € anfallen dürften. Die Mehrkosten gegenüber dem Plan lägen dann bei 0,8 Mio. € (3,1 Mio. € - 2,3 Mio. €).

Die beschriebene **Hochrechnung** hat die Entwicklung der Vergangenheit linear fortgeschrieben. Besondere Einflüsse der Zukunft wurden nicht abgefragt. Die Zuverlässig

		August	September	Oktober
Optimistisch	Wahrscheinlichkeit	30 %	20 %	5 %
	Kosten	800 €	1000 €	1200 €
	Gesamt	240 €	200 €	60 €
Wahr-scheinlich	Wahrscheinlichkeit	40 %	60 %	80 %
	Kosten	1200 €	1300 €	1300 €
	Gesamt	480 €	780 €	1040 €
Pessimistisch	Wahrscheinlichkeit	30 %	20 %	15 %
	Kosten	1400 €	1400 €	1400 €
	Gesamt	420 €	280 €	210 €
Schätzung des Projektleiters		**1140 €**	**1260 €**	**1310 €**

	August	September	Oktober
Leistungsfortschritt	20 %	50 %	80 %
Kumulierter Istwert	240 €	575 €	960 €
Kosten laut Hochrechnung	**1200 €**	**1150 €**	**1200 €**

	August	September	Oktober
Kalkulierter Wert gesamt	**1100 €**	**1100 €**	**1100 €**

Abb. 3.66   Kostenschätzung mit Hochrechnung und Forecast

keit ist deswegen eingeschränkt. Allerdings kann sie mit geringem Aufwand weitgehend zentralisiert und automatisch ablaufen. Sollen zukünftige Entwicklungen berücksichtigt werden, muss unter Einbeziehung der dezentral Verantwortlichen aufwändiger geschätzt werden. In diesem Fall spricht man von einer **Prognose**. Werden dabei auch geplante Maßnahmen berücksichtigt, so wird ein **Forecast** erstellt.

Das folgende Anwendungsbeispiel soll das Zusammenspiel von Hochrechnung und Forecast bei der Projektsteuerung verdeutlichen (vgl Abb. 3.67):

Der Projektleiter prüft in diesem Beispiel die Zuverlässigkeit der Kalkulation durch regelmäßige eigene Kostenschätzungen. Für diese berücksichtigt er auch die ihm bekannten zukünftigen Einflüsse und von ihm geplanten Maßnahmen. Um die Sicherheit zu erhöhen, ermittelt er für ein optimistisches, wahrscheinliches und pessimistisches Szenario die Eintrittswahrscheinlichkeit der Kosten. Auf dieser Grundlage kann er die voraussichtlichen Kosten schätzen. Für den Monat August in Abb. 3.67 addiert er dafür die mit den Wahrscheinlichkeiten gewichteten optimistischen, wahrscheinlichen und pessimistischen Kosten. Als Ergebnis resultiert ein Forecast von 1140 € (240 € + 480 € + 420 €). Abbildung 3.67 enthält, neben der gewichteten Schätzung des Projektleiters (= Forecast), die Hochrechnung aufgrund des erreichten Leistungsfortschritts und der aufgelaufenen Istkosten sowie die kalkulierten Werte der Projektkosten zu drei verschiedenen Zeitpunkten. Die Hochrechnung bietet einen guten Anhaltspunkt für den Forecast. Die Werte der Schätzung und der Hochrechnung liegen von Anbeginn über der ursprünglichen Kalkulation. Bereits im Monat August ist zu erkennen, dass der kalkulierte Wert nicht zu halten ist. Der ursprünglichen Kalkulation von 1.100 € stehen die Prognose aufgrund des Leistungsfortschritts und der bereits verbrauchten Kosten in Höhe von 1200 € sowie die Schätzung

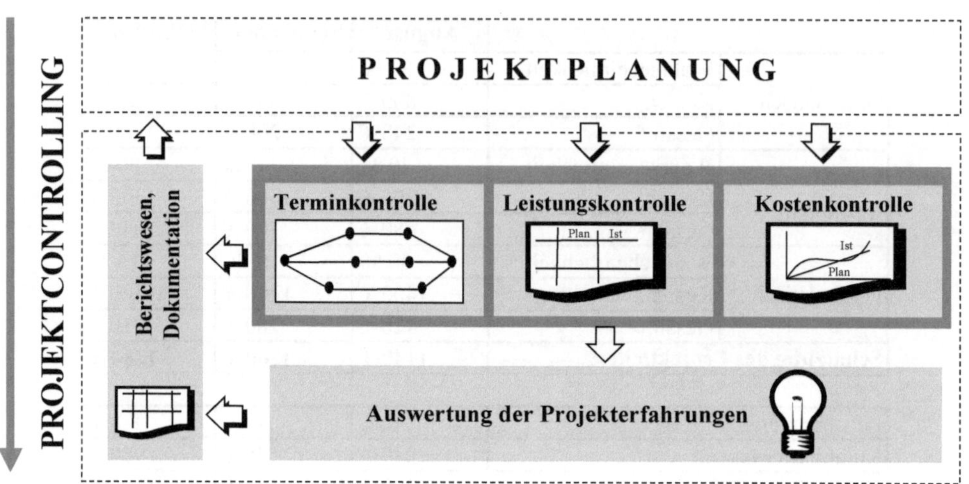

Abb. 3.67   Elemente der Projektsteuerung und -kontrolle

des Projektleiters von 1140 € gegenüber. Aktuell (Oktober) muss man davon ausgehen, dass die kalkulierten Kosten um 210 € überschritten werden.

Ursachenanalyse

Stellt man den Ist- die Plandaten gegenüber, werden im Regelfall **Abweichungen** auftreten. Zunächst sollte in diesem Fall sichergestellt werden, dass keine Fehlbuchungen vorliegen und der Plan aktuell ist.

Handelt es sich um kritische Abweichungen, durch die wichtige Projektziele gefährdet sind, muss die Projektleitung die **Ursachen** herausfinden. Dabei ist es wichtig, sich nicht mit oberflächlichen Antworten zufrieden zu geben. Nach der Methode der „**Fünf Warum**" sollte der Projektcontroller mindestens fünfmal nach den Ursachen einer Abweichung fragen, bevor er sich mit den Antworten zufrieden gibt (Ohno 1993). Erst dann kann er die wahren Gründe für eine Abweichung erkennen, ohne die die Erarbeitung geeigneter Gegenmaßnahmen nicht möglich ist.

Leistungen, Termine und Kosten sollten im Rahmen von Abweichungsanalysen immer zusammen betrachtet werden. Liegt z. B. eine Kostenüberschreitung vor, kann dies durch unwirtschaftliches Handeln bedingt sein. Genauso gut könnte der Grund aber in einer unplanmäßigen Mehrleistung liegen, oder es wurden teure Überstunden angeordnet, um die Projektdauer zu verkürzen.

Planung und Einleitung von Gegenmaßnahmen

Die Ursachenanalyse ermöglicht es, geeignete **Gegenmaßnahmen** einzuleiten. Dies kann eine Anpassung der Pläne oder eine Einflussnahme auf die Istdaten bedeuten. Dabei ist immer auf die unterschiedlichen **Wirkungen einer Maßnahme** zu achten. Beispielsweise kann der Einsatz zusätzlicher Mitarbeiter wegen der notwendigen Einarbeitung kurzfristig nachteilig sein. Außerdem wurde schon darauf hingewiesen, dass die Erhöhung der Mitarbeiterzahl nicht im gleichen Maße eine Verkürzung der Projektdauer bewirkt und im Einzelfall sogar kontraproduktiv wirkt.

Das Projektcontrolling kann organisatorische Regelungen installieren, um einem gravierenden Leistungsverzug bei wichtigen Projekten schnell entgegenzuwirken. Eine Möglichkeit stellen **Sofortmaßnahmen** dar. Mit ihnen erhält ein Projekt vorübergehend höchste Priorität, um z. B. ein Leistungsdefizit fristgerecht zu beheben. Damit die Sofortmaßnahme Wirkung entfaltet, sind folgende Regeln strikt einzuhalten:

— Anordnungen im Rahmen einer Sofortmaßnahme müssen sich deutlich von allen anderen Dokumenten abheben.
— Die Genehmigung kann nur von einer hohen Stelle erteilt werden.
— Zu jedem Zeitpunkt darf höchstens eine Sofortmaßnahme in Kraft sein.
— Für jede Bearbeitung einer Sofortmaßnahme müssen Eingang und Ausgang mit Datum und Unterschrift versehen werden.
— Wenn nötig, müssen alle anderen Arbeiten unterbrochen werden, um die Sofortmaßnahme zu erledigen.
— Auch hohe Kosten sind in Kauf zu nehmen.

Die folgenden Ausführungen beleuchten die Kontrolle der

— Leistungen (Aufgabeninhalte, Qualität),
— Termine und
— Projektkosten.

Zusätzlich werden die Auswertung der Projekterfahrungen und das Berichtswesen sowie Kennzahlen als wesentliche Grundlagen für die Projektsteuerung besprochen (vgl. Abb. 3.68).

3.2.2 Leistungskontrolle

Im Rahmen der Leistungskontrolle werden der bis zu einem festgelegten Zeitpunkt geplante und der bis dahin tatsächlich erreichte Leistungsfortschritt gegenübergestellt. Es ist möglich, unterschiedliche Methoden zur Ermittlung der Kennzahl Leistungsfortschritt einzusetzen.

Naheliegend ist es, die mit einem Arbeitspaket beauftragten **Mitarbeiter** nach ihrer Leistung zu **befragen**. Dabei besteht allerdings die Gefahr, dass der erreichte Fertigstellungsgrad zu hoch bewertet wird („Fast-schon-fertig-Syndrom"). Bis kurz vor Projektende glauben die Arbeitspaketverantwortlichen, die geplante Leistung erfüllen zu können, obwohl eine nicht mehr auszugleichende Planabweichung vorliegt. Ein typischer Projektablauf ist in Abb. 3.69 dargestellt (Cooper 1993). Die am Anfang geplante Leistung wird

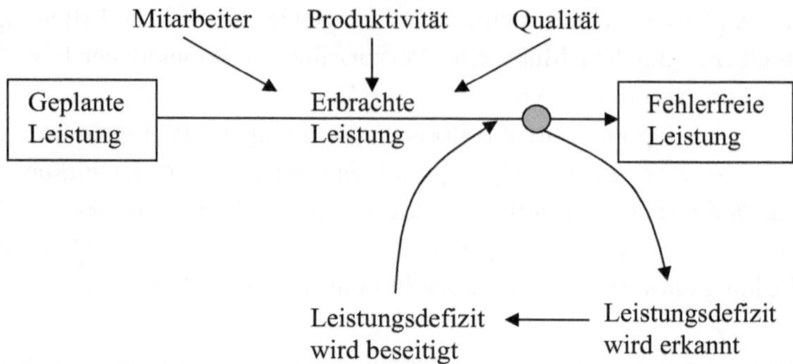

Abb. 3.68 Prozess der Leistungserbringung

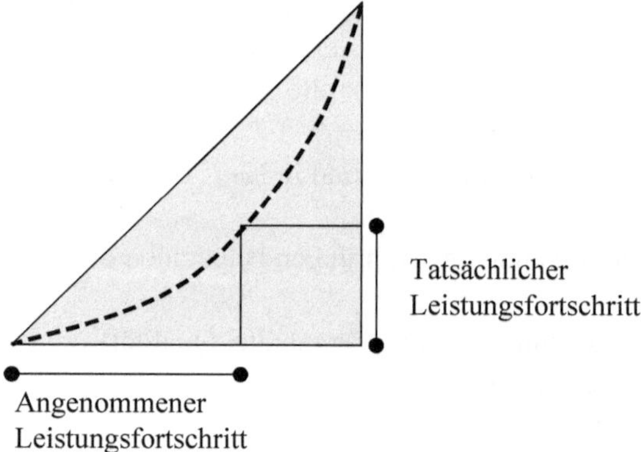

Abb. 3.69 Tatsächlicher
Leistungsfortschritt

von den Projektmitarbeitern mit unterschiedlicher Produktivität und Qualität erbracht. Meist wird ein Teil der Leistung Qualitätsmängel aufweisen, die man erst nach einer gewissen Zeit entdeckt. Dann sind Nacharbeiten erforderlich. Sie haben oft zur Folge, dass für die restlichen fünf Prozent des noch zu erbringenden Planaufwands mehr als 20 Prozent der Zeit nötig sind. Unerfahrene Mitarbeiter erkennen diesen Sachverhalt nicht. In der Regel schätzen sie deswegen die Leistung zu optimistisch. Der Zusammenhang kann auch mit Abb. 3.70 erklärt werden. Der Leistungsfortschritt wird bei realistischer Schätzung durch die 45-Grad-Linie in Abb. 3.70 repräsentiert. Dabei stimmen tatsächlicher Leistungsfortschritt und geschätzter Leistungsfortschritt überein. Je mehr unentdeckte Qualitätsmängel vorhanden sind, desto stärker ist die Linie nach unten gebogen. Man erkennt, dass bei zunehmender Zahl unentdeckter Qualitätsmängel die Differenz zwischen angenommenem und tatsächlichem Leistungsfortschritt zunimmt.

Grundsätzlich kann man folgenden Zusammenhang feststellen: Je geringer die Qualität in einem Projekt ist und je länger es dauert, bis Qualitätsmängel entdeckt werden,

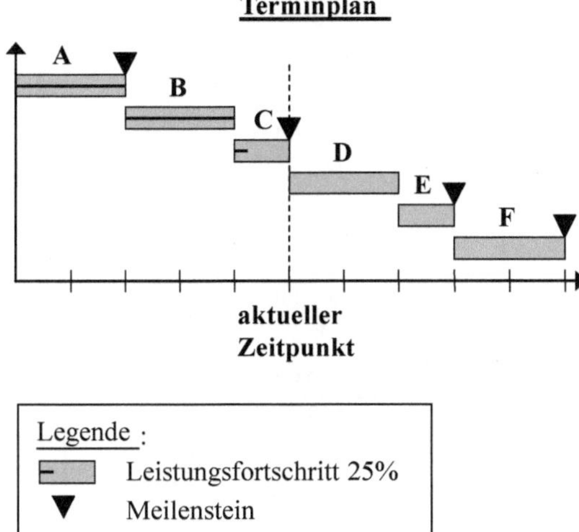

Abb. 3.70 Beispiel für die Ermittlung des Leistungsfortschritts

– desto größer ist die Lücke zwischen tatsächlichem und angenommenem Fortschritt;
– desto unsicherer ist man, wie groß der tatsächliche Leistungsfortschritt ist.

▶   Das Projektcontrolling hat die Aufgabe, Mängel in der Beurteilung des Leistungsfortschritts schnell aufzudecken und Maßnahmen zur Vermeidung von Fehlschätzungen vorzuschlagen. Ansatzpunkte sind zum einen die Reduzierung von Qualitätsdefiziten und zum anderen die Minimierung des Zeitverzugs, der eintritt, bis ein Fehler aufgedeckt wird.

Die folgenden Methoden zur Bestimmung des Leistungsfortschritts werden anhand des Beispiels in Abb. 3.71 beschrieben (Fiedler 2015). Es zeigt den Terminplan eines laufenden Projekts mit sechs Arbeitspaketen und einer geplanten Dauer von zehn Tagen. Die Striche innerhalb der Balken geben an, wie weit das jeweilige Arbeitspaket fortgeschritten ist. Die geplante Leistung von Arbeitspaket C wurde z. B. erst zu 25 Prozent erbracht, obwohl es laut Plan bereits abgeschlossen sein sollte. Es wird angenommen, dass über die gesamte Projektlaufzeit zehn Personen arbeiten. Der in Personentagen gemessene Aufwand und die Kosten für das gesamte Projekt werden in Abb. 3.71 in der Tabelle neben dem Terminplan aufgeführt. Restaufwand und Restkosten sind geschätzte Werte.

Die Übersicht der Abb. 3.72 enthält bereits die Rechenergebnisse für die verschiedenen Methoden zur Bestimmung des Leistungsfortschritts auf der Grundlage des Beispiels in Abb. 3.71:

Nr.	Methode	Ergebnis laut Beispiel
1	$\dfrac{\text{erreichte Meilensteine} \times 100}{\text{alle geplanten Meilensteine}}$	$\dfrac{1 \times 100}{4} = 25\,\%$
2	$\dfrac{\text{Istaufwand} \times 100}{\text{Planaufwand}}$	$\dfrac{60 \times 100}{100} = 60\,\%$
3	0/50/100−Methode	$\dfrac{45 \times 100}{100} = 45\,\%$
4	0/100−Methode	$\dfrac{40 \times 100}{100} = 40\,\%$
5	$\dfrac{\text{Istaufwand} \times 100}{\text{Voraussichtlicher Gesamtaufwand}}$	$\dfrac{60 \times 100}{120} = 50\,\%$
6	$\dfrac{\text{Istkosten} \times 100}{\text{Voraussichtliche Gesamtkosten}}$	$\dfrac{60.000 \times 100}{120.000} = 50\,\%$

Abb. 3.71 Methoden zu Bestimmung der Leistung

Um den Leistungsfortschritt zu bestimmen, ist es z. B. möglich, die bereits erreichten **Meilensteine** zu zählen und in Bezug zur Gesamtzahl der Meilensteine zu setzen (Methode 1 in Abb. 3.72). Im Beispiel der Abb. 3.71 wurde einer von vier Meilensteinen erreicht. Es ergibt sich eine Leistung von 25 Prozent.

Verwendung findet auch ein Verfahren, bei dem der **Istaufwand durch den Planaufwand** für das gesamte Projekt dividiert wird (Methode 2 in Abb. 3.72). Im Beispiel führt dies zu einem Fortschrittsgrad von 60 Prozent. Das Ergebnis dieser Methode ist in solchen Projekten nicht korrekt, in denen der Aufwand kein Indikator für die Leistung ist. Viele Stunden fallen typischerweise in Software- oder in Entwicklungsprojekten zu Beginn an, obwohl nur ein geringer Fortschritt zu erkennen ist.

Die sogenannte **0/50/100-Methode** bewertet die noch nicht gestarteten Arbeitspakete mit einem Leistungsfortschritt von null Prozent, begonnene mit 50 Prozent und abgeschlossene mit 100 Prozent (Methode 3 in Abb. 3.72). Der entsprechende Teil des geplanten Projektaufwands wird als erwirtschafteter Wert gutgeschrieben. Im Beispiel ist Arbeitspaket A abgeschlossen, so dass der gesamte Planaufwand von 20 Personentagen verbucht wird (vgl. Abb. 3.73). Arbeitspaket C wurde begonnen, deswegen werden 5 Einheiten, eben die Hälfte des Planaufwands, gutgeschrieben. Der Fehler, der durch die undifferenzierte Leistungszuordnung von 50 Prozent für alle gestarteten Arbeitspakete auftritt, dürfte sich in vielen Fällen über das gesamte Projekt wieder ausgleichen. Manche Arbeitspakete werden erst zu 25 Prozent abgearbeitet sein, andere zu 75 Prozent, im Mittel stimmt dann die Annahme. Ein großer Vorteil dieser Vorgehensweise liegt darin, dass der exakte Fortschritt innerhalb eines Arbeitspakets nicht mehr ermittelt werden muss. Insgesamt ergibt sich für das Beispiel ein Leistungsfortschritt von 45 Prozent, da 45 der 100 geplanten Personentage erwirtschaftet wurden.

Arbeits-paket	Plan-aufwand	Tatsächlicher Fortschritt	Fortschritt nach der 0/50/100-Methode	Erwirtschafteter Wert
A	20	100 %	100 %	20
B	20	100 %	100 %	20
C	10	25 %	50 %	5
D	20	0 %	0 %	0
E	10	0 %	0 %	0
F	20	0 %	0 %	0

Abb. 3.72 Ermittlung des Fortschritts mit der 0/50/100-Methode für das

Methode	Voraussetzung	Beurteilung
$\dfrac{\text{erreichte Meilensteine} \times 100}{\text{alle geplanten Meilensteine}}$	Meilensteine müssen genügend differenziert vorliegen.	Führt für viele Projekte zu verlässlichen Ergebnissen.
$\dfrac{\text{Istaufwand} \times 100}{\text{Planaufwand}}$	Aufwand muss ein Indikator für die Leistung sein.	Geringe Anforderungen an die Daten, auch bei undifferenzierter Planung anwendbar.
0/50/100-Methode, 0/100-Methode	Arbeitspakete dürfen nicht zu groß sein und sollten nicht zu lange dauern.	Führt für viele Projekte zu verlässlichen Ergebnissen.
$\dfrac{\text{Istaufwand} \times 100}{\text{Voraussichtlicher Gesamtaufwand}}$	Restaufwand muss zuverlässig geschätzt werden können.	Führt für viele Projekte zu verlässlichen Ergebnissen.
$\dfrac{\text{Istkosten} \times 100}{\text{Voraussichtliche Gesamtkosten}}$	Restkosten müssen zuverlässig geschätzt werden können.	Führt für viele Projekte zu verlässlichen Ergebnissen.

Abb. 3.73 Beurteilung der Methoden zu Bestimmung der Leistung

Eine pessimistische Variante der 0/50/100-Methode ist die **0/100-Methode**, bei der für noch nicht begonnene und bereits laufende Arbeitspakete null Prozent und für abgeschlossene Vorgänge 100 Prozent gutgeschrieben werden (Methode 4 in Abb. 3.72). Für das Beispiel resultiert ein Leistungsfortschritt von 40 Prozent.

Empfohlen wird auch die Ermittlung eines Fortschrittsgrads nach der Formel für Methode 5 in Abb. 3.72 (sogenannte **Efforts-Expended-Method**). Der voraussichtliche Gesamtaufwand errechnet sich hierbei, indem der Restaufwand für die noch zu erledigenden Arbeitspakete realistisch geschätzt und dazu der bisher erreichte Istaufwand addiert wird. Dies führt im Beispiel der Abb. 3.71 zu einer Leistung von 50 Prozent.

Ähnlich ist die sogenannte **Cost-to-Cost-Methode** (Methode 6 in Abb. 3.72). Sie führt für das Beispiel der Abb. 3.71 ebenfalls zu einer Leistung von 50 Prozent.

Die Anwendbarkeit der beschriebenen Methoden für konkrete Projekte muss geprüft werden. Sinnvoll wäre es, über einen längeren Zeitraum die Leistung mit allen verwendbaren Methoden zu errechnen und anhand der Qualität der Ergebnisse eine geeignete Methode auszuwählen. Die verschiedenen Methoden werden in der Übersicht der Abb. 3.74 zusammenfassend beurteilt.

▶   Das Projektcontrolling kann Regelungen aufstellen, die eine möglichst realistische Leistungsschätzung mit für den Projektleiter vertretbarem Aufwand ermöglichen. Im Idealfall wird der Projektfortschritt weitgehend automatisch mit Hilfe der oben erwähnten Methoden ermittelt, so dass der Projektleiter nur noch die Plausibilität prüfen muss.

   Unabhängig von der verwendeten Methode hat der Projektcontroller darauf zu achten, dass der Leistungsfortschritt in regelmäßigen Besprechungen, in denen er auch anwesend ist, diskutiert wird. Dies bietet eine gute Möglichkeit, aufgetretene Leistungsabweichungen zu analysieren und Maßnahmen zu erarbeiten. Die Häufigkeit von Besprechungen zur Feststellung des Projektfortschritts hängt von der Projektlaufzeit und der Hierarchieebene ab:

   – wöchentlich bei kurzen Projekten, sonst monatlich;
   – häufige Treffen auf niedriger Ebene werden ergänzt um wenige Meetings auf hoher Ebene.

Welche Verfahren unterstützen die Kontrolle der Leistungen?

Leistung und Qualität im Projekt werden mit **Reviews** inhaltlich oder formell nach vorgegebenen Prüfkriterien kontrolliert. Audits sind dagegen ausschließlich prozessbezogen. Mit ihnen werden Arbeitsprozesse geprüft.

Gebräuchlich sind verschiedene Review-Formen, wie Walkthrough und Inspection. Bei einem **Walkthrough** wird anhand von Beispielen und Testfällen die Funktionalität mit dem Ziel analysiert, Schwachstellen aufzudecken. Mit dieser speziellen Methode prüft man z. B. in Softwareprojekten die Programmfunktionen. Die Prüfgruppe sollte bis zu fünf Mitglieder umfassen und auch die Anwender einbeziehen. Anhand von Testfällen werden die Funktionen der Software gedanklich durchgespielt.

Inspections sind vergleichbar einer internen Revision. Der Projektstatus wir durch Inspektoren umfassend geprüft und bewertet. Inspektoren können externe Berater sein oder Mitarbeiter des Unternehmens, wie z. B. Projektcontroller. Sie dürfen nicht dem Projektteam angehören. Die Inspektoren erfragen vom Projektteam grundlegende Daten wie den Fortschritt der Arbeitspakete, geschätzte Restaufwendungen oder durchgeführte Änderungen und prüfen diese Daten. Oft greift man auf Checklisten zurück. Der Projektleiter darf die Aussagen des Projektteams nicht beeinflussen.

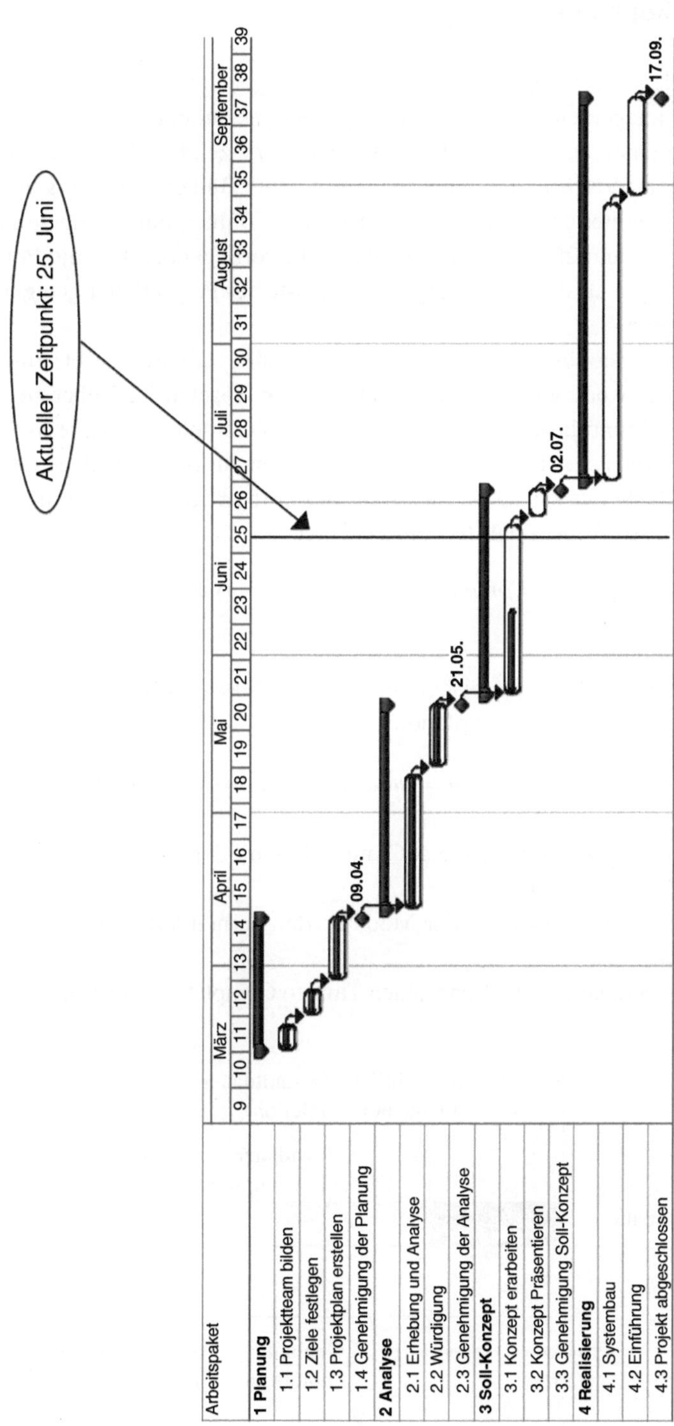

Abb. 3.74 Terminplan in MS Project

3.2.3 Terminkontrolle

Die Termine werden in der Regel mit Terminplänen, sogenannten Ganttdiagrammen, kontrolliert. Projektmanagementsoftware bietet verschiedene Möglichkeiten, die Terminsituation mit Balkenplänen zu verdeutlichen. Die Abb. 3.75 zeigt z. B. den derzeit gültigen Plan und den Projektfortschritt der Arbeitspakete (kleiner Balken). Der Vorgang 3.1 „Konzept erarbeiten" ist hinter dem Plan zurück. Der kleine Balken müsste eigentlich bis zum aktuellen Zeitpunkt, dem 25. Juni, reichen. Wenn im vorliegenden Fall die Pufferzeit des Arbeitspakets geringer als der Zeitverzug wäre, müsste der Projektleiter geeignete Gegenmaßnahmen einleiten.

Ergänzend zur Darstellung der Ist-Situation sollte die restliche Zeit bis zum Ende des Projekts abgeschätzt werden (vgl. die Ausführungen in Abschn. 3.2.1 über zukunftsbezogene Daten). Man nennt diese Kennzahl auch Time to Completion. Time to Completion sollte für jedes Arbeitspaket in regelmäßigen Abständen auf der Grundlage des bisher erreichten Projektstandes geschätzt werden. Am besten befragt man dazu die betroffenen Projektmitarbeiter. Auf keinen Fall führt die Formel

$$Time\ to\ Completion = Plandauer - Istdauer$$

zu einem realistischen Ergebnis.

Addiert man zur Restdauer die bisher verstrichene Zeit, so resultiert die voraussichtliche Gesamtdauer oder Time at Completion.

$$Time\ at\ Completion = Istdauer + Time\ to\ Completion$$

Vergleicht man im Projektbericht Time at Completion mit der Plandauer, wird ersichtlich, ob der Zeitplan einzuhalten ist.

Time at Completion ist auch mit der Methode der Earned Value Analyse bestimmbar (vgl. Abschn. 3.2.4).

Abbildung 3.76 verdeutlicht die Kennzahlen Time to Completion und Time at Completion.

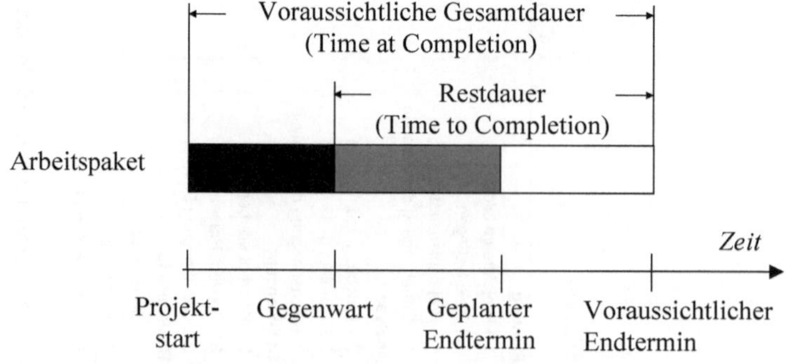

Abb. 3.75 Balkenplan mit Time to Completion und Time at Completion

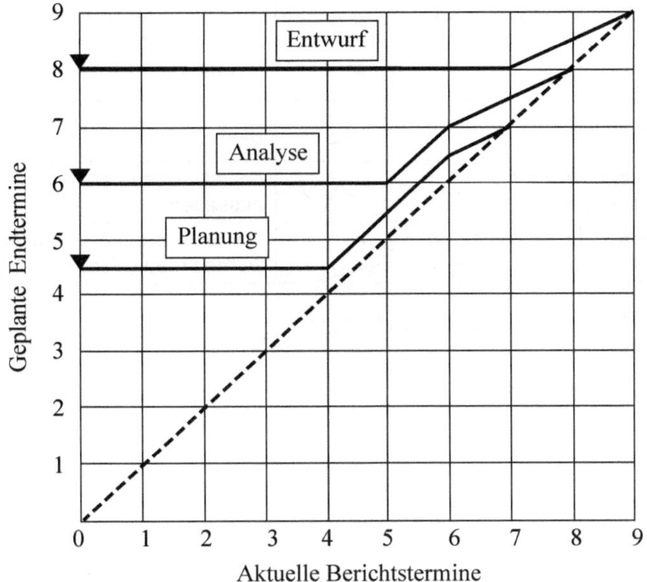

Abb. 3.76 Termin-Trenddiagramm

In Projekten besteht, wie bereits in Abb. 3.70 verdeutlicht, die Gefahr, dass man den Leistungsfortschritt und damit auch die Terminsituation zu optimistisch darstellt. Der Balkenplan ermöglicht nur die Darstellung einer Momentaufnahme der Projektsituation. Die Veränderungen eines Planendtermins im Zeitablauf werden nicht ersichtlich. Das **Termin-Trenddiagramm** (vgl. Abb. 3.77) dagegen zeigt anbahnende Terminverzögerungen frühzeitig.

Im Diagramm in Abb. 3.77 werden auf der Abszisse die Berichtsmonate während des Projektes und auf der Ordinate die aktuellen Plan-Fertigstellungstermine vermerkt. Zu jedem Berichtsmonat wird gefragt, ob sich der zuletzt geschätzte Plan-Endtermin halten lässt. Ist dies nicht der Fall, wird der neue Plan-Endtermin eingetragen. Ansteigende Linien im Diagramm zeigen Verzögerungen an, waagrechte Linien bedeuten, dass sich im Vergleich zum Vormonat keine Änderung ergeben hat, sinkende Linien verdeutlichen eine Verkürzung der Plandauer (vgl. auch Abb. 3.78). Wenn die Linie eines Arbeitspakets auf die im Diagramm eingezeichnete Winkelhalbierende trifft, ist die Aufgabe erfüllt.

Die Abb. 3.77 verdeutlicht, dass bereits die Planung nicht rechtzeitig zu Ende geführt wurde. Sie sollte ursprünglich Mitte Mai abgeschlossen sein, konnte jedoch erst Ende Juli fertiggestellt werden. Dadurch verzögerten sich auch die davon abhängenden Aufgaben. Der Projektleiter hätte die zeitliche Verzögerung der Analyse und des Entwurfs eigentlich schon zum Berichtstermin 5 erkennen müssen. Tatsächlich erfolgten die Aktualisierungen jedoch erst in den Monaten 6 und 7. Das Projektcontrolling muss in diesem Fall die verspätete Anpassung hinterfragen, um zukünftig eine schnellere Reaktion zu gewährleisten.

Kurvenverlauf		Interpretation
permanent steigend		zu optimistische Terminplanung
permanent fallend		Planung mit zu hohen Puffern
abwechselnd steigender und fallender Verlauf		hohe Unsicherheit der Termin- aussagen
entgegen gerichteter Verlauf zweier abhängiger Vorgänge		mindestens ein Arbeitspaket wurde unrealistisch geplant

Abb. 3.77   Kurvenverläufe im Termin-Trenddiagramm

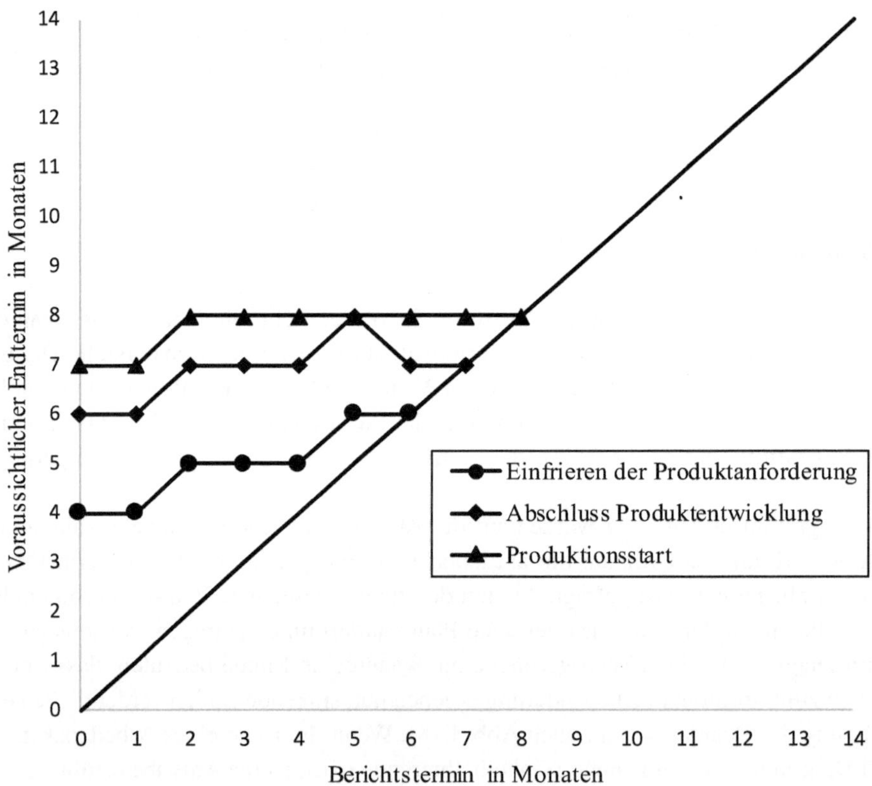

Abb. 3.78   Beispiel zur Meilenstein-Trendanalyse

Kritisch ist auch, dass die Verzögerung der Planung erst Ende Mai gemeldet wurde, obwohl der Endtermin für Mitte Mai eingeplant war.

Termin-Trenddiagramme können für einzelne Arbeitspakete, Teilprojekte, Meilensteine (man spricht dann von Meilenstein-Trenddiagrammen) und Projekte erstellt werden.

Die manuelle Anfertigung von Termin-Trenddiagrammen ist aufwändig, deshalb sollte man auf ein IT-Tool zurückgreifen. Oft wird ein Tabellenkalkulationsprogramm verwendet.

Im Produktbereich Instrumentation Systems der **Robert Bosch GmbH** werden die wichtigsten geplanten Meilensteine aus dem MS Project Terminplan entnommen und in eine Excel-Anwendung transferiert, welche das Meilenstein-Trenddiagramm erzeugt und Terminverschiebungen aufzeigt. Die Projektleiter verwenden die Meilenstein-Trendanalyse auch für die Darstellung der Terminsituation der Entwicklungsprojekte vor dem Projektsteuerkreis. Die Abb. 3.79 zeigt einen konkreten Fall. Die Produktanforderung des Kunden zum Serienproduktionsstart hat sich zweimal verschoben. Grafisch kann man das an den steigenden Linien zum Monat 2 und 5 erkennen. Es wird deutlich, dass sich die Kurve „Abschluss der Produktentwicklung" analog zur Linie „Einfrieren der Produktanforderung" verschiebt (parallele Linien). Der Abstand zwischen den Linien stellt die Mindestentwicklungsdauer dar. Die beiden Termine „Abschluss Produktentwicklung" und „Produktionsstart" treffen sich durch den konstanten Endtermin „Produktionsstart" im Monat 5. Zum Monat 5 war aufgrund des abgebildeten Trends frühzeitig erkennbar, dass der Produktionsstart, der bereits in der Vergangenheit um einen Monat verschoben wurde, wieder nicht eingehalten werden kann. Im konkreten Beispiel wurde mit dem Kunden bis zum Berichtstermin 6, als die Kreuzung der beiden oberen Meilensteinlinien offensichtlich war, eine Vereinbarung zur Reduzierung der Leistung getroffen. Dadurch konnte die Entwicklungsdauer verkürzt werden, was die fallende Linie des Meilenstein "Abschluss

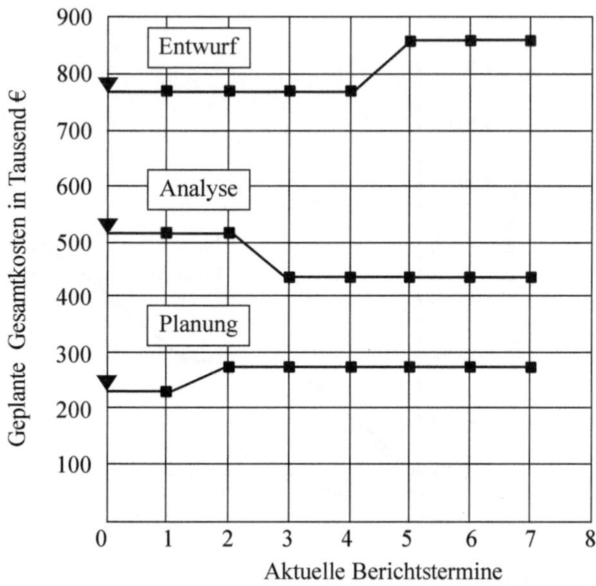

Abb. 3.79 Kosten-Trenddiagramm

Produktentwicklung" bewirkte. Somit war sichergestellt, dass der Kunde zufriedenstellend beliefert werden konnte.

Was ist ein Kosten-Trenddiagramm?

Trägt man auf der Ordinate nicht die Termine, sondern die geplanten Kosten ab, so erhält man ein Kosten-Trenddiagramm. Es zeigt, wie sich die voraussichtlichen Gesamtkosten für die einzelnen Teilprojekte und Arbeitspakete während des Projektes verändern (vgl. Abb. 3.80).

Wie ist ein Zeit-/Kosten-Trenddiagramm aufgebaut?

In Trenddiagrammen können auch Termin- und Kosteninformationen kombiniert werden. Abbildung 3.81 zeigt die Gegenüberstellung des planmäßigen und tatsächlichen Verhältnisses zwischen Kosten- und Zeitverbrauch. Bei 90 Prozent der Dauer sollten 80 Prozent der Kosten angefallen sein. In diesem Punkt entsprechen sich die Plan- und Istdaten.

▶ Das Projektcontrolling erarbeitet Richtlinien für die Terminkontrolle. Es kann z. B. gefordert werden, dass eine monatliche Schätzung der Kennzahl Time to Completion erfolgt. Zusammen mit dem Projektleiter wird der Projektcontroller Abweichungen der Termine analysieren und Maßnahmen planen.

   Der Projektcontroller kann den Projektleiter auch vor Fehlinterpretationen der Termin- und Kostensituation bewahren. Bei oberflächlicher Betrachtung der Abb. 3.81 ergibt sich an dem Punkt, an dem 80 Prozent der geplanten Zeit verstrichen sind, eine zufriedenstellende Situation. In Wirklichkeit überschreitet das Projekt jedoch sowohl das Zeit- wie auch das Kostenbudget. Ursache der Fehlinterpretation ist die Tatsache, dass die den Istkosten zugrunde liegende Leistung nicht berücksichtigt wurde.

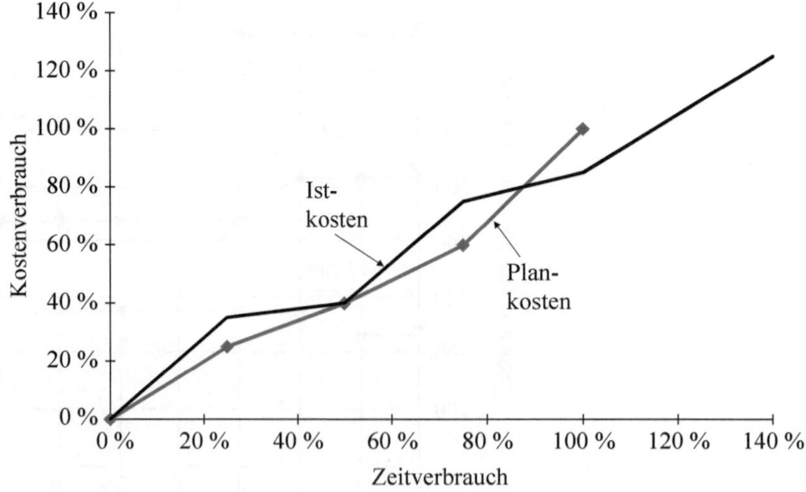

Abb. 3.80 Zeit-/Kosten-Trenddiagramm

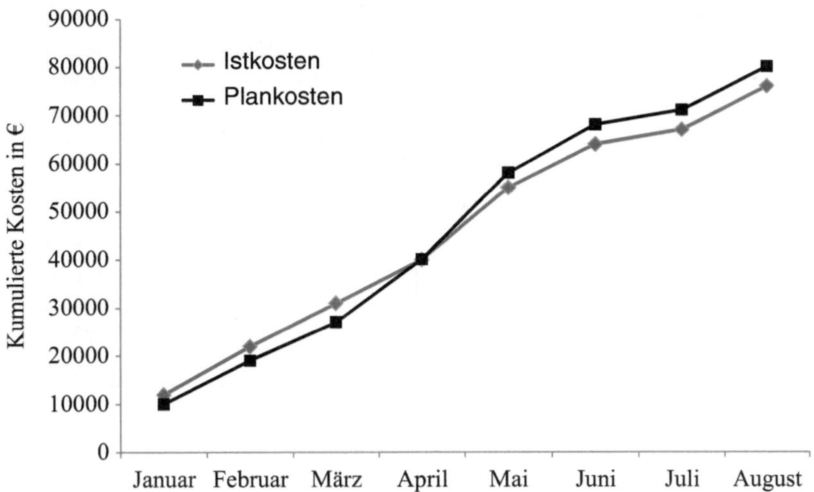

Abb. 3.81 Kumulierte Ist- und Plankosten nach 8 Monaten (Plandauer: 11 Monate)

3.2.4 Kostenkontrolle

Die isolierte Gegenüberstellung von Plan- und Istkosten wie in Abb. 3.82 erschwert eine aussagekräftige Interpretation von Kostenabweichungen.

Abbildung 3.82 verdeutlicht, dass ab April die Istkosten unterhalb der Plankosten verlaufen. Mögliche Gründe dafür sind:

- besonders wirtschaftliche Projektabwicklung, die durch einen geringeren Aufwand (es sind weniger Arbeitsstunden angefallen als geplant) oder durch den Einsatz von Mitarbeitern mit sehr niedrigen Stundensätzen begründet werden kann,
- unplanmäßige Minderleistungen.

Aus Abb. 3.82 ist nicht zu entnehmen, ob die Abweichung ab April auf einen geringeren Leistungsfortschritt oder eine besonders wirtschaftliche Leistungserbringung zurückzuführen ist. Wenn die Istkosten wie in Abb. 3.82 geringer als die Plankosten sind, kann sogar ein überhöhter Kostenverbrauch vorliegen; nämlich dann, wenn gleichzeitig wesentlich weniger Leistungen als geplant erbracht wurden.

Das Beispiel verdeutlicht, dass die Kostenkontrolle auch den Leistungsstand mit einbeziehen muss. Um dies zu gewährleisten, könnten die geplanten Gesamtkosten mit den voraussichtlichen Gesamtkosten verglichen werden (vgl. Abb. 3.83). Die voraussichtlichen Gesamtkosten setzen sich aus den bis zum gegenwärtigen Zeitpunkt aufgelaufenen Kosten und den geschätzten Restkosten zusammen, die aufgrund der noch zu erbringenden Leistung bis Projektende anfallen werden. Ziel ist es, im Vergleich zwischen den gesamten Plankosten und den voraussichtlichen Gesamtkosten Hinweise auf drohende Budgetüberschreitungen zu erhalten und Unwirtschaftlichkeiten aufzudecken.

Abb. 3.82 Aussagekräftige
Kostenkontrolle

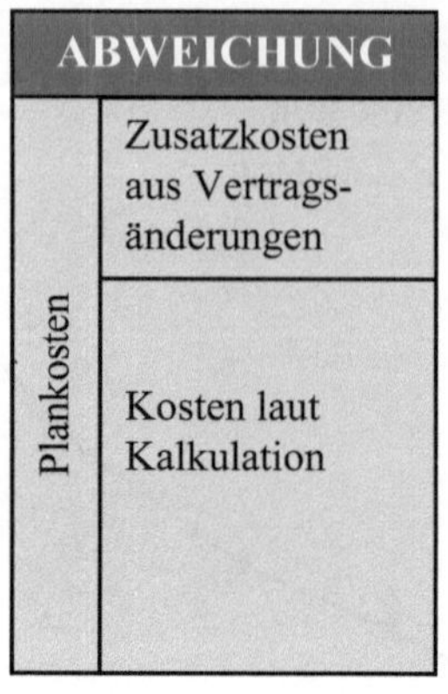

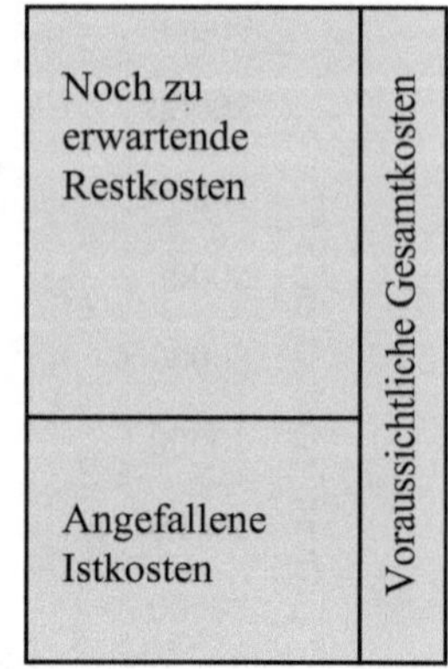

Alternativ können Sollkosten ausgewiesen werden. Das sind diejenigen Kosten, die für eine gegebene Leistung planmäßig anfallen dürfen: Plankosten pro Leistungseinheit x Istleistung (die Istleistung kann mit einer der Methoden aus Abschn. 3.2.2 festgestellt werden). Sie werden auch als sogenannter Earned Value bezeichnet. Die **Earned Value Analyse** ist eine aussagekräftige Methode zur integrierten Kosten- und Leistungskontrolle. Mit dieser Methode lassen sich zu einem bestimmten Stichtag folgende Fragen beantworten:

Wie hoch sind die tatsächlichen Kosten der erbrachten Leistung (Istkosten kumuliert, Actual Cost oder AC)?

$$AC = \text{Istkosten pro Leistungseinheit} \times \text{Istleistung} \qquad (3.1)$$

Wie hoch dürften die Kosten der erbrachten Leistung laut Plan sein (Sollkosten, Earned Value oder EV)?

$$EV = \text{Plankosten pro Leistungseinheit} \times \text{Istleistung} \qquad (3.2)$$

Wie hoch dürften die Kosten bei der bis zum aktuellen Zeitpunkt geplanten Leistung sein (Plankosten kumuliert, Planned Value oder PV)?

$$PV = \text{Plankosten pro Leistungseinheit} \times \text{Planleistung} \qquad (3.3)$$

Wie hoch dürfen die Kosten bei der bis zum Projektende geplanten Leistung sein (Budget at Completion oder BAC)?

$$BAC = \text{Plankosten pro Leistungseinheit} \times \text{Planleistung gesamt} \qquad (3.4)$$

Verläuft das Projekt wirtschaftlich (Cost Variance oder CV)?

$$CV = \text{Sollkosten}(EV) - \text{Istkosten}(AC) \qquad (3.5)$$

Wird die geplante Leistung erbracht (Schedule Variance oder SV)?

$$SV = \text{Sollkosten}(EV) - \text{Plankosten}(PV) \qquad (3.6)$$

Monat	Kumulierte Istkosten (AC)	Kumulierte Plankosten (PV)	Sollkosten (EV)
1	945 €	1035 €	945 €
2	1785 €	2160 €	1785 €
3	2730 €	3364 €	2730 €
4	3720 €	4759 €	3720 €
5	5115 €	6244 €	4375 €
6	6555 €	7797 €	5055 €
7	7905 €	9349 €	6505 €
8	9300 €	10.992 €	8300 €
9	10.605 €	12.724 €	9255 €

Abb. 3.83 Beispieldaten für die Earned Value Analyse

Das Beispiel eines sich in Bearbeitung befindlichen Projekts soll im Folgenden die Ermittlung und Analyse der wichtigsten Kennzahlen der Earned Value Analyse verdeutlichen:

Ein Projekt, dessen Plandauer zwölf Monate beträgt und dessen gesamte Plankosten sich auf 76.500 € belaufen, soll nach neun Monaten untersucht werden. Zu diesem Zeitpunkt liegen folgende Kostendaten vor: Earned Value (EV) 9255 €, Actual Cost (AC) 10.605 €, Planned Value (PV) 12.724 €. Die Entwicklung der Kosten zeigt Abb. 3.84.

Die Abb. 3.85 verdeutlicht den Verlauf der Kosten (AC, EV, PV) als Diagramm. Die Differenz von EV und AC zeigt denjenigen Teil der Gesamtabweichung, der durch einen unplanmäßigen Kosten- und Ressourcenverbrauch verursacht wurde. Sie wird in Abb. 3.85 als Cost Variance (CV) bezeichnet. Ursachen können entweder höhere Kostensätze oder/ und ein gegenüber der Planung vermehrter Input für die Leistungserstellung sein.

Der Unterschied zwischen EV und PV ist ein Indikator für unplanmäßigen Leistungsfortschritt. Er ist in Abb. 3.85 mit Schedule Variance (SV) gekennzeichnet.

Aus dem Beispiel können folgende Schlussfolgerungen gezogen werden:

— Von Projektbeginn an bleibt die tatsächliche hinter der geplanten Leistung zurück.
— Das Projekt ist bis April wirtschaftlich, da die AC-Kurve weitgehend identisch mit der EV-Kurve verläuft.
— Zwischen April und September entsteht eine erhebliche Kostenabweichung. Die Istkosten für die erbrachte Leistung sind höher, als dies eigentlich sein dürfte.
— Zum gegenwärtigen Zeitpunkt (Monat September) ist der erreichte Leistungsstand deutlich teurer erbracht worden als ursprünglich kalkuliert. Zugleich liegt ein erhebliches Leistungsdefizit vor.

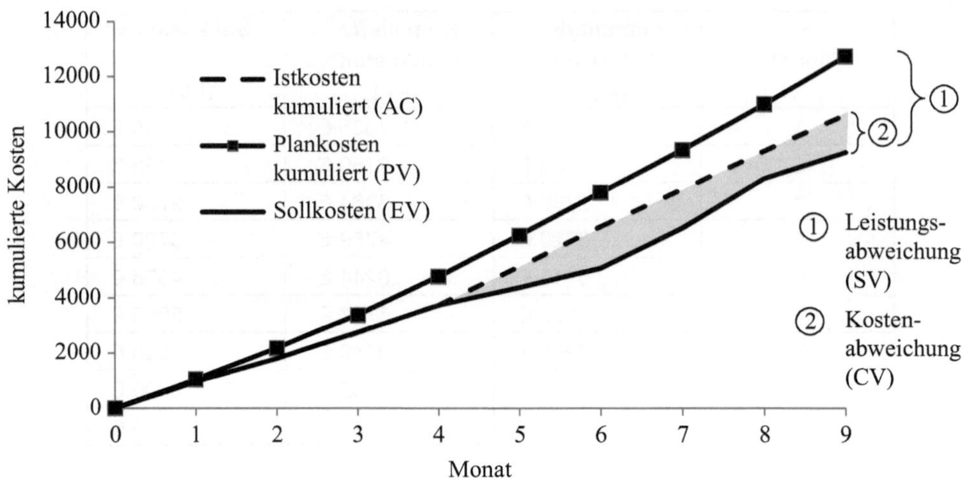

Abb. 3.84   Beispiel für die Earned Value Analyse

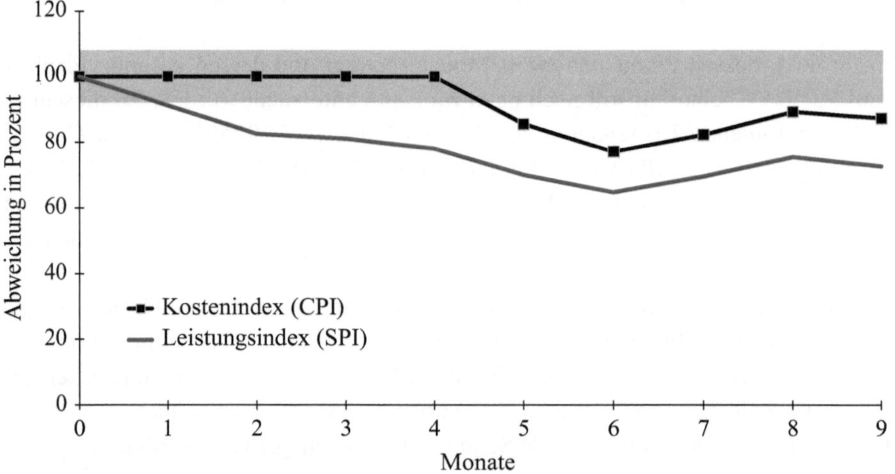

Abb. 3.85   CPI und SPI mit Toleranzschwelle

Zur besseren Verständlichkeit bietet es sich an, jeweils einen Index für die Beurteilung der Kosten (Cost Performance Index oder CPI) und der Leistung (Schedule Performance Index oder SPI) zu ermitteln:

$$\text{CPI} = \frac{\text{Earned Value}\,(\text{EV})}{\text{Actual Cost}\,(\text{AC})} \times 100 \tag{3.7}$$

$$\text{SPI} = \frac{\text{Earned Value}\,(\text{EV})}{\text{Planned Value}\,(\text{PV})} \times 100 \qquad\qquad (3.8)$$

CPI und SPI sind bereits nach 15 Prozent der Projektdauer zuverlässige Kennzahlen (Wanner 2013). Zu beachten ist jedoch, dass der SPI am tatsächlichen Projektende immer den Wert 100 Prozent aufweist, auch wenn die geplante Projektdauer bereits überschritten ist. Die Kennzahl verliert also mit zunehmendem Projektfortschritt ihre Aussagekraft.

Für das Beispiel ergeben sich folgende Werte

$$\text{CPI} = \frac{9.255\,\text{€}}{10.605\,\text{€}} \times 100 = 87,27\,\%$$

$$\text{SPI} = \frac{9.255\,\text{€}}{12.724\,\text{€}} \times 100 = 72,74\,\%$$

Für jeden ausgegeben Euro wurden nur 87,27 Cent Wert geschaffen. Es wurde somit für das bisher erreichte Projektergebnis zu viel Geld ausgegeben. Zudem ist die Leistung über 27 Prozent geringer als geplant.

Da kleine Schwankungen von CPI und SPI um die 100 Prozent nicht relevant sind, sollte ein „Korridor" bestimmt werden, innerhalb dessen sich die Kosten- und Leistungsabweichungen eines Projekts bewegen dürfen, ohne dass ein Eingreifen der Projektleitung notwendig wird (Management by Exception). In Abb. 3.86 unterschreitet der SPI bereits zum Berichtsmonat 1 die Toleranzschwelle von zehn Prozent. Zu diesem Zeitpunkt wäre die Analyse einzuleiten. Die Kostensituation wird erst im Monat 5 kritisch.

Toleranzschwellen wie in Abb. 3.86 berücksichtigen nicht, wie weit das Projekt bereits fortgeschritten ist. Die Abweichungen bis Februar dürfen aber größer sein als diejenigen bis September, da eine Differenz zu Beginn des Projektes noch gut kompensiert werden kann. Die sogenannte **Trompetenkurve** vermeidet diesen Nachteil. Sie verdeutlicht anschaulich, ab wann Abweichungen zum Problem werden (vgl. Abb. 3.87). Die Kurven in Abb. 3.87 zeigen den Verlauf des SPI und CPI. Für das geplante Projektende im Monat 12 wurde eine maximale Abweichung von zehn Prozent vorgegeben. Die zulässigen Abweichungen werden mit der unten stehenden Formel errechnet, so dass sich z. B. für den Monat 3 die Toleranzgrenze von 20 Prozent wie folgt ermitteln lässt:

$$\text{Projektendtoleranz} \times \sqrt{\frac{\text{Dauer}}{\text{aktueller Monat}}} = 10\,\% \times \sqrt{\frac{12}{3}} = 20\,\%$$

Die Trompetenkurve hätte die Leistungsabweichung erst nach dem Monat 3 angezeigt, wohingegen in Abb. 3.87 bereits zum Monat 1 die starre Schwelle überschritten wurde.

Auf der Grundlage der bisher erörterten Kennzahlen ist es auch möglich, die voraussichtlichen Gesamtkosten (Estimate at Completion oder **EAC**) zu bestimmen:

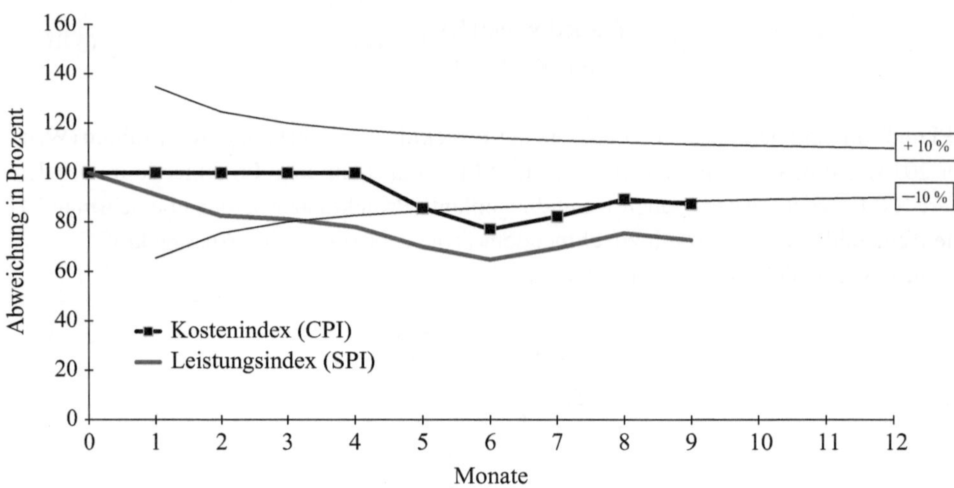

Abb. 3.86 Trompetenkurve mit dynamischen Schwellen

	Kosten	Leistung	Dauer
Vergangenheit	CV (3.5)	SV (3.6)	SPI_t (3.18)
aktueller Zeitpunkt	CPI (3.7)	SPI (3.8)	
Zukunft	ETC (3.13)		TTC (3.15)
aktueller Zeitpunkt	TCPI (3.16)		$TSPI_t$ (3.19)
Vergangenheit Zukunft	EAC (3.9)		TAC (3.14)
aktueller Zeitpunkt	VAC (3.12)		

Abb. 3.87 Überblick über die Kennzahlen der Earned Value Analyse

$$EAC = \frac{\text{Plankosten}(\text{BAC})}{\text{CPI}} = \frac{(76.500\,€)}{\left(\dfrac{9.255\,€}{10.605\,€}\right)} = 87.658\,€ \tag{3.9}$$

Die Anwendbarkeit der Formel für die voraussichtlichen Gesamtkosten setzt voraus, dass sich die bisherige tatsächliche Wirtschaftlichkeit im Projekt nicht verändert und sich die Performance zukünftig wie geplant realisieren lässt. Trifft diese Annahme nicht zu, so kann man die voraussichtlichen Gesamtkosten auch mit alternativen Formeln errechnen:

Möchte man zeigen, wie sich die Gesamtkosten entwickeln, wenn sich die geplante Wirtschaftlichkeit wieder einstellt und die ursprünglich geplante Performance für den Rest des Projektes erreicht wird, kann folgender Zusammenhang verwendet werden:

$$\text{EAC} = \text{Istkosten}\left(\text{AC}\right) + \left(\text{Plankosten}\left(\text{BAC}\right) - \text{Sollkosten}\left(\text{EV}\right)\right)$$
$$\text{EAC} = 10.605\,\euro + \left(76.500\,\euro - 9255\,\euro\right) = 77.850\,\euro \tag{3.10}$$

Sollen die bisherige Wirtschaftlichkeit und die bisherige Performance bis zum Projektende zugrunde gelegt werden, verwendet man folgende Formel (nicht mit den gerundeten, sondern mit den exakten Indexwerten gerechnet):

$$\text{EAC} = \text{Istkosten}\left(\text{AC}\right) + \frac{\text{Plankosten}\left(\text{BAC}\right) - \text{Sollkosten}\left(\text{EV}\right)}{\text{Kostenindex}\left(\text{CPI}\right) \times \text{Leistungsindex}\left(\text{SPI}\right)}$$
$$\text{EAC} \quad = 10.605\,\euro + \frac{\left(76.500\,\euro - 9255\,\euro\right)}{0,8727 \times 0,7274} = 116.540\,\euro \tag{3.11}$$

Die voraussichtlichen Mehrkosten (Variance at Completion oder **VAC**) am Ende des Projekts werden je nach der zugrunde liegenden Annahme über den zukünftigen Verlauf der Kosten und der Performance bei 11.158 € (87.658 €–76.500 €), 1350 € (77.850 €–76.500 €) oder 40.040 € (116.540 €–76.500 €) liegen.

$$\text{VAC} = \text{EAC} - \text{Plankosten}\left(\text{BAC}\right) \tag{3.12}$$

Die Restkosten (Estimate to Completion oder **ETC**) betragen demnach 77.053 €, 67.245 € oder 105.935 €.

$$\text{ETC} = \text{EAC} - \text{Istkosten}\left(\text{AC}\right) \tag{3.13}$$

Ergänzend zu den voraussichtlichen Gesamtkosten kann auch die voraussichtliche Gesamtdauer (Time at Completion oder **TAC**) errechnet werden:

$$\text{TAC} = \frac{\text{Plandauer}}{\text{SPI}} = \frac{\left(12\,\text{Monate}\right)}{\left(\dfrac{9255\,\euro}{12.724\,\euro}\right)} = 16,5\,\text{Monate} \tag{3.14}$$

Das Projekt wird 4,5 Monate länger dauern als geplant. Die restliche Dauer (Time to Completion oder **TTC**) beträgt also 7,5 Monate.

$$\text{TTC} = \text{TAC} - \text{Istdauer} = 16,5\,\text{Monate} - 9\,\text{Monate} = 7,5\,\text{Monate} \tag{3.15}$$

Um abzuschätzen, wie wirtschaftlich man die Restleistung des Projekts erbringen müsste, um die geplanten Gesamtkosten nicht zu überschreiten, kann der To Complete Performance Index (**TCPI**) errechnet werden:

$$\text{TCPI} = \frac{\text{Plankosten}\left(\text{BAC}\right) - \text{Sollkosten}\left(\text{EV}\right)}{\text{Plankosten}\left(\text{BAC}\right) - \text{Istkosten}\left(\text{AC}\right)} \times 100$$

$$\text{TCPI} = \frac{76.500\,\text{€} - 9255\,\text{€}}{76.500\,\text{€} - 10.605\,\text{€}} \times 100 = 102\ \%$$

(3.16)

Der TCPI beträgt 102 Prozent, d. h., für die noch zu erbringende Leistung ist zu wenig Geld verfügbar. Maßnahmen zur Senkung der Kosten sind nötig, oder es muss für jeden ausgegebenen Euro ab jetzt eine Leistung im Wert von 1,02 € erbracht werden. Für die Restleistung des Projekts muss sich der CPI von 87,27 auf 102 Prozent verbessern.

Der SPI beträgt am tatsächlichen Projektende immer 100 Prozent. Die Aussagekraft nimmt deswegen mit zunehmender Projektdauer ab. Wenn das Beispielprojekt bereits 14 Monate liefe, also der geplante Endtermin bereits um zwei Monate überschritten wäre, und die Sollkosten bei 12.000 € lägen, betrüge der SPI 94 Prozent. Trotz erheblichem Terminverzug würde in diesem Fall bei einer Abweichungstoleranz von 10 Prozent der SPI nicht als kritisch eingestuft.

$$\text{SPI} = \frac{12.000}{12.724} = 94\ \%$$

Mit der Solldauer (Earned Schedule oder **ES**) kann dieser Mangel kompensiert werden (Lipke 2012). Die Kennzahl wird für das Beispiel wie folgt errechnet.

$$\text{ES} = \text{Dauer}_t + \frac{\text{Sollkosten}\left(\text{EV}_{t+1}\right) - \text{Plankosten}\left(\text{PV}_t\right)}{\text{PV}_{t+1} - \text{PV}_t}$$

$$\text{ES} = 8\,\text{Monate} + \frac{\left(9255 - 10.992\right)}{\left(12.724 - 10.992\right)} = 7\,\text{Monate}$$

(3.17)

Die erzielte Leistung hätte nicht in neun, sondern in nur sieben Monate erbracht werden müssen.

Der SPI kann nun modifiziert als SPI_t berechnet werden, um auszudrücken, wie viel Prozent der tatsächlichen Dauer man hätte benötigen dürfen:

$$\text{SPI}_t = \frac{\text{ES}}{\text{tatsächliche Dauer}} \times 100$$

$$\text{SPI}_t = \frac{7}{9} \times 100 = 77,78\ \%$$

(3.18)

Es wird deutlich, dass man die tatsächliche Dauer um gut 22 Prozent hätte unterschreiten müssen.

Abschließend kann mit dem modifizierten TSPI (**TSPI$_t$**) auch die Frage beantwortet werden, wie viel Prozent der verfügbaren Zeit man zusätzlich benötigt, um die Leistung zu erbringen. Damit wird deutlich, ob die zur Verfügung stehende Zeit reicht, um die restliche Leistung erbringen zu können.

$$\text{TSPI}_t = \frac{\left(\text{geplante Dauer} - \text{ES}\right)}{\left(\text{geplante Dauer} - \text{tatsächliche Dauer}\right)} \times 100$$

$$\text{TSPI}_t = \frac{\left(12\,\text{Monate} - 7\,\text{Monate}\right)}{\left(12\,\text{Monate} - 9\,\textit{Monate}\right)} \times 100 = 166{,}67\,\% \tag{3.19}$$

Für die noch zu erbringende Restleistung bräuchte man 66,67 Prozent mehr Zeit als noch zur Verfügung steht.

Die Tabelle in Abb. 3.88 ordnet die zentralen Kennzahlen der Earned Value Analyse zusammenfassend nach zwei Kriterien:

1. Aussage über Kosten, Leistung oder Dauer
2. Aussage über die Vergangenheit, Prognose der Projektzukunft
   oder Aussage über das Gesamtprojekt jeweils zum Berichtszeitpunkt.

Welche Aussagen liefert die Earned Value Analyse für ein Multiprojektcontrolling?
Die Earned Value Analyse ist nicht nur für einzelne Arbeitspakete und Projekte anwendbar, sie liefert dem Management auch einen Überblick über die gesamte Projektsituation. Unternehmen haben nicht selten mehrere hundert aktive Projekte. Die Herausforderung besteht darin, die relevanten Kenndaten dieser Projekte in einer gemeinsamen Datenbasis zusammenzuführen und einer laufenden Kontrolle zu unterziehen. Ziel ist es, auffällige Projekte schnell zu identifizieren und dem Management zu präsentieren.

Die Abb. 3.89 verdeutlicht, dass zum gegenwärtigen Zeitpunkt unternehmensweit ein Leistungsverzug von gut vier Prozent vorliegt.

$$\text{SPI gesamt} = \frac{6120\,€}{6380\,€} \times 100 = 95{,}9\,\%$$

Allein mit den Projekten H und I ist über die Hälfte der Leistungsabweichung zu erklären. In den Projekten B, F und G wurde entgegen der Gesamtsituation mehr geleistet, als der Plan vorschrieb.

Die aufgeführten Projekte sind zudem insgesamt etwas **wirtschaftlicher als geplant**, da die kumulierten Sollkosten für alle Projekte um 1,3 Prozent unterschritten werden.

$$\text{CPI gesamt} = \frac{6120\,€}{6040\,€} \times 100 = 101{,}3\,\%$$

Die vorliegenden Daten bieten einen guten Einstiegspunkt für vertiefte Analysen im Rahmen des Projektcontrollings.

SPI und CPI einzelner Projekte können für das Management mit Hilfe eines Portfolios verdeutlicht werden. Abbildung 3.90 ordnet die Projekte übersichtlich in vier Kategorien:

1. Links oben: höhere Kosten und mehr Leistung als geplant.
2. Rechts oben: geringere Kosten und mehr Leistung als geplant (Best Case).

Projekt	Planned Value (PV)	Earned Value (EV)	Leistungs-abweichung (SV)	Actual Cost (AC)	Kosten-abweichung (CV)
A	800 €	760 €	-40 €	700 €	60 €
B	600 €	650 €	50 €	670 €	-20 €
C	400 €	350 €	-50 €	400 €	-50 €
D	700 €	650 €	-50 €	620 €	30 €
E	1.000 €	930 €	-70 €	900 €	30 €
F	500 €	520 €	20 €	550 €	-30 €
G	650 €	700 €	50 €	650 €	50 €
H	780 €	700 €	-80 €	710 €	-10 €
i	950 €	860 €	-90 €	840 €	20 €
Gesamt	6.380 €	6.120 €		6.040 €	

SPI gesamt 95,9 % CPI gesamt 101,3 %

Alle Kosten in Tausend Euro.

Abb. 3.88 Multiprojektcontrolling mit der Earned Value Analyse

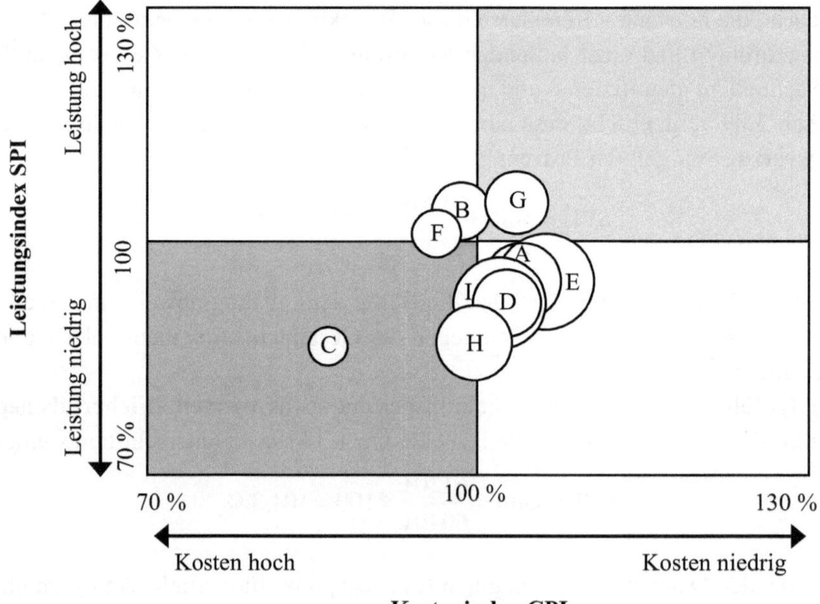

Abb. 3.89 Portfolio zur Verdeutlichung der Kosten- und Leistungssituation ausgewählter Projekte (Multiprojektcontrolling)

3. Rechts unten: geringere Kosten und geringere Leistung als geplant.
4. Links unten: höhere Kosten und geringere Leistung als geplant (Worst Case).

Es wird deutlich, dass für das kleine Projekt C (die Kreisgröße in Abb. 3.90 gibt die Höhe des Budgets wieder) dringender Handlungsbedarf besteht. Zudem ist die Leistungssituation einiger größerer Projekte problematisch.

Das Portfolio in Abb. 3.90 könnte auch verwendet werden, um im Zeitablauf die Kosten- und Leistungsentwicklung eines einzelnen ausgewählten Projektes zu verdeutlichen (vgl. Abb. 3.91).

Eine Alternative zur aussagekräftigen Darstellung des Projektportfolios ist die Treemap (Cable et al. 2004). Bei dieser Darstellung werden die Projekte als Rechtecke gezeigt. Die Größe des Rechtecks entspricht z. B. dem Budget, die Farbe der Ausprägung einer Kennzahl wie dem SPI. In Abb. 3.92 wird das Projekt rot unterlegt, wenn der SPI kleiner 80 Prozent ist, gelb zwischen 80 und 99 Prozent und grün bei einem Wert ab 100 Prozent. Projekt A als größtes Projekt hat z. B. einen noch akzeptablen SPI zwischen 80 und 99 Prozent.

Als zusätzliches Einteilungskriterium für die Treemap könnte man die Projektphase wählen. Die Treemap wäre dann in verschiedene Bereiche gegliedert, welche jeweils nur solche Projekte zeigen, die sich in der jeweiligen Phase befinden.

Worauf sollte man achten, um die Earned Value Analyse anwenden zu können?

- **Projekt sorgfältig bis auf die Ebene der Arbeitspakete planen** (mindestens 60 Arbeitspakete).
  Sind die Arbeitspakete sehr klein, so ist der Aufwand für die Datenerfassung hoch. Dagegen kann bei zu grober Definition der Leistungsstand nicht mit genügender Genauigkeit gemessen werden. Als Orientierung für die optimale Dauer eines Arbeitspakets kann der Zyklus der Lohn- und Gehaltsabrechnung, die ja die wichtigsten Kostendaten liefert, herangezogen werden. In der Regel dürfte daher eine Arbeitspaketdauer von ca. einem Monat günstig sein.
- **Arbeitspakete mit nicht messbarer Leistung (Projektmanagement, Projektcontrolling) nicht einbeziehen.**
- **Fremdleistungen in eigenen Arbeitspaketen planen.**
- **Fortschrittsgrad der Arbeitspakete regelmäßig erfassen.**
  Um die Sollkosten zu ermitteln, muss der Projektfortschritt bekannt sein. Hilfreich sind dafür regelmäßige (wöchentliche) Rückmeldungen der Projektmitarbeiter. Zusätzlich sollte man den Projektfortschritt mit einer derjenigen Methoden, die in Abschn. 3.2.2 behandelt wurden, schätzen.
  In der Praxis hat man vor allem in Entwicklungsprojekten Schwierigkeiten, die erbrachten Leistungen als Grundlage für die Sollkostenermittlung zu erfassen. Als Lösung bietet es sich an, die Restkosten aufgrund der noch für das Projekt zu er-

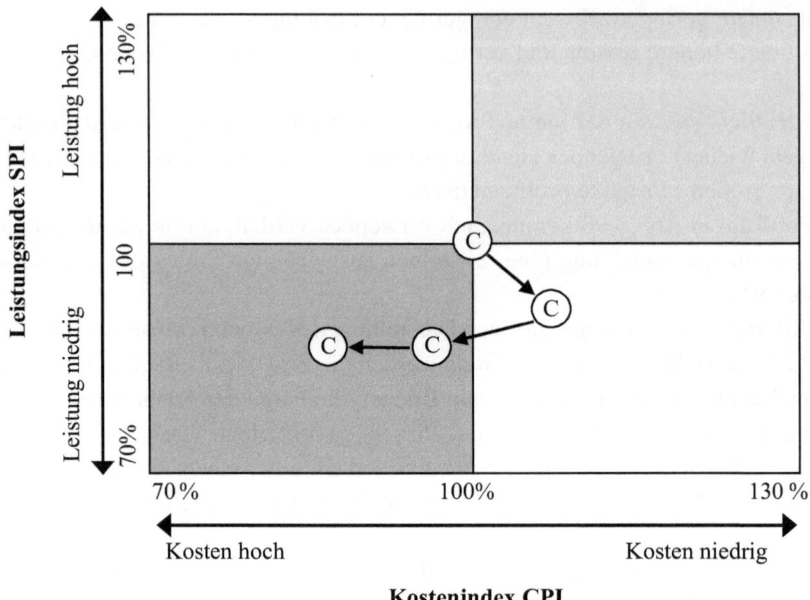

Abb. 3.90 Portfolio zur Verdeutlichung der Kosten- und Leistungssituation eines einzelnen Projekts (Einzelprojektcontrolling)

stellenden Leistung zu schätzen und sie von den gesamten Plankosten zu subtrahieren:

$$\text{Sollkosten} = \text{Plankosten gesamt}\,(\text{BAC}) - \text{geschätzte Restkosten}\,(\text{ETC})$$

– **Angefallene Kosten im Sinne der Kostenrechnung für die richtige Periode verbuchen.**

Dies bedeutet z. B. bei der Beschaffung von Material, dass nicht der Zeitpunkt des Kaufs oder der Bezahlung maßgebend ist, sondern der Verbrauch im Projekt. Sollte eine exakte Verbuchung nicht möglich sein, bietet es sich an, die Kosten für Material und Arbeit im Ist, Soll und Plan differenziert auszuweisen. So erkennt man z. B. Sondereffekte aus großen Materialeinkäufen zu Beginn eines Projektes (Boche und Hanisch 2009). Außerdem ist das Problem der zeitlich verzögerten Verbuchung von Materialkosten weniger relevant (Wanner 2013).

– **Kosten mit Hilfe der geleisteten Stunden grob abschätzen.**

In manchen Unternehmen liegen keine aktuellen Istkosten vor. In diesem Fall bietet es sich an, wenigstens die verbrauchten Arbeitsstunden zu erfassen. Multipliziert man diese Größe mit dem Stundensatz, am besten differenziert nach der Qualifikation der eingesetzten Mitarbeiter, erhält man einen Anhaltspunkt für die wahrscheinliche Höhe der aufgelaufenen Kosten. Im Übrigen ist es auch möglich, für die Earned Value Analyse anstelle von Kostenwerten nur den Aufwand in Personenstunden im Ist, Soll und Plan zu verwenden.

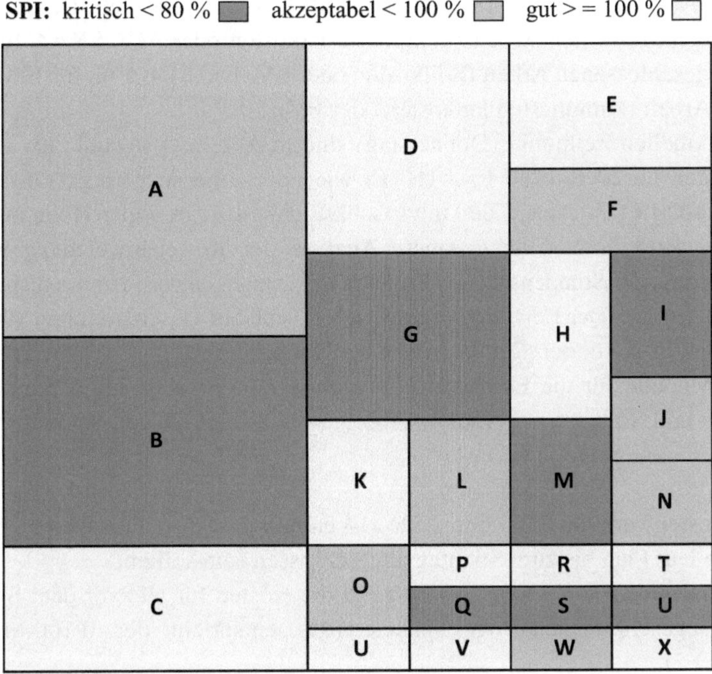

Abb. 3.91 Darstellung des Projektportfolios mit der Treemap

Vorgangsname	Einzelheiten	Donnerstag
Projektteam bilden	IKAA	1.780,00
	SKAA	1.620,00
	SKBA	3.240,00
Geschäftsführer	IKAA	900,00
	SKAA	900,00
	SKBA	1.800,00
Projektleiter	IKAA	880,00
	SKAA	720,00
	SKBA	1.440,00

Abb. 3.92 Earned Value Analyse mit MS Project

Welche Unterstützung bietet Projektmanagementsoftware?

Viele Systeme bieten mittlerweile Funktionalitäten für die Earned Value Analyse. Die Interpretation der Ergebnisse setzt gute Kenntnisse der Projektmanagementsoftware voraus. Zudem sind z. B. in MS Project detaillierte Daten für jedes Arbeitspaket erforderlich, damit Kosten- und Leistungsabweichungen ausgewiesen werden. Die Abb. 3.93 zeigt eine

Earned Value Analyse, die mit MS Project erstellt wurde. Dabei steht IKAA für die Istkosten der abgeschlossenen Arbeit (kumulierte Istkosten oder AC), SKAA für die Sollkosten der abgeschlossenen Arbeit (Sollkosten oder EV) und SKBA für die Sollkosten der budgetierten Arbeit (kumulierte Plankosten oder PV).

Bis zum aktuellen Zeitpunkt (Donnerstag) sind in Abb. 3.93 sowohl eine Überschreitung der Kosten (1620 €–1780 €=−160 €) wie auch eine zu geringe Leistung (1620 €–3240 €=−1620 €) ablesbar. Die Unwirtschaftlichkeit ist in voller Höhe auf den Projektleiter zurückzuführen. Eine genauere Analyse der Kostenabweichung im System würde zeigen, dass der Stundensatz des Projektleiters entgegen der Planung nicht bei 180 €, sondern bei 220 € lag. Der Leistungsverzug verteilt sich auf Geschäftsführer (900 €–1800 €=−900 €) und Projektleiter (720 €–1440 €=−720 €).

Einfache Modelle für die Earned Value Analyse können auch mit MS Excel erstellt werden. Plan- und Sollkosten werden in Abb. 3.94 wie folgt für den Stichtag 05.04.2016 berechnet:

- Der Plankostenwert von 7500 € in Zelle J14 enthält die Kosten für diejenigen Arbeitspakete, die laut Plan bis zum Stichtag abgeschlossen sein sollten.
- Der Sollkostenwert von 3000 € in I14 zeigt die Kosten für alle vor dem Stichtag tatsächlich abgeschlossenen Arbeitspakete (das entspricht der 0/100-Methode in Abschn. 3.2.2).

Das Modell errechnet die Earned Value-Kennzahlen für die Projektsteuerung und zeigt mit einer Ampelfarbe, ob sie im kritischen Bereich liegen. Die Schwellwerte wurden auf zehn Prozent für rot und fünf Prozent für gelb gesetzt. Das Beispiel in Abb. 3.94 lässt auf einen sehr geringen Leistungsfortschritt schließen, die Kostensituation ist hingegen in Ordnung. Da bisher nur zwei Arbeitspakete abgeschlossen wurden, sind die Prognosewerte Time at Completion und Estimate at Completion (ausgewiesen für die drei Berechnungsvarianten) nur beschränkt aussagekräftig.

▶   Das Projektcontrolling sorgt für ein funktionierendes Erfassungssystem der laufenden Kosten, analysiert Kostenabweichungen mit geeigneten Methoden und schlägt Maßnahmen zur Kostensenkung vor. Unterstützt wird es vom Projektleiter, der dafür verantwortlich ist, dass die Ressourcenverbräuche, insbesondere die geleisteten Arbeitsstunden, zeitnah und der Realität entsprechend vorliegen.

3.2.5   Kontrolle im agilen Projektmanagement am Beispiel von Scrum

Traditionelles Projektmanagement geht davon aus, dass ein Projekt weitgehend ausgeplant werden kann, d. h., man ist in der Lage, die Arbeitspakete, deren Aufwand und Zeitbedarf sowie die erforderlichen Ressourcen detailliert zu bestimmen. Das schafft Trans-

	A	B	C	D	E	F	G	H	I	J
1										
2				Plankosten	14.000 €	Stichtag	05.04.16	Plandauer	26	
3				Plan			Ist		Earned Value Kennzahlen	
4	Nr.	Name	Start	Ende	Plankosten	Start	Ende	Istkosten	Sollkosten	Plankosten
5	1	Arbeitspaket 1	1.1.2016	31.1.2016	1.000,00 €	1.1.2016	1.2.2016	1.100,00 €	1.000,00 €	1.000,00 €
6	2	Arbeitspaket 2	15.1.2016	20.2.2016	2.000,00 €	20.1.2016	14.2.2016	1.800,00 €	2.000,00 €	2.000,00 €
7	3	Arbeitspaket 3	1.2.2016	15.3.2016	1.500,00 €	1.2.2016				1.500,00 €
8	4	Arbeitspaket 4	15.3.2016	30.3.2016	3.000,00 €	20.3.2016				3.000,00 €
9	5	Arbeitspaket 5	1.4.2016	31.5.2016	800,00 €					- €
10	6	Arbeitspaket 6	10.4.2016	30.4.2016	2.500,00 €					- €
11	7	Arbeitspaket 7	30.4.2016	30.5.2016	2.000,00 €					- €
12	8	Arbeitspaket 8	15.5.2016	30.6.2016	1.200,00 €					- €
13										
14	Gesamt				14.000,00 €			2.900,00 €	3.000,00 €	7.500,00 €

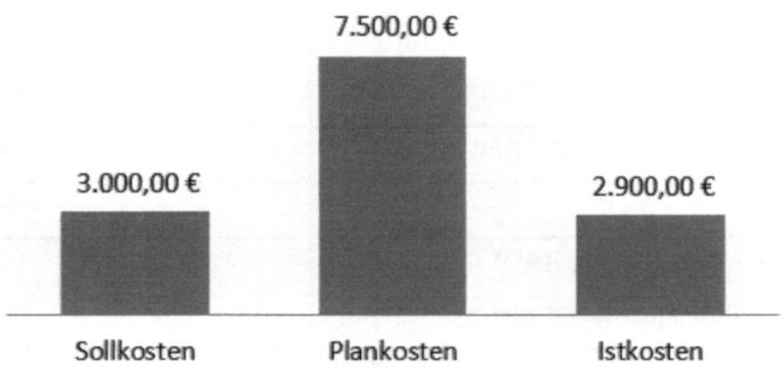

Leistungsindex (SPI)	40%
Kostenindex (CPI)	103%
Time at Completion in Wochen (TAC)	65
Estimate at Completion (EAC) optimistisch	13.533 €
Estimate at Completion (EAC) realistisch	13.900 €
Estimate at Completion (EAC) pessimistisch	29.483 €

Schwellen

rot: Abweichung größer	10%
gelb: Abweichung größer	5%

Chart values: Sollkosten 3.000,00 €, Plankosten 7.500,00 €, Istkosten 2.900,00 €

Abb. 3.93 MS Excel Modell für die Earned Value Analyse

Unterschiede im Projektmanagement		
	Klassisch	**Agil**
Anforderungen	weitgehend bekannt	teilweise unbekannt
	Änderungen unerwünscht	Änderungen jederzeit möglich
Ziele	Leistung fix, Dauer und Kosten verhandelbar	Leistung verhandelbar, Kosten und Dauer fix
	wenn es eng wird: Dauer anpassen	wenn es eng wird: Leistung anpassen
Vorgehen	sequenziell	iterativ
Planung	das komplette Projekt	der nächste kurze Zeitabschnitt (Sprint)
Aufgaben	Projektstrukturplan mit Arbeitspaketen	Product Backlog und Sprint Backlog
	durch PL zugeteilt	selbständige Übernahme durch Team
Aufwand	zentral durch PL oder Experten geschätzt	durch Team geschätzt
	in Personentagen	in Story Points
	einmalig am Anfang	permanent
	Analogie-, Delphi-Methode u.a.	Planning Pocker
Kunde	sieht das Ergebnis am Ende	ständige Einbeziehung
Teammitarbeiter	geringe Eigensständigkeit	hohe Eigenständigkeit
	in mehreren Projekten	fokussiert auf ein Projekt
	klare Hierarchie	selbstorganisierend
Meeting	Status Meeting	Daily Scrum Meeting
Steuerungsinstrumente	z. B. Trendanalyse, Meilensteindiagramme, Earned Value Analyse	z. B. Burndown-Cart, Taskboard
Projektabschluss	Lessons Learned	Retrospektive

Abb. 3.94 Vergleich von klassischem und agilem Projektmanagement

parenz und bildet die Grundlage für die Anwendung einer Earned Value Analyse. Entwicklungsprojekte, insbesondere die Softwareentwicklung, sind jedoch oft durch unklare Anforderungen und hohe Unsicherheit zu Beginn und viele Änderungen während der Projektlaufzeit geprägt. In diesen Fällen bietet sich der Einsatz von agilen Vorgehensweisen an. Das Projekt wird nicht bereits vor Projektstart in allen Details zentral geplant. Neue Anforderungen an das System können laufend einfließen. Man entwickelt in mehreren Iterationen. Nach jedem Durchlauf steht ein lauffähiges System zur Verfügung, das sukzessive zum Endprodukt weiterentwickelt wird. Abb. 3.95 stellt die wesentlichen Unterschiede zwischen klassischem und agilem Projektmanagement gegenüber.

Ein bekannter Vertreter agiler Methoden ist Scrum (Linssen 2012). Es existieren dort drei zentrale Rollen:

1. Der Product Owner in Scrum vertritt die Endkundenbedürfnisse und steuert die Softwareentwicklung. Er entscheidet, was realisiert wird. Diese Rolle vereint Produkt- und Projektmanagementaufgaben in sich.
2. Das Entwicklungsteam entscheidet, wie viele Anforderungen es in einem Arbeitsgang (= Sprint), der meist zwischen einer und vier Wochen dauert, umsetzen kann, organisiert sich selbst und erstellt die Software.
3. Der ScrumMaster stellt sicher, dass die Regeln während des Projektes eingehalten werden, und beseitigt etwaige Hindernisse. Er kommuniziert mit der Außenwelt.

Kurz zusammengefasst sieht der Planungsprozess einer Softwareentwicklung wie folgt aus:

1. Der Product Owner definiert zusammen mit den Kunden, was wann ausgeliefert wird. Ein auslieferungsreifes Produkt wird als Release bezeichnet.
2. Aufwandsschätzungen finden in Scrum nicht nur zu Beginn des Projekts, sondern während des gesamten Projektverlaufs statt. Vor Beginn des ersten Sprints wird der Aufwand für die Erstellung des gesamten Produkts und seiner Funktionen geschätzt. Da sich der Gesamtaufwand während des Projekts verändern kann, schätzt man vor jedem Sprint erneut. Der Aufwand wird vom Team selbst ermittelt, da es später auch das Ergebnis verantworten muss.
3. Das Team wählt sich diejenigen Aufgaben für einen Sprint aus, die es umsetzen will, und plant genau, wie es sein Sprintziel erreichen möchte.
4. Die Sprintplanung wird täglich kontrolliert. Abweichungen werden an den Product Owner gemeldet.
5. Am Ende des Sprints wird das Produkt zusammen mit dem Product Owner und dem Kunden dahingehend geprüft, welche Veränderungen erforderlich sind, um das Projektziel zu erreichen.

Die vom Kunden gewünschten Leistungen werden in Form sogenannter User Storys formuliert. Eine User Story beschreibt eine Eigenschaft bzw. Funktion, die eine zukünftige

Anwendung enthalten soll. Der Aufwand für die Realisierung der User Stories wird vom Team in sogenannten Story Points ausgedrückt. Ein Story Point entspricht oft ein bis zwei Tage Aufwand.

Folgender Text nach neuem Absatz:

Die Steuerung agiler Projekte findet auf zwei Ebenen statt:

1. Teaminterne Steuerung durch das Projektteam
2. Steuerung des Gesamtprojekts auf Managementebene

Ein zentrales Steuerungsinstrument des Projektteams ist das Burndown-Chart (Thols 2013). Es zeigt den noch zu erledigenden Aufwand im Plan und im Ist. In Abb. 3.95 hat das Team zunächst eine sehr schlechte Performance. Der geschätzte Restaufwand ist z. B. am Tag sechs höher als geplant. Es sind noch 110 Personentage zu erbringen. Ein Team mit fünf Personen würde also noch 22 Tage arbeiten müssen. Geplant waren zu diesem Zeitpunkt lediglich 90 Personentage Restaufwand (=18 Tage Restdauer). Man müsste also davon ausgehen, dass die Leistung erst vier Tage später fertiggestellt werden kann. Ein Grund für die Verzögerung könnte sein, dass ungeplante Features realisiert werden mussten oder die Einarbeitung länger als geplant dauerte. Ab dem siebten Tag verbessert sich die Situation erheblich. Man kommt jetzt sogar schneller voran als geplant. In dieser Situation hätte man die Möglichkeit, zusätzliche Leistungen zu erbringen. Es wird angenommen, dass dies im Beispiel auch der Fall sei. Letztendlich führte dies dazu, dass man nicht früher fertig wurde, sondern zum ursprünglich geplanten Zeitpunkt.

Das Projektcontrolling wird die Steuerung des Gesamtprojekts auf Managementebene unterstützen. Dafür kann auch die Earned Value Analyse eingesetzt werden. Sulaiman, Barton und Blackburn zeigten, dass die Berechnung des Leistungsindex (SPI) und des Kostenindex (CPI) mit Scrum möglich ist (Sulaiman et al. 2006). Das folgende Zahlenbeispiel soll die Berechnungen für ein Release zu einem vorgegebenen Stichtag verdeutlichen:

Ausgangsdaten:

Anzahl geplanter Story Points	1000
Anzahl erarbeiteter Story Points	550
Anzahl geplanter Sprints gesamt	10
Anzahl geplanter Sprints bis zum aktuellen Zeitpunkt	6
Plankosten gesamt (BAC)	100.000
Istkosten kumuliert (AC)	80.000

Berechnete Daten:

$$\text{Geplanter Fortschritt} = \frac{\text{Geplante Sprints aktuell}}{\text{Geplante Sprints gesamt}} = \frac{6}{10} = 0,6$$

$$\text{Realer Fortschritt} = \frac{\text{Erarbeitete Story Points}}{\text{Geplante Story Points}} = \frac{550}{1000} = 0,55$$

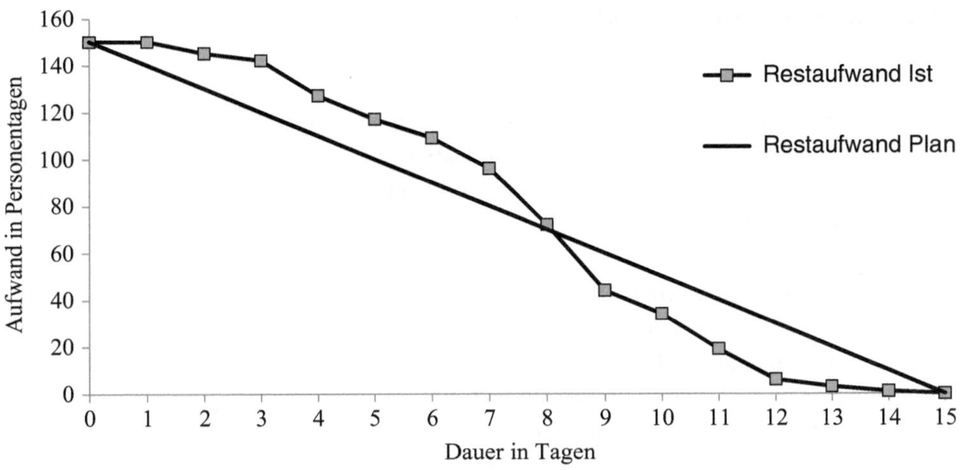

Abb. 3.95 Burndown-Chart mit geplantem und tatsächlichem Restaufwand

$$\text{Sollkosten}\left(EV\right) = \text{Tatsächlicher Fortschritt} \times \text{Plankosten gesamt}$$

$$\text{Sollkosten}\left(EV\right) = 0{,}55 \times 100.000 = 55.000$$

$$\text{Plankosten kumuliert}\left(PV\right) = \text{Planfortschritt} \times \text{Plankosten gesamt}$$

$$\text{Plankosten kumuliert}\left(PV\right) = 0{,}6 \times 100.000 = 60.000$$

$$\text{Leistungsindex}\left(SPI\right) = \frac{\text{Sollkosten}\left(EV\right)}{\text{Plankosten kumuliert}\left(PV\right)} \times 100$$

$$\text{Leistungsindex}\left(SPI\right) = \frac{55.000}{60.000} \times 100 = 91\,\%$$

$$\text{Kostenindex}\left(CPI\right) = \frac{\text{Sollkosten}\left(EV\right)}{\text{Istkosten kumuliert}\left(PV\right)} \times 100$$

$$\text{Kostenindex}\left(CPI\right) = \frac{55.000}{80.000} \times 100 = 68\,\%$$

Ergänzt man das Burndown-Chart um SPI und CPI, so ergeben sich für das Management aussagekräftige Steuerungsinformationen (vgl. Abb. 3.96). Abbildung 3.96 verdeutlicht die Projektsituation nach der 12. Woche. Der noch zu erbringende Restaufwand ist höher als geplant. Damit einhergehend zeigt der SPI eine Minderleistung von 20 Prozent. Zudem hat man unwirtschaftlich gearbeitet; anhand des CPI erkennt man, dass die erbrachte Leistung um 40 Prozent zu teuer ist.

SPI und CPI ermöglichen es auch, die Kosten- und Leistungssituation unterschiedlicher SCRUM-Projekte im Rahmen des Multiprojektcontrollings einheitlich und übersichtlich darzustellen.

3.2.6   Auswertung der Projekterfahrungen

Trotz des Zeitdrucks nach Abschluss eines Projekts sollten sich die Projektbeteiligten mindestens noch einmal treffen, um den Projektablauf zu analysieren. Ziel ist es, Erkenntnisse für nachfolgende Projekte zu gewinnen. Dabei sind nicht nur die negativen, sondern auch die positiven Faktoren hervorzuheben. Zu beantworten sind insbesondere folgende Fragen (Hilpert et al. 2001):

– Welche Erfahrungen wurden an den Schnittstellen zu Lieferanten, Kunden, zum Betriebsrat und zu Fachabteilungen gemacht?
– Wie war die Qualität der Teamarbeit?
– Wie zweckmäßig war die Vorgehensweise?
– Wurden die richtigen Instrumente eingesetzt?
– War die Aufgaben- und Kompetenzverteilung sinnvoll?

Zu erheben sind auch die Ursachen der aufgetretenen Probleme. Eine einfache Möglichkeit der Erfassung ist in Abb. 3.97 dargestellt (Burghardt 2007). Sie gibt bereits Hinweise auf mögliche Maßnahmen. Die Problemursachen werden daraufhin untersucht, ob sie vermeidbar, kaum vermeidbar oder nicht vermeidbar gewesen wären. Insbesondere Maßnahmen für vermeidbare Probleme sind Erfolg versprechend, um künftige Projekte reibungslos abzuwickeln. Im Idealfall fließen all diese Informationen in eine zentrale Know-how-Datenbank.

Sinnvoll ist es, möglichst schnell nach Projektende ein erstes Meeting zur Informationssammlung anzusetzen, das durch eine zweite Sitzung ergänzt wird, in der man die Ergebnisse bespricht. Neben den abschließenden Treffen sollte man vor allem für Projekte mit einer langen Dauer regelmäßige „Lessons-learned-Meetings" einrichten.

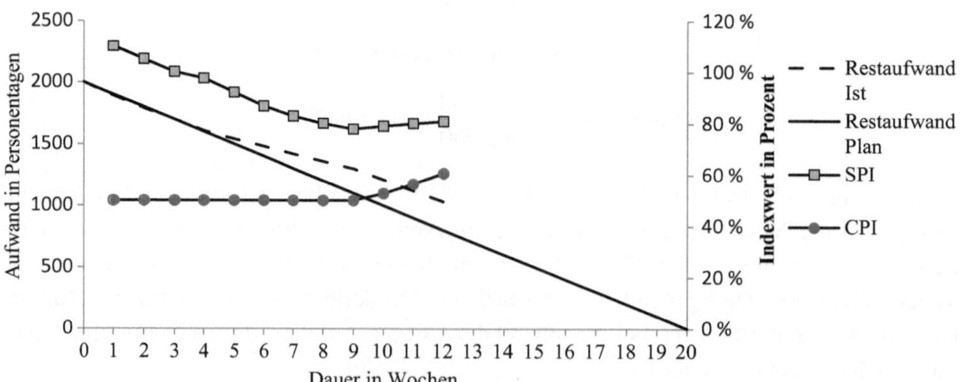

Abb. 3.96 CPI und SPI im Burndown-Chart

Wenn die Erfahrungssicherung als obligatorisches Arbeitspaket im Projektstrukturplan verankert wird, vermeidet man, dass diese wegen Zeitmangels nicht mit der notwendigen Sorgfalt durchgeführt wird.

▶ Der Projektcontroller unterstützt den Projektleiter bei der Vorbereitung und Durchführung der Abschlussmeetings. Er fasst die gewonnenen Erfahrungen in einem Abschlussbericht zusammen und unterbreitet Vorschläge zur Verbesserung der Projektabwicklung. Besonders interessant sind solche Erkenntnisse, die man bei der Bearbeitung zukünftiger Projekte verwerten kann, z.B. in welchen Phasen der Aufwand besonders groß ist und wo man mit verbesserten Methoden und Werkzeugen erhebliche Einsparungen erzielen könnte. Die Erfahrungen dienen auch zum Aufbau neuer und zur Modifikation vorhandener Checklisten.

Wie kann man ein Benchmarking der Projekte vornehmen?
Um Problembereiche in der Projektabwicklung aufzudecken, aber auch zur Motivation der Projektverantwortlichen können gleichartige Projekte einem Benchmarking unterworfen werden. Kennzahlen wie die

– prozentuale Kostenabweichung

$$\frac{\left(\text{Istkosten} - \text{Plankosten}\right)}{\text{Plankosten}} \, x100$$

– die Fluktuationsquote

$$\frac{\text{Anzahl der Personalabgänge}}{\text{durchschnittlicher Personalbestand}} \, x100$$

	Personelle Ursachen	**Technische Ursachen**	**Organisatorische Ursachen**
Vermeidbar	Demotivation, mangelnde Ausbildung, Überlastung	Planungsfehler, mangelnde Toolnutzung	unklare Kompetenzen, personelle Engpässe
Kaum vermeidbar	hohe Fluktuation, ungeeignete Mitarbeiter	zusätzliche Anforderungen, fehlender Support	unzuverlässiger Lieferant, Termindruck
Nicht vermeidbar	Krankheit wichtiger Teammitglieder	technologische Grenzen	Vertragsänderungen, Konkurs eines Lieferanten

Abb. 3.97 Ursachen für aufgetretene Probleme

– oder der Overhead-Anteil

$$\frac{\text{nicht projektbezogene Kosten}}{\text{Gesamtkosten}} \, x100$$

lassen Rückschlüsse auf Verbesserungspotenziale in einzelnen Projekten zu.

Ein besonderes Problem bei einem Benchmarking ist die Identifikation vergleichbarer Projekte. Eine Klassifizierung nach der **Komplexität** und **Neuartigkeit** hilft, die in das Benchmarking einzubeziehenden Projekte zu erkennen (Krüger et al. 1999). Die Einteilung nach der Komplexität könnte mit der Nutzwertanalyse unterstützt werden (vgl. Abb. 3.98). Man muss dafür zunächst Kriterien, welche die Komplexität beeinflussen, definieren. Die Kriterien werden gewichtet. Auf dieser Basis beurteilt man die Erfüllung der Komplexitätskriterien bezüglich jedes einzelnen Projektes. So ergibt sich pro Projekt eine Punktsumme. Projekte mit nahe beieinander liegenden Punktwerten gehören einer Komplexitätsklasse an. Projekte, die ähnlich komplex und neuartig sind, werden gegenübergestellt.

Weitere Kriterien, die für die Identifikation vergleichbarer Projekte zugrunde gelegt werden können, sind z. B. gleiche Auftraggeber, gleiche Struktur oder Zuordnung zu gleichen organisatorischen Einheiten.

3.2.7　Berichtswesen und Dokumentation

Die Qualität der Informationsbereitstellung ist entscheidend für die Steuerung und Kontrolle der Projekte. Das Projektberichtswesen muss vor allem drei Kriterien erfüllen:

1. **Aktualität**
   – Nur aktuelle Daten ermöglichen aktives Controlling. Soll-Ist-Vergleiche der Leistungs-, Kosten- und Terminsituation müssen z. B. kurz nach Monatsabschluss bzw. nach Erreichen eines Meilensteins vorliegen.
   – Um Aktualität zu gewährleisten, kann man das Berichtswesen nach der Genauigkeit unterteilen: Ungenaue, aber schnell verfügbare „Eilberichte" ergänzen genaue, aber erst später verfügbare Endberichte.
2. **Empfängerbezogenheit**
   – Je nach Empfänger müssen Berichtsdaten unterschiedlich verdichtet vorliegen (vgl. Abb. 3.99): *„Die Geschäftsführung erfährt wenig über viel, die Projektleiter erfahren viel über wenig"*.
   – Auch die Darstellung muss sich am Empfänger orientieren. Übersichtliche Tabellen und Diagramme werden für die Fachabteilung und die Geschäftsführung zur Verfügung gestellt; komplexe Zahlendarstellungen liefert man nur Experten oder auf ausdrücklichen Wunsch.

Kriterien	Gewicht	Erfüllungs- grad	Kom- plexität
- Anzahl beteiligter Fachbereiche	30	8	240
- Unterschiedlichkeit der beteiligten Personen	10	5	50
- Anzahl zu erstellender Komponenten	40	4	160
- Technische Besonderheiten	20	6	120
Gesamt			**570**

Abb. 3.98 Bewertung der Projektkomplexität

3. Entscheidungsorientierung

- Um den Bericht interessant zu machen, sollten möglichst nur vom Empfänger beeinflussbare Daten aufgenommen werden und solche, die er für seine Entscheidungen benötigt. Abweichungen sollte man deshalb im Bericht immer einem Verantwortungsbereich zuordnen.
- Viele Berichte sind heute mit Informationen überladen. Eine Umfrage von Schäffer u. a. ergab, dass nur die Hälfte der Seiten eines Controllingberichts vom Empfänger aufmerksam gelesen wird (Schäffer et al. 2012). Um das zu verhindern, darf ein Bericht keine überflüssigen Daten enthalten. Der Grundsatz lautet: *„So knapp wie möglich, aber so umfangreich wie nötig"*.

Wie sollte das Berichtswesen unterteilt sein?

Um die genannten Kriterien zu erfüllen, bietet es sich an, die Berichte in Abweichungs-, Sonder- und Standardberichte zu unterteilen. Hinzu kommen der Abschlussbericht und eine laufende Dokumentation der Projektdaten.

Abweichungsberichte lenken die Aufmerksamkeit auf Sachverhalte, die einen besonderen Handlungsbedarf erforderlich machen. Sie müssen damit nicht regelmäßig zur Verfügung gestellt werden.

Abweichungsberichte werden mittlerweile von vielen IT-Systemen automatisch generiert, um beachtenswerte Datenkonstellationen zu signalisieren. Der Benutzer stellt in der Software Schwellwerte ein, bei deren Überschreiten Hinweissignale ausgegeben werden (vgl. auch Abb. 3.86 und 3.87). Typisch sind sogenannte Ampelfunktionen. Liegt eine Abweichung innerhalb der definierten Toleranzschwellen, wird die Farbe Grün gewählt. An der Grenze werden Daten gelb und außerhalb des Toleranzbereichs rot angezeigt. Die Abb. 3.100 zeigt einen Abweichungsbericht mit Ampelfunktion. Die Toleranzschwelle wurde auf zehn Prozent gesetzt.

Sonderberichte werden nur auf Wunsch geliefert. Ursache für die Anforderung eines solchen Berichts kann z. B. sein, dass Zeitverzögerungen bei einem Entwicklungsprojekt im Detail begründet werden müssen.

Standardberichte werden routinemäßig erstellt. Ihr Inhalt ist fest vorgegeben. Es ist geregelt, wer, wann, von wem den Bericht erhält. Eine zentrale Rolle für die Projektsteuerung spielt der **Fortschrittsbericht**. Fortschrittsberichte sind Standardberichte, welche die Projektausschüsse periodisch in kurzer und prägnanter Art über den Projektstand informieren sollen.

Berichtsgegenstand des Fortschrittsberichts sind die Arbeitspakete, Teilprojekte und Meilensteine. Aus den einzelnen Berichtspunkten muss man erkennen, ob alles wie geplant abläuft, welche Abweichungen und welche Probleme existieren oder sich entwickeln könnten. Der Fortschrittsbericht enthält folgende Inhalte (vgl. Abb. 3.101):

- Stand der Arbeiten (Fertigstellungsgrad) und deren Qualität,
- Terminsituation,
- Aufwand,
- Kosten,
- Risiken,
- aufgetretene Probleme und erforderliche Maßnahmen.

Wichtige Aussagen des Fortschrittsberichts sollten auch verbal kommentiert werden. Der Umfang der **Kommentierung** muss dem Sachverhalt angemessen sein und Fehlinterpretationen von Zahlen vermeiden helfen.

Abbildung 3.101 verdeutlicht den Aufbau eines standardisierten Fortschrittsberichts, der z. B. mit MS-Excel oder einem Business Intelligence System generiert werden könnte. Ein Deckblatt zeigt die wesentlichen Daten im kompakten Überblick. Die folgenden Seiten des Berichts dokumentieren die Situation im Detail.

Besonders wichtig für die Akzeptanz eines Berichts ist das Deckblatt. Es sollte wie ein Cockpit auf einen Blick die Situation eines Projekts verdeutlichen. Gezeigt werden nur die wichtigsten Daten auf einer Seite. Um sie auf einen Blick erfassen zu können, wählt man grafische Darstellungen wie Diagramme, Ampeln oder Tachometer. Die Abb. 3.102 zeigt einen Gestaltungsvorschlag. Wenn die Gesamtsituation (siehe linke Spalte) gut ist, erübrigt sich für den eiligen Leser die Beschäftigung mit den Details des Berichts. Im Beispiel der Abb. 3.102 ist es dagegen erforderlich, sich weitere Informationen zu beschaffen. Rechts

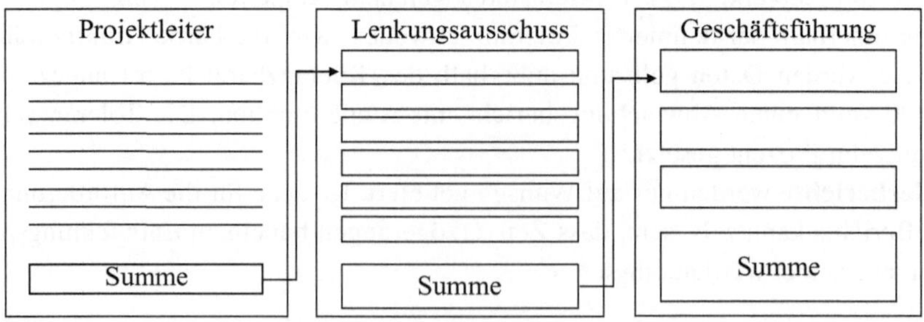

Abb. 3.99 Verdichtung der Informationen im Bericht

	Soll-kosten	Ist-kosten	Abweichung	
			absolut	in %
Analyse	12.000	14.000	−2.000	−17 %
Feinkonzept	20.000	22.000	−2.000	−10 %
Realisierung	21.000	20.000	1.000	5 %
Schulung	14.000	13.500	500	4 %

Abb. 3.100 Abweichungsbericht mit Ampelfunktion

neben der Darstellung der Gesamtsituation erkennt man, dass Termine und Aufwand signifikant abweichen.

Für Termine, Aufwand und Kosten werden auf dem Deckblatt zudem Planwerte bis Projektende und die voraussichtlichen Istwerte gegenübergestellt. Aus der Differenz ist die voraussichtliche Abweichung am Projektende ersichtlich. Wenn man weitere Details erfahren möchte, blättert man auf die entsprechende Seite im Bericht (vgl. Abb. 3.103). Dort wird z. B. der zeitliche Verlauf der voraussichtlichen Abweichung des Aufwands am Projektende in Prozent nach folgender Formel dargestellt:

$$\frac{\left(\text{Voraussichtlicher Gesamtaufwand} - \text{Planaufwand gesamt}\right)}{\text{Planaufwand gesamt}} \times 100$$

Es wird in Abb. 3.103 deutlich, dass bis Februar sogar ein Minderverbrauch am Projektende prognostiziert wurde. Die Situation verschlechterte sich in der Folge aber zunehmend. Ohne Maßnahmen wird man gegenwärtig mit 55 Personenwochen zusätzlichem Aufwand rechnen müssen. Die vorhandenen Ressourcen dürften deshalb nicht ausreichen.

Wie können die Projektberichte für das Multiprojektcontrolling verdichtet werden?

Der Multiprojektcontroller sollte die Fortschrittsberichte der einzelnen Projekte so verdichten, dass der Projektstand im Überblick deutlich wird. Dieser Projektportfolio-Statusbericht ist regelmäßig für das Management bereitzustellen (Jenny 2009). Abbildung 3.104 zeigt, dass Projekt 4 aktuell ein Terminproblem hat. Es befindet sich gegenwärtig in der Realisierungsphase und hat zu wenige Ressourcen. Bei Projekt 3 ist die Terminlage gegenwärtig im Plan, jedoch rechnet man im September mit Ressourcenengpässen beim Entwurf. Insgesamt wird die Terminsituation des Projektportfolios kritisch eingestuft.

Der Bericht in Abb. 3.104 kann für das Management weiter aggregiert und mit einem Periodenvergleich angereichert werden. In Abb. 3.105 werden die zentralen Größen des Projektstatusberichts für alle Projekte des Portfolios visualisiert. Aktuell sind drei von sieben Projekten kritisch (Ampelfarbe Rot). Dies ist im Vergleich zu den letzten drei Monaten eine Verschlechterung. Im Portfolio ist vor allem die Terminsituation auffällig (drei von sieben Projekten sind rot).

Abb. 3.101 Inhalte des
Fortschrittsberichts

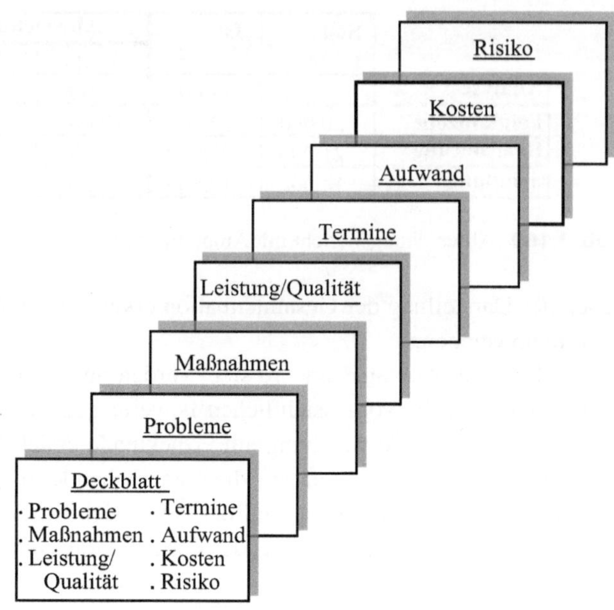

Fortschrittsbericht

Projektbezeichnung: Modul A　　　　Projektnummer: P1　　　　Datum: 2. August

Anlass:　　⊗ Periodischer Bericht　　　○ Meilenstein erreicht　　　○ Problembericht

Gesamt	Qualität	Termin	Aufwand	Kosten	Risiko
☺ ☺ ☹	☺ ☺ ☹	☺ ☺ ☹	☺ ☺ ☹	☺ ☺ ☹	☺ ☺ ☹
Plan		75 Wochen	850 P.Wochen	800.000 EUR	
V-Ist		90 Wochen	905 P.Wochen	750.000 EUR	
Abweichung		15 Wochen	55 P.Wochen	−50.000 EUR	

Beurteilung Projektleiter:	Beurteilung Controller:

Weiteres Vorgehen:	Wer?	Bis wann?
Maßnahme 1:	....	....
Maßnahme 2:	....	....
Maßnahme 3:	....	....

....　　　　　　　　..
Datum, Unterschrift Projektleiter　　　　　　　　　Datum, Unterschrift Controller

V-Ist = voraussichtliches Ist　　　　P.Wochen = Personenwochen

Abb. 3.102 Deckblatt eines Fortschrittsberichts

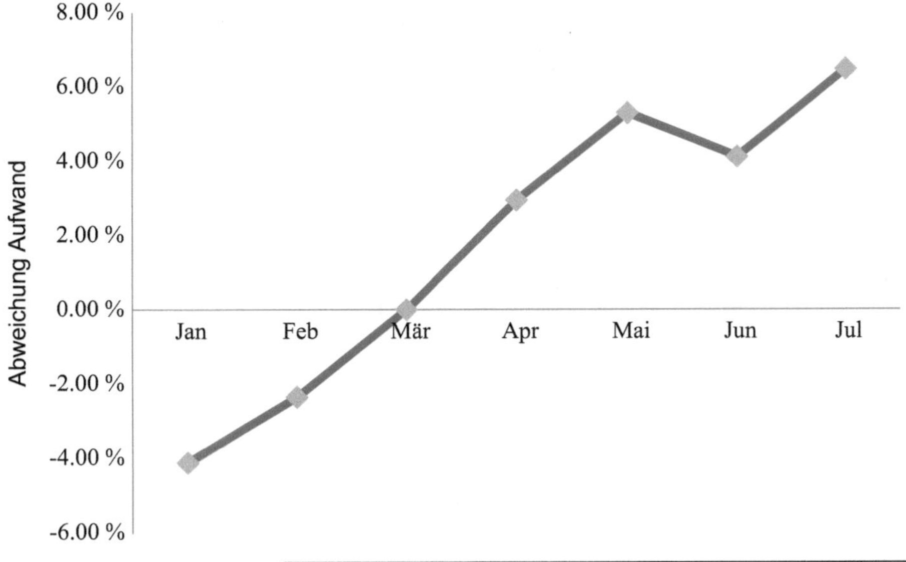

	Vergangene Monate seit Projektstart						Aktueller Monat
	Jan	Feb	Mär	Apr	Mai	Jun	Jul
Voraussichtlicher Gesamtaufwand	815	830	850	875	895	885	905
Planaufwand gesamt	850	850	850	850	850	850	850
Abweichung Aufwand	−4,12 %	−2,35 %	0,00 %	2,94 %	5,29 %	4,12 %	6,47 %

Abb. 3.103 Voraussichtliche Gesamtabweichung des Aufwands

Wie häufig wird der Fortschrittsbericht erstellt?
Regelmäßige Fortschrittsberichte schaffen Vertrauen in die Qualität des Projektmanagements und -controllings. Wichtig ist dabei die Festlegung einer angemessenen **Berichtshäufigkeit**. Um bei den Kosten einen „Blindflug" zu vermeiden, sind möglichst kurze Berichtsintervalle anzustreben, jedoch nicht so kurz, dass die Differenzen an Bedeutung und Aussagefähigkeit verlieren. Als Daumenregel gilt, dass die Berichtshäufigkeit etwa fünf Prozent der Projektdauer betragen sollte. Dies führt bei einem zweijährigen Projekt zu einem rechnerischen Berichtsintervall von fünf Wochen. Da die Unternehmen jedoch in der Regel einen monatlichen Berichtsrhythmus eingeführt haben, bietet sich in diesem Fall ein monatlicher Fortschrittsbericht an.

Was sollte beim Aufbau des Berichtswesens beachtet werden?
Um die angesprochenen Kriterien für ein gutes Berichtswesen zu erfüllen, ist eine Analyse des Informationsbedarfs zusammen mit den Berichtsempfängern nötig. Daraus muss eine eindeutige Beschreibung für jeden Bericht abgeleitet werden (vgl. Abb. 3.106).

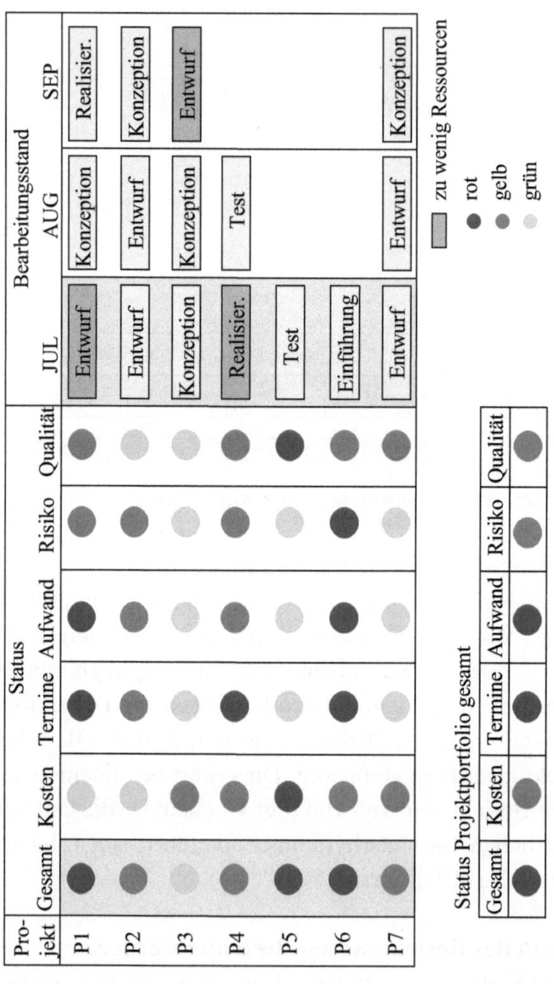

Abb. 3.104 Projektportfolio-Statusbericht der laufenden Projekte

Welche Inhalte sollte der Abschlussbericht aufweisen?
Nach Projektende wird ein **Abschlussbericht** erstellt, der die Ergebnisse darstellt und den
Ablauf des Projekts dokumentiert. Mindestens folgende Gliederungspunkte sollten ent-
halten sein:

- Management Summary mit einer Zusammenfassung der wesentlichen Ergebnisse;
- Zielerfüllung bezüglich Leistung, Kosten und Termin;
- Erklärung der Planabweichungen;
- Erfahrungen, wichtige Punkte und Empfehlungen.

Wie werden die Projektdaten dokumentiert?
Bereitzustellen sind wichtige **Projektdokumente** (Projektauftrag, Pflichtenheft, Projektorganisation, Projektstrukturplan, Terminpläne) und **Protokolle der Projektbesprechun-
gen** mit den Beschlüssen. Zusätzlich zu empfehlen ist eine **Projektchronologie**, die im
Überblick den zeitlichen Ablauf wichtiger Entscheidungen, Probleme und Maßnahmen
festhält. Sinnvoll ist zudem eine kompakte Zusammenstellung der **Projekterfahrungen**,
so dass diese auch in Folgeprojekten genutzt werden können (vgl. Abschn. 3.2.6). Durch
das Aufzeigen und Bewerten bedeutsamer Unterschiede zwischen der Planung und dem
Istverlauf bei Kosten, Leistungen und Terminen wird ein Lernprozess unterstützt, der hilft,
spätere Projekte effizienter abzuwickeln.

Die wesentlichen Unterlagen sollten zentral in einer **Projektakte**, die jedem Beteiligten zugänglich ist, gesammelt werden. Die Projektakte gliedert sich in die

- Führungsakte mit den Führungsinformationen und
- Arbeitsergebnisakte mit Zeichnungen, Tabellen, Berichten, Präsentationsunterlagen.

Vor allem bei großen Projekten empfiehlt sich eine **elektronische Projektbibliothek.**
Dies ist ein Dateisystem, das alle im Projektablauf anfallenden Dokumente speichert und
verwaltet. Vorteile sind der erleichterte Änderungsdienst, die transparente Dokumentation
und die einfache Ermittlung des Projektstands.

Praxisbeispiel

Für die Projekte der **MIS AG** gibt es einen Informationspool, in dem das Projektteam
alle projektrelevanten Informationen ablegen kann. Dies können z. B. Dokumentationen, Protokolle, Präsentationen, Terminübersichten oder Aufgabendokumente sein.
Die Gliederungsstruktur der „elektronischen Projektablage" entspricht dem Standard-
vorgehensmodell. Auch allgemeingültige Informationen und Hilfsmittel sind nach dieser Struktur in der Know-how-Datenbank hinterlegt.

Für ein internationales IT-Großprojekt der **Thomas Cook AG** erfolgte die Dokumentation webbasiert mit Windows SharePoint. Die Struktur wurde analog der Projektstruktur mit ihren Teilprojekten und Stufen abgebildet. Gerade bei Verhandlungen mit
Lieferanten und bei internen Audits war es sehr hilfreich, schnell auf Ergebnisdoku-

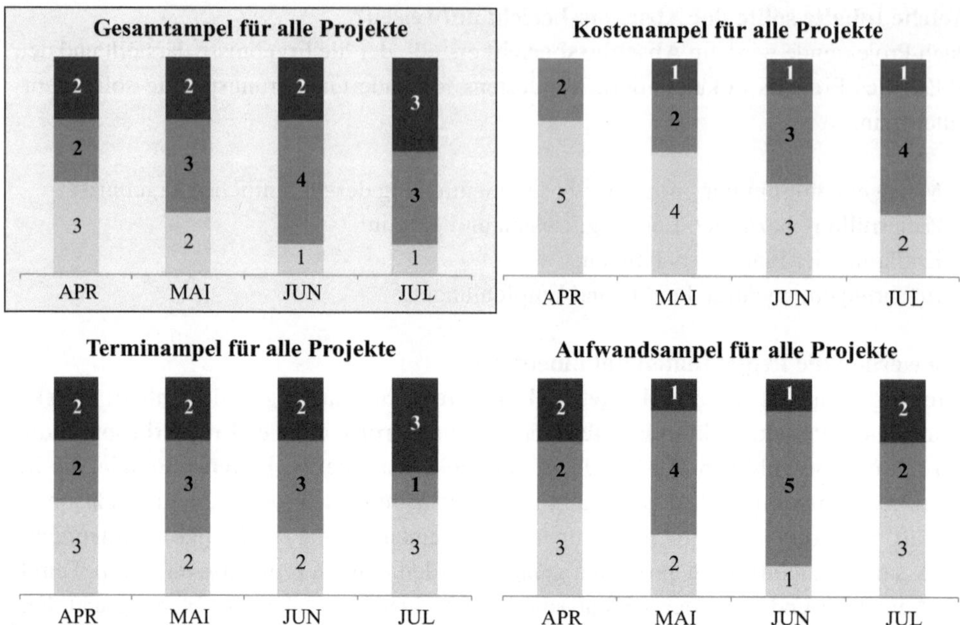

Abb. 3.105 Verdichtung des Projektportfolio-Statusberichts

Inhalt	Gesamtbeurteilung, Leistungsstand, Qualität, Termine, Aufwand, Kosten und Risiko; Probleme und Maßnahmen
Verantwortlich	Projektleiter und Projektcontroller
Daten	Ist-, Plan- und Solldaten, voraussichtliches Ist
Zeithorizont	Projektstart bis aktueller Monat, Projektende
Darstellung	Zahlentabellen, Liniendiagramme und Ampeln
Vorlagetermin	Bis zum fünften Werktag des Folgemonats
Empfänger	Lenkungsausschuss

Abb. 3.106 Beschreibung eines Berichts

mente zugreifen zu können, um jederzeit auskunftsfähig zu sein. Die Ergebnissicherung und Dokumentationen waren auch Bestandteil der Wirtschaftsprüfung.

3.2.7.1 Berichtswesen in einem Produktbereich der Robert Bosch GmbH

Die Abb. 3.107 zeigt eine Übersicht über diejenigen Berichte, die man im Produktbereich Instrumentation Systems des Geschäftsbereichs Car Multimedia der Robert Bosch GmbH erzeugt und von denen einige im Folgenden näher beschrieben werden.

Projekt-Cockpit

Das Projekt-Cockpit ist das zentrale Steuer- und Reportinginstrument für den Projektleiter (vgl. Abb. 3.108). Dort ist der gesamte Projektstatus visualisiert. Das Projekt-Cockpit hat zum Ziel, Kosten, Erlöse, Ressourcen, Termine und die Qualitätsrealisierung im Ist und Plan darzustellen und auf mögliche Trends hinzuweisen.

Die Daten des Projekt-Cockpits werden monatlich aktualisiert. Der Projektcontroller unterstützt den Projektleiter bei der Datenaufbereitung und stellt ihm die Daten aus SAP R/3 zur Verfügung. Der Projektleiter stellt das Projekt-Cockpit monatlich dem Projekt-steuerkreis vor. Projektleiter und Projektcontroller prüfen die Daten gemeinsam auf Plausibilität. Wie man Abb. 3.108 entnehmen kann, zeigt das Projekt-Cockpit folgende Projektsteuergrößen auf:

Auf der linken Seite werden über einen vom Projektcontroller monatlich durchgeführ-ten manuellen Download aus dem Modul PS des SAP-Systems die Projektkosten zum Zweck der Kostenverfolgung (Plan gegenüber Ist) dargestellt. Budgetüberschreitungen können damit aufgezeigt und deren Ursachen näher analysiert werden.

Der oberste mittlere Bereich gibt einen Auszug der zugehörigen Projektrechnung wie-der, der zu den wichtigen Meilensteinen aktualisiert werden muss. Die Projektrechnung ist eine klassische Deckungsbeitragsrechnung, in der das Betriebsergebnis über die gesamte Projektlaufzeit ermittelt wird. Datenlieferant ist das Controlling, da eine Gesamtsicht zur Erstellung der Projektrechnung erforderlich ist.

Empfänger	Berichtsersteller	Berichtsart	Berichtszweck	Berichtsturnus
Geschäfts-leitung	Projektcontrolling und Produktbereichs-controlling	Ampelchart, Produktbereichs-Cockpit aller Produktbereiche	Multiprojektsicht über den Produktbereich zur strategischen Einflussnahme	monatlich
Produkt-bereichs-leitung	Projektcontrolling und Produktbereichs-controlling	Ampelchart, Meilensteinübersicht, Änderungsmanagement, Darstellung der Forschungs-und Entwicklungskosten	Multiprojektsteuerung, Kenntnissetzung über die Gesamtsituation	zwei-wöchentlich
Projekt-steuerkreis	Projektleiter und Projektcontrolling	Projekt-Cockpit, Regelmeetingbericht, Terminplan	Einzelprojektsteuerung im Produktbereich	monatlich
Projekt-leitung	Projektleiter und Projektcontrolling	Projekt-Cockpit, Regelmeetingbericht, Terminplan	Einzelprojektsteuerung im Produktmanagement	monatlich

Abb. 3.107 Berichte, Berichtsgremien und Berichtshäufigkeit am Beispiel der Robert Bosch GmbH

Die Darstellung des Projektfortschritts mit Hilfe von Projektcycletime-Punkten ist in der Mitte des Projekt-Cockpits realisiert. Die Daten stammen aus der zugehörigen Meilenstein-Terminplanung. Die Sachfortschrittskontrolle stellt für den Entwickler und Projektleiter wohl die wichtigste Kontrollaufgabe dar. Die Kernfrage der Sachfortschritts-kontrolle ist immer, ob zu den aufgewendeten Kosten die äquivalente Leistung vorliegt. Im Produktbereich wird zur Bestimmung des Projektfortschritts die 0/100-Methode ange-wendet, d. h., nur zu 100 Prozent abgeschlossene Arbeitspakete werden dem Projekt gut-geschrieben (vgl. Abschn. 3.2.2). Der Fortschritt wird monatlich geprüft. Die Beurteilung, d. h. die Punktevergabe je Arbeitspaket, liegt im Ermessen des Projektleiters.

Die Meilenstein-Trendanalyse ist im mittleren Feld unten visualisiert.

Das rechts oben integrierte Mitarbeitereinsatzdiagramm soll den grafischen Verlauf der Plan- und Ist-Daten aus der Ressourcenplanung und -verfolgung darstellen. Dabei wird darauf hingewiesen, ob zu wenige oder zu viele Mitarbeiter vorhanden sind. Die Plan- und Istwerte überträgt der Projektleiter aus dem Planungstool zur Ressourcenplanung in das Mitarbeiter-Eingabeblatt des Projekt-Cockpits. Im Anschluss erfolgt eine automatische Datenübertragung in die Grafik.

Das rechts außen in der Mitte positionierte Qualitätsbewertungsdiagramm zeigt den grafischen Verlauf der tatsächlichen Erfüllung derjenigen Meilensteintermine, die eine Qualitätsbewertung vorsehen. Deren Erfüllung ist zwingend erforderlich, um in die nächste Projektphase eintreten zu können. Dabei wird überprüft, wie oft Qualitätsbewer-tungen durchgeführt worden sind und wie viele davon mit Erfolg bzw. Nichterfolg abge-schlossen haben.

Das Betriebsergebnis-Diagramm auf dem unteren, rechts außen angeordneten Feld ver-deutlicht den Verlauf des Ist-Betriebsergebnisses aus der Projektrechnung. Man kann es in Prozent über die gesamte Laufzeit beobachten und sich bei Fehlentwicklungen Rationali-sierungspotenziale zur Verbesserung überlegen.

Regelmeetingbericht

Dieser Bericht dient als Berichts- und Steuerungsdokument für den Projektleiter. Er verdeutlicht in übersichtlicher Form alle wesentlichen Daten zum Status des Projektes in Ampelsystematik. Aufgezeigt werden hier Termine, Qualitätsbewertung, Ressour-cen, Entwicklungs- und Werkzeugkosten sowie das Betriebsergebnis. Daneben gibt der Regelmeetingbericht auch Auskunft über aktuelle Aktivitäten, die im Projekt durchzu-führen sind. Außerdem werden auftretende Projektrisiken während der Projektlaufzeit und die dafür vorgesehenen Maßnahmen dokumentiert. Abschließend werden Hin-weise auf die Projektentwicklung gegeben.

Dieser Bericht gewährleistet die Einheitlichkeit der Projektdarstellung über alle Pro-jekte. Die Statusinformationen werden monatlich in der Projekthistorie festgehalten, da-mit zum einen die Dokumentationspflicht erfüllt ist und zum anderen aus den Fehlern und Erfolgen der Vergangenheit für andere Projekte profitiert werden kann.

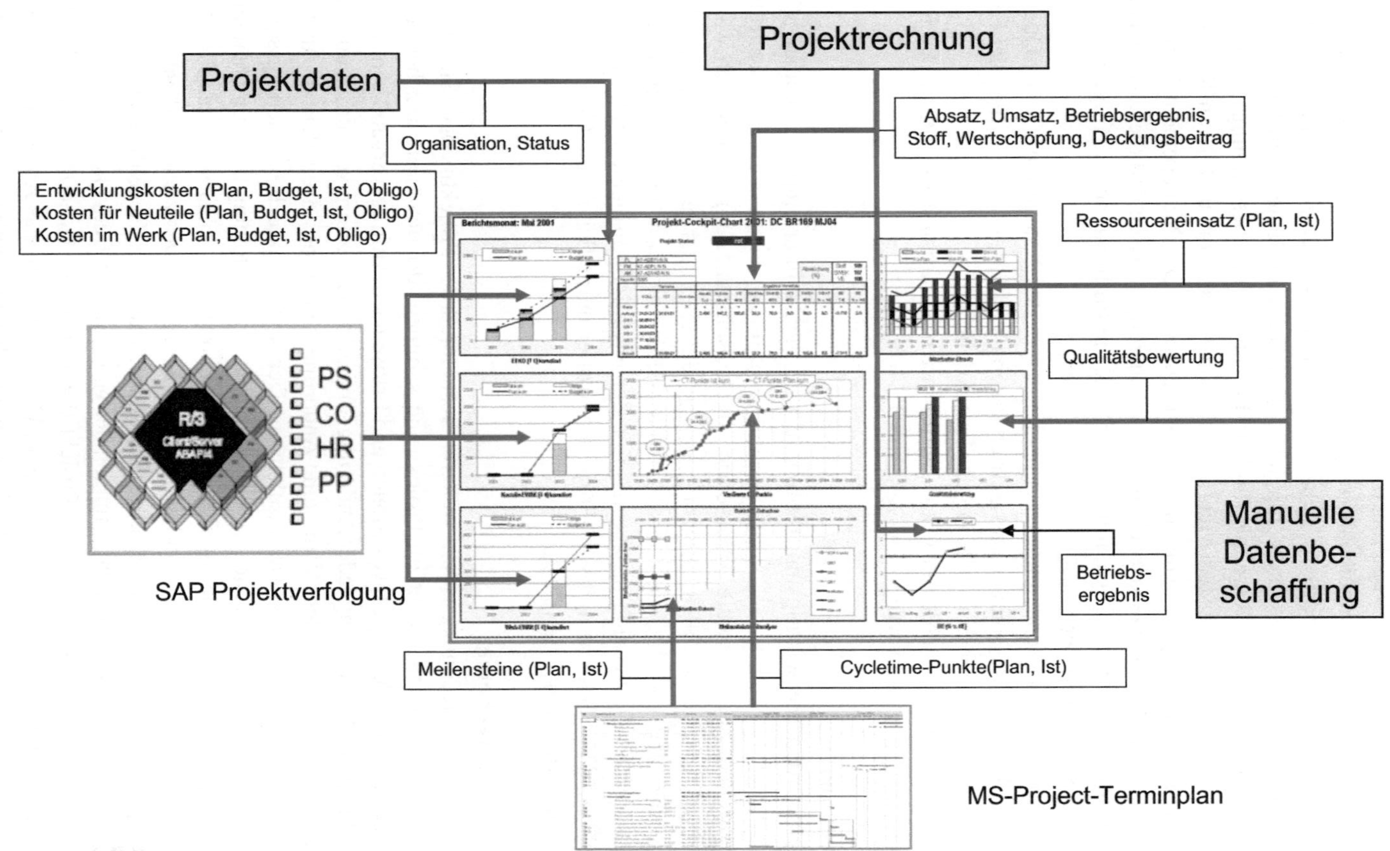

Abb. 3.108 Projekt-Cockpit am Beispiel der Robert Bosch GmbH

Ampelchart

Die Statusinformationen des Regelmeetingberichts werden für das Multiprojektmanagement im sogenannten Ampelchart aufbereitet. Aufgezeigt werden alle Entwicklungsprojekte mit ihren zugehörigen Steuergrößen in der Ampelsystematik. Bei rotem und gelbem Projektstatus müssen die zugehörigen Ursachen erläutert und die vorgesehenen Maßnahmen aus dem Regelmeetingbericht zur Problembeseitigung dargestellt werden. Hinweise auf die nächsten wichtigen Meilensteintermine und deren Realisierbarkeit werden ebenfalls durch Ampelfarben verdeutlicht. Das Management kann auf Grundlage des Ampelcharts die kritischen Projekte anzeigen lassen und diese gesondert verfolgen. Damit ist es in der Lage, mit einem Blick die Probleme und Erfolge im Projektmanagement zu erkennen.

In Abb. 3.109 wird die Bedeutung der Ampelfarben in den Kategorien Kunde, Qualitätsbewertung, Termine, Ressourcen und Betriebsergebnis erklärt. Die Einstufung der Farben erfolgt nach subjektiver Einschätzung des Projektleiters.

Auch die Gesamtsituation des Projektes wird mit Ampelfarben verdeutlicht. Die Regeln für die Belegung sind vorgegeben (vgl. Abb. 3.110).

Meilensteinübersicht

Aufgezeigt werden die wichtigsten Termine der Meilensteinterminplanung über alle Projekte, um auf Terminüberschreitungen rechtzeitig hinzuweisen oder Termine frühzeitig mitzuteilen, bei denen die Anwesenheit der Geschäftsleitung erforderlich wäre. Um Signalfunktionen zu erfüllen, bedient man sich hier ebenfalls der Ampelsystematik. Außerdem wird eine Vorschau auf die nächsten Meilensteintermine pro Projekt gezeigt. Schließlich werden die Produktionsstarttermine der jeweiligen Projekte nach Entwicklungsabschluss dokumentiert und vom Projektcontroller monatlich an die Geschäftsleitung des Produktbereiches berichtet.

Änderungserfolgsrechnung

Die Änderungserfolgsrechnung ist ein weiterer Bestandteil der Projektmappe. Sie unterstützt das Änderungsmanagement im Projekt und sammelt, dokumentiert und bewertet alle Informationen über Kosten, Investitionen und Erlöse nach Auftragsvergabe vom Kunden. Somit kann die Auswirkung jeder Änderung, ob intern oder extern veranlasst, auf das Projektergebnis bewertet werden. Wenn eine Änderung keinen positiven Beitrag zur Ergebnisverbesserung aufweist, ist sie abzulehnen. Der jeweils aktuelle Änderungsstatus dient auch dem Projektteam bei Steuerkreis-Meetings zur Darstellung des zeitnahen und wirtschaftlich erfolgreichen Änderungsmanagements sowie zur Anpassung des Projektauftrags, um z. B. zusätzliches Entwicklungsbudget zu erhalten. Des Weiteren dient er den Ressourcen-Ownern zur Sicherstellung der Ressourcen und der Gegenfinanzierung erbrachter Mehrleistungen bei Überschreitungen der genehmigten Budgets.

Diese Änderungserfolgsermittlung je Projekt dient auch zur Generierung des Multiprojektberichtes Änderungserfolgsmanagement. Um steuernd in das Änderungsmanagement eingreifen zu können, selektiert das Projektcontrolling monatlich all diejenigen Än-

	Rot	Gelb	Grün
Kunde	Probleme in der Zusammenarbeit; Einwirken der Geschäftsleitung nötig.	Die Probleme in der Zusammenarbeit können vom Projektleiter behoben werden.	Gute Zusammenarbeit mit dem Kunden; der Kunde ist zufrieden.
Qualitätsbewertung	Letzte QB wurde nicht bestanden; es findet eine Wiederholung statt.	Bestehen der zukünftigen QB kritisch.	Letzte QB bestanden.
Termine	Termine sind überschritten; Unterstützung der Geschäftsleitung erforderlich.	Termine sind überschritten; der Projektleiter hat mit dem Kunden neue Termine abgestimmt.	Termine verlaufen nach Plan.
Ressourcen	Ressourcen sind zu knapp und keine Einstellung möglich; Entscheidung der Geschäftsleitung erforderlich.	Ressourcen sind zu knapp; es konnten andere Mitarbeiter kurzfristig für das Projekt intern gewonnen werden.	Ressourcen sind ausreichend.
Betriebsergebnis	Der Prozentwert liegt unterhalb der festgelegten Mindestgrenze.	Der Prozentwert liegt zwischen der festgelegten Unter- und Obergrenze.	Der Prozentwert liegt über der festgelegten Obergrenze.

Abb. 3.109 Ampelfarbenbelegung

derungsumfänge, für die noch keine Erlösdaten eingetragen sind und/oder deren Abstimmung mit dem Kunden drei Monate nach Datum des Änderungseintrages noch nicht abgeschlossen ist, geordnet nach Kunden und Projekten. Die zugehörigen Projektmappen können jederzeit online geöffnet werden, falls nähere Informationen erforderlich sind und der Gesamtstatus für die Geschäftsleitung nicht ausreichend ist.

3.2.7.2   Berichtswesen der Outokumpu Technology GmbH
Zeitlicher Ablauf

Um eine aktuelle und mit den Periodenabschlüssen synchronisierte Darstellung des Auftragsbestandes zu gewährleisten, hat sich eine Festlegung von Aktivitäten innerhalb des Monatsablaufs bewährt (vgl. Abb. 3.111).

Ampelfarbe	Regel
rot	Projektziel nicht mehr erreichbar; Auswirkungen auf Gesamtprojekt
	Projektziel wird nicht erreicht; mit Auswirkungen in Teilbereichen
	Projektziel wird nicht erreicht; derzeitige Maßnahmen greifen nicht; Chancen erkennbar
gelb	Projektziel kann durch eingeleitete Maßnahmen erreicht werden, jedoch sind Risiken vorhanden
	Projektziel wird durch eingeleitete Maßnahmen erreicht; permanente Überprüfung
	Projektziel wird mit abgesicherten Maßnahmen erreicht
grün	Projektziel wird sicher erreicht; Maßnahmen sind nicht notwendig
	Projektziel wird genau erreicht
	Projektziel wird übertroffen

Abb. 3.110 Belegung der Ampelfarben nach vorgegebenen Regeln

Über den gesamten Monatsverlauf werden die Drittkosten sowie die Stundenplanungen für alle Aufträge kontinuierlich aktualisiert. Vor dem Ende der Periode werden die im Monat angefallenen Stundenleistungen und die Stundenplanungen aus den entsprechenden Datenbeständen an den Auftragsbestand innerhalb des SAP-Systems übertragen. Eine Durchsicht aller Projekte erfolgt am letzten Arbeitstag eines Monats. Im Anschluss werden die Abschlüsse gemäß HGB und IFRS innerhalb des Rechnungswesens und Unternehmenscontrollings vorgenommen. Nach Abgabe des Monatsberichts werden die Projektleiter mit einem Berichtspaket über den Stand ihrer Projekte informiert und entsprechend der Festlegung mit dem Leiter Projektmanagement zur Berichterstattung aufgefordert. Die Projektcontroller leisten Unterstützung bei der Erstellung der Projektberichte, die nach einem einheitlichen Format erstellt werden und die Teil der Unterlagen für die Steuerungsgremien sind. Im Anschluss an diese Auftragsdurchsprachen wird in einer Controllingbesprechung die Abstimmung zwischen den beteiligten Abteilungen, dem Projektcontrolling, der kaufmännischen Projektabwicklung sowie dem Unternehmenscontrolling durchgeführt. Dies dient der Koordination der kaufmännischen Aufgaben und darüber hinaus der Vorbereitung von Quartals- und Jahresabschlüssen.

Reporting und Kennzahlen

Die im Projektcontrolling verfolgten und geplanten Daten entsprechen der schon in der Kalkulation geplanten Struktur von Kennzahlen:

- Planerlös (im Kundenauftrag fix mit Ausnahme von Change Orders),
- auftragsdirekte Drittkosten (entsprechend der Kalkulation nach Kostengruppen),

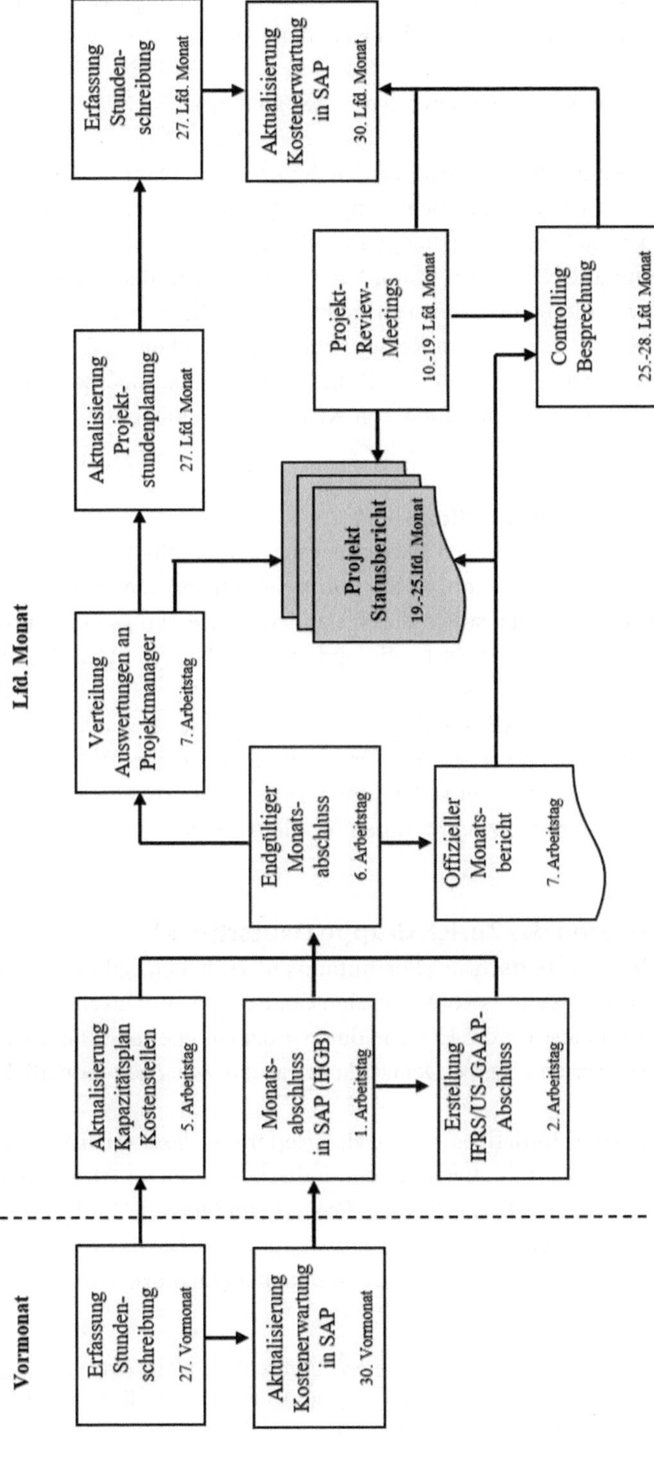

Abb. 3.111 Schematisierter Ablaufplan der Controlling-Aktivitäten am Beispiel der Outokumpu Technology GmbH

– Leistungen (Eigen- und Fremdleistungen, stundenbasiert oder pauschal ermittelt),
– Risikovorsorge (gemäß der individuellen Risikoanalyse),
– Deckungsbeitrag,
– Projekt- und Finanzergebnis (gemäß Cash Flow-Planung).

Entsprechend dieser Kennzahlenstruktur werden die jeweiligen Werte der Startkalkulation mit den Vorgabewerten nach Berücksichtigung von Change Orders sowie den aktuellen Erwartungswerten verglichen. Abweichungen werden absolut sowie als Prozentwerte analysiert. Zur Darstellung der Fortschrittssituation werden angefallene Kosten, Leistungen und Bestellwerte sowie offene Positionen ausgewiesen. Ein Schwerpunkt der Controlling-Aktivitäten liegt in der Steuerung von Ressourcen, also der Planung und Verfolgung der Eigen- und Fremdleistungen innerhalb der Projekte. Hierzu ist innerhalb der operativen Projektsteuerung eine enge Verknüpfung von Kosteninformationen und Stundenleistungen notwendig.

Berichtsmodell des Projektcontrollings
Zur Information der unterschiedlichen Interessengruppen innerhalb und in Ausnahmefällen auch außerhalb der Organisation wurde ein mehrstufiges Reportingmodell etabliert (vgl. Abb. 3.112). Die Adressaten sollen durch standardisierte und gezielte Information in die Lage versetzt werden, sich eine schnelle und aktuelle Übersicht der Entwicklung zu verschaffen.

Neben den innerhalb des SAP-Standard-Informationssystems vorhandenen Berichten hat es sich als notwendig erwiesen, weitere Projektberichte zur Verfügung zu haben. Aus diesem Grund wird eine Reihe von selbst entwickelten Reports genutzt, die integrierte Informationen aus allen eingesetzten Modulen für die Aufgaben der Projektsteuerung zur Verfügung stellen.

3.2.7.3 Berichtswesen der Zurich Gruppe Deutschland

Um Transparenz über den Fortschritt aller Initiativen[4] zu haben, gibt es regelmäßig ein übergreifendes Reporting, welches vom zentralen Controlling entwickelt und verantwortet wird. Es dient als Grundlage für die Entscheidungsprozesse über alle Initiativen. Der Berichtsrhythmus in der Zurich Gruppe Deutschland variiert zwischen monatlich und quartalsweise.

Für die internationalen Initiativen erfolgt das Reporting des Initiativenfortschritts im monatlichen Rhythmus. Die Initiativen berichten direkt – in enger Abstimmung mit den Sponsoren – an das zuständige Project Office. Das Project Office prüft die einzelnen Fortschrittsberichte der Initiativen, aggregiert die Informationen für das zuständige Steering Committee (Lenkungsausschuss) und erstellt eine managementorientierte Zusammenfas-

---

[4] Unter Initiativen versteht man in der Zurich Gruppe Deutschland alle wertigen Vorhaben, die zur Ausrichtung, Erneuerung und Performancesteigerung des Unternehmens dienen. Projekte sind nach diesem Verständnis nur eine Teilmenge der Initiativen.

Zielgruppe	Bericht	Kenngrößen
Geschäftsführung	Übersicht aller Aufträge in Abwicklung und in Gewährleistung	Auftragswert, Drittkosten gesamt, Risikovorsorge, Gesamtstunden, Auftragsergebnis, Vorgabegröße, Erwartungswert, Änderungen zur Vorperiode
Steuerungsgremium	Projektbericht	siehe oben, zusätzliche Informationen zu Änderungen und zum Abwicklungsfortschritt
Projektleitung	Projektbericht, Bericht nach Kostengruppen, Bericht nach Stundenbudgets, Cash Flow u. a.	siehe oben, zusätzliche Informationen zu Einzelbudgets, Änderungen, Fortschrittswerten sowie Kurztext
Bereichs- und Abteilungsleitung	Budgetberichte, Auslastung der Disziplin	insbesondere Daten zur Budgetsituation und Auslastung
Projektcontrolling	alle Berichte, Arbeitsberichte zur Analyse von Einzelpositionen für Kosten, Erlöse und Stundenleistungen	alle Informationen der Abwicklung aus den Bereichen Planung, Beschaffung, Buchhaltung, Änderungsdienst, Stundenmanagement u. a.

Abb. 3.112 Kategorien für Projektberichte

sung über das Initiativenbündel[5] inkl. einer übergreifenden Einschätzung. Auf dieser
Grundlage generiert das zentrale Controlling regelmäßig einen Report über sämtliche Initiativen und Bündel, in dem alle Berichte der einzelnen Project Offices über die jeweiligen Initiativenbündel zusammengestellt und analysiert werden. Der Empfänger dieser Entscheidungsvorlage ist der Gesamtvorstand. Der Report enthält insgesamt zwei Dimensionen (vgl. Abb. 3.113).

Im Fokus stehen zunächst die Verbesserungen des operativen Ergebnisses (Business Operating Profit, Net Income after Tax), die im Rahmen einer Wirtschaftlichkeitsberechnung ermittelt werden. Daneben stehen sämtliche organisatorische Effekte, die über den gesamten Sachfortschritt der Initiative, die Realisierungswahrscheinlichkeit, Schnittstellen sowie den Fortschritt der einzelnen Meilensteine, Risiken, Termine, etc. Auskunft geben.

---

[5] Ein Initiativenbündel umfasst themenverwandte, sich gegenseitig ergänzende Initiativen/Projekte, die abgestimmt werden müssen. Es gibt sieben Initiativenbündel, z. B. Prozessoptimierung, Personalentwicklung oder Optimierung des Produktportfolios.

Es obliegt dem zentralen Controlling, weitere Betrachtungen vorzunehmen, auf Widersprüchlichkeiten hinzuweisen, Handlungsvorschläge zu erarbeiten und die Gesamtwirkung von Programmen und Bündeln nachvollziehbar darzustellen.

3.2.7.4   Fortschrittsbericht der Lufthansa Systems

Bei Lufthansa Systems wird ein selbst entwickeltes Tool eingesetzt, um standardisierte Statusberichte zu erstellen. Auf Anforderung und nach jedem Monatsabschluss wird dem Projektleiter automatisch eine Projektmappe mit den aktuellen Istwerten und Prognosen zugesandt. Nach einer Überprüfung und ggf. Änderung der Prognosen kann der Statusbericht angefordert werden. Dieser besteht aus Projektdefinition, Projektplanung, aktuellen Istwerten und einem Summary. Ist der Projektstatusbericht fertiggestellt und sollen keine weiteren Änderungen daran vorgenommen werden, muss der Projektleiter den Bericht bestätigen. Mit der Bestätigung wird der Bericht archiviert und ist dann nicht mehr änderbar. Alle archivierten Projektstatusberichte sind im Frühwarnsystem abrufbar.

Frühwarnsystem

Das Frühwarnsystem ermöglicht den Nutzern einen Überblick über alle freigegebenen Projektstatusberichte und zeigt die wesentlichen Projektkennzahlen im Überblick. Grundlage der Darstellung sind die Daten, die im SAP-System gespeichert sind, und die Informationen, welche die Projektleiter aufgrund ihrer Kenntnis über Projektstatus und Projektfortschritt als Prognose eingegeben haben.

Das Frühwarnsystem vergleicht die betriebswirtschaftlichen Kennzahlen eines Projekts mit dem Projektplan und stellt die Abweichung farblich dar. Über eine Definition von Grenzwerten lässt sich diese Kennzeichnung beeinflussen. Der Ampelbildschirm reagiert kontextsensitiv. So können mittels Mausführung vom Projektleiter hinterlegte, projektbezogene Informationen sichtbar gemacht werden. Der dazugehörige Projektstatusbericht kann mit einem Klick auf den aktuellen Bericht angelegt und geöffnet werden.

Wenn detaillierte Informationen zu den Projekten angefordert werden, kann für jedes einzelne Projekt jeder gewünschte Projektstatusbericht hinzugezogen werden. Damit hat auch der Profit-Center-Leiter die Möglichkeit, Projektdefinitionen, die Projektplanung und aktuelle Istwerte direkt einzusehen. Da an dieser Stelle auf die konkreten Projektstatusberichte zugegriffen wird, sind alle durch den Projektleiter angegebenen Kennzahlen und Werte ersichtlich. Zusätzlich kann der zeitliche Verlauf der betriebswirtschaftlichen Kennzahlen durch Klick auf die entsprechenden Werte aufgerufen werden. Eine Grafik ermöglicht den schnellen Überblick über die zeitliche Entwicklung des Projekts.

3.2.8   Kennzahlen

Berichte sollten aussagefähige **Kennzahlen** enthalten. Sie ermöglichen die kompakte Darstellung schwer zu überblickender Datenmengen. Im zeitlichen Vergleich und durch

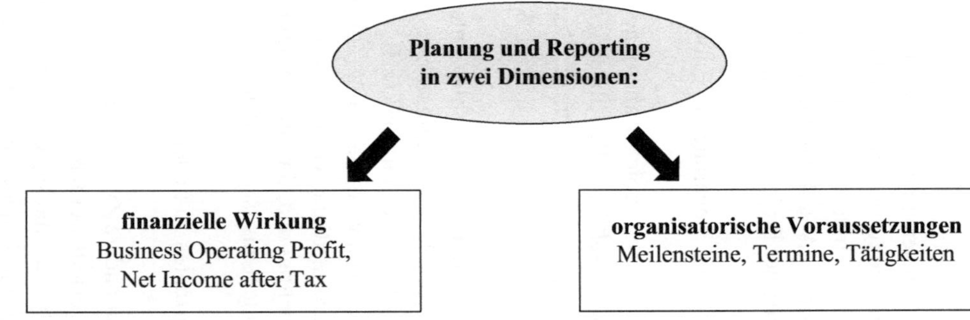

Abb. 3.113 Planungs- und Reportingdimensionen der Zurich Gruppe Deutschland

Gegenüberstellung mit anderen Projekten oder einem Planwert erhält man Anhaltspunkte für Maßnahmen.

Bedeutsame Projektkennzahlen wurden bereits im Rahmen der Wirtschaftlichkeitsverfahren (vgl. Abschn. 2.1.4.3) und der Earned Value Analyse (vgl. Abschn. 3.2.4) behandelt. Die Abb. 3.114 enthält weitere Beispiele:

Praxisbeispiel

Für IT-Projekte der **Swiss Life AG** werden u. a. folgende Kennzahlen eingesetzt (Baumöl et al. 2007):

Die fünf wichtigsten Projekte („Big 5") steuert man anhand der zentralen Kennzahlen Kostenentwicklung, Meilensteineinhaltung, Risikoentwicklung und Ressourcenverfügbarkeit. Weitere Kennzahlen sind der Innovationsgrad (Anteil strategischer Projekte im Portfolio), die Verteilungseffizienz (Anteil interner Ressourcen an strategischen Projekten), das Projektrisiko (Anteil aller Projekte mit Status gelb und rot) und Kennzahlen der Earned Value Analyse.

Die **Schindler Aufzüge AG** verwendet für die Steuerung der Entwicklungsprojekte folgende Kennzahlen (Gassmann 2005):

Termineinhaltung, Zielkosten, Anteil derjenigen Projekte, die ohne Nacharbeit die Spezifikation erfüllten (First Pass Yield), Anzahl parallel abgewickelter Projekte, durchschnittliche Projektlaufzeit, Budgeteinhaltung, Dauer für die Realisierung einer Korrektur und Kundenzufriedenheit.

Grundsätzlich können die in Abb. 3.115 aufgeführten Kennzahlen unterschieden werden. Neben absoluten Kennzahlen eignen sich vor allem Verhältniszahlen für ein aussagekräftiges Reporting. **Gliederungszahlen** beinhalten eine Teilgröße (z. B. Personalkosten), die auf die Gesamtheit (z. B. Gesamtkosten), bezogen wird. Besonders aussagekräftig sind **Beziehungszahlen**. Sie verknüpfen zwei unterschiedliche Größen, zwischen denen eine sachliche Beziehung besteht (z. B. Deckungsbeitrag und Umsatz). **Indexzahlen** verdeutlichen zeitliche Entwicklungen. Auch ein Quotient aus Ist- und Planzahlen kann als Index bezeichnet werden.

Folgende Fragen helfen, die richtigen Kennzahlen zu finden:

- Können wir Daten verwenden, die schon für andere Zwecke gesammelt werden?
- Kann die Kennzahl schnell zur Verfügung gestellt werden?
- Sind die Kennzahlen allgemein verständlich, und sind sie leicht vergleichbar mit anderen Projekten im eigenen Unternehmen oder mit Unternehmen derselben Branche?
- Gibt es neben Spätindikatoren (Istkosten, Istdauer) genügend Kennzahlen, die als Frühindikator wirken (Kundenzufriedenheit)?
- Spiegelt die Kenngröße ein wichtiges Unternehmensziel wider?

Kennzahlen müssen verstanden werden. Allen muss klar sein, was die Kennzahl bedeutet und welches Ziel damit verfolgt wird. Deshalb ist es wichtig, eine Kennzahl eindeutig zu

Kennzahl	Formel
Planabweichung:	$\dfrac{\text{Istwert} - \text{Planwert}}{\text{Planwert}} \times 100$
Plantreue:	$\dfrac{\text{Istwert}}{\text{Planwert}} \times 100$
Fremdanteil:	$\dfrac{\text{Externe Mitarbeiter}}{\text{Gesamtanzahl Mitarbeiter}} \times 100$
Kostenanteil:	$\dfrac{\text{Kosten einer Kostenart}}{\text{Gesamtkosten}} \times 100$
Produktivanteil:	$\dfrac{\text{Produktivstunden}}{\text{Gesamtstunden}} \times 100$
First Pass Yield:	$\dfrac{\text{Arbeitspakete ohne Nacharbeit}}{\text{Insgesamt fertig gestellte Arbeitspakete}} \times 100$
Overheadanteil:	$\dfrac{\text{Nicht projektbezogene Kosten}}{\text{Gesamtkosten}} \times 100$
Projektmanagementanteil:	$\dfrac{\text{Aufwand für Projektmanagement}}{\text{Gesamter Stundenaufwand}} \times 100$
Fluktuationsquote:	$\dfrac{\text{Anzahl der Abgänge}}{\text{Durchschnittlicher Mitarbeiterbestand}} \times 100$
Erfahrungsstand:	$\dfrac{\text{Summe aller Praxisjahre}}{\text{Gesamtzahl Mitarbeiter}} \times 100$
Aufwandsanteil je Phase:	$\dfrac{\text{Aufwand einer Projektphase}}{\text{Gesamtaufwand}} \times 100$
Zeitanteil je Phase:	$\dfrac{\text{Dauer einer Projektphase}}{\text{Gesamtdauer des Projekts}} \times 100$
Terminenge:	$\dfrac{\text{Anzahl zeitkritischer Arbeitspakete}}{\text{Gesamtanzahl Arbeitspakete}} \times 100$
Termintreue:	$\dfrac{\text{Fertig gestellte Arbeitspakete ohne Verzug}}{\text{Insgesamt fertig gestellte Arbeitspakete}} \times 100$
Umsetzungsquote:	$\dfrac{\text{Realisierte Maßnahmen}}{\text{Beschlossene Maßnahmen}} \times 100$
Kapazitätsauslastung:	$\dfrac{\text{Ausgelastete Kapazität}}{\text{Verfügbare Kapazität}} \times 100$
Mitarbeiterzufriedenheit:	Mittels einer Umfrage ermittelter Wert
Kundenzufriedenheit:	Mittels einer Umfrage ermittelter Wert

Abb. 3.114 Kennzahlen für das Projektcontrolling

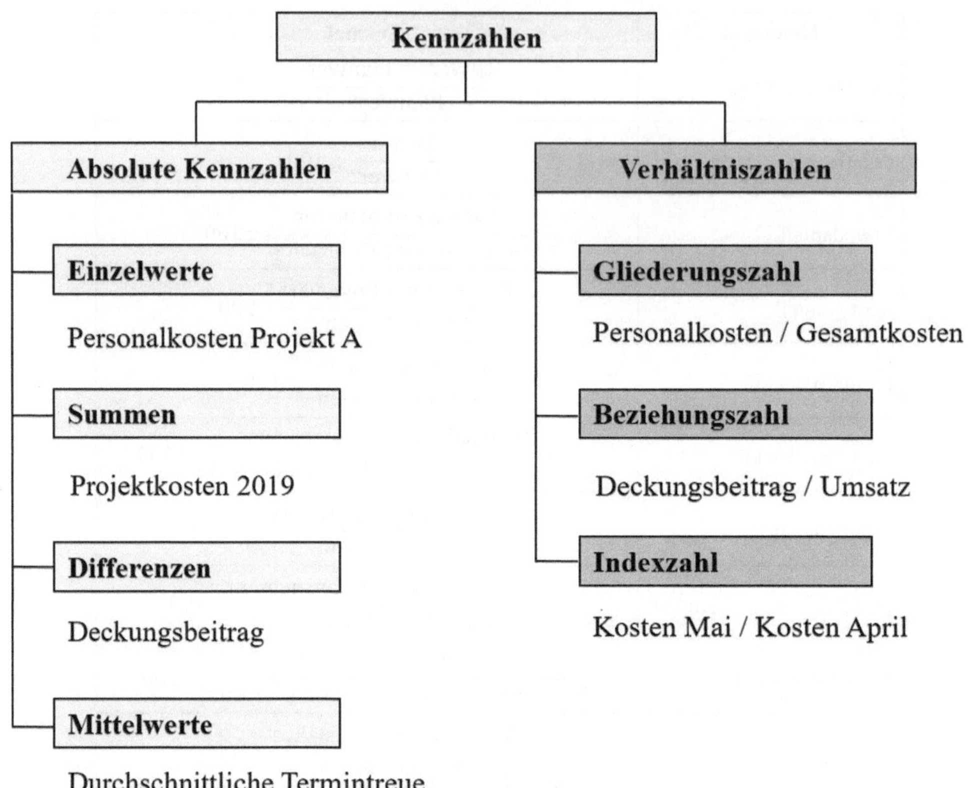

Abb. 3.115 Kennzahlenarten

dokumentieren. Abbildung 3.116 zeigt ein Beispiel für eine umfassende Kennzahlenbeschreibung. Die erste Zeile enthält das Ziel, das mit der Kennzahl gemessen werden soll.

Die Aussagekraft einer Kennzahl sollte im Besonderen beachtet werden. Insbesondere Durchschnittszahlen verschleiern oft die Realität. Angenommen, die durchschnittliche Termintreue wird nach folgender Formel ermittelt:

$$\text{Termintreue} = \frac{\text{Istdauer} \times 100}{\text{Plandauer}}$$

Ein Wert von 99 Prozent, wie mit den Daten in Abb. 3.117 errechnet würde, zeigt nicht, dass die Mehrzahl der Projekte ein Terminproblem hat. Das Ergebnis wird durch Projekt A stark beeinflusst.

Auch relative Werte können zu falschen Schlüssen führen, insbesondere dann, wenn die absoluten Angaben fehlen. Die Aussage „unsere Kundenreklamationen haben um 50 % abgenommen" beeindruckt zunächst sehr. Wenn es im letzten Jahr aber nur zwei Reklamationen gab, ist die Situation anders zu beurteilen.

Ziel	Wirtschaftlichkeit
Kennzahl	$\dfrac{\text{Sollkosten} \times 100}{\text{Istkosten}}$
Bezeichnung	Kostenindex oder CPI
Verantwortlich	Projektcontrolling
Datenquellen	Angaben des Projektleiters zum Status, Kostendaten des Controllings
Darstellung	Tabelle: Ist und Soll, Abweichung Diagramm: Zeitliche Entwicklung des Kostenindex
Zeithorizont	Projektstart bis aktueller Monat
Empfänger	Lenkungsausschuss
Vorlagetermin	Bis zum fünften Werktag des Folgemonats
Grüner Bereich	Abweichung > 98 Prozent
Roter Bereich	Abweichung < 90 Prozent

Abb. 3.116 Steckbrief für eine Kennzahl

Aussagekräftige Darstellung von Kennzahlen
Die Darstellungsform hat einen großen Einfluss auf die Verständlichkeit und damit die Akzeptanz von Kennzahlen. Üblicherweise werden Kennzahlen in Form einer Tabelle oder als Diagramm visualisiert. Tabellen eigenen sich dabei für Detailinformationen. Sie ermöglichen die Darstellung von vielen Informationen, wie z. B. Zahlenreihen, welche die Entwicklung der Projektkosten über zehn Perioden hinweg zeigen, oder die gesamthafte Darstellung einer differenzierten Deckungsbeitragsrechnung. Um dem Berichtsempfänger jedoch wichtige Informationen auf einen Blick mitzugeben, eignen sich Diagramme weitaus besser. Sie ermöglichen es dem Berichtersteller, die gezeigten Daten mit einer Aussage zu verknüpfen und komplexe Informationen transparent und klar darzustellen.

Ein nicht korrekt erstelltes Diagramm kann schnell zu Fehlinterpretation führen. Die wesentlichen Gütekriterien für die Darstellung sollten deswegen beachtet werden (Hichert 2011):

- Passendes Diagramm
- Keine Dekoration
- Botschaft formulieren
- Skalierung der Y-Achse bei null beginnen
- Einheitliche Darstellung
- Hohe Informationsdichte

Diese Kriterien für ein aussagekräftiges Schaubild werden im Folgenden anhand des Beispiels der Abb. 3.118 verdeutlicht. Dort werden die Projekte eines Unternehmens im Rahmen der Multiprojektsteuerung vier Projektarten zugeordnet. Pro Projektart wird die Ein-

 Daten für die
Ermittlung der
durchschnittlichen Termintreue

Projekt	Istdauer in Tagen	Plandauer in Tagen
A	100	90
B	100	90
C	100	90
D	100	90
E	1000	1060
Gesamt	1400	1420

haltung der Kostenziele mit der Kennzahl CPI verdeutlicht. So wird z. B. ersichtlich, dass die IT-Projekte insgesamt eine Kostenüberschreitung von 5 Prozent aufweisen (CPI=95 Prozent).

Passendes Diagramm

Kennzahlen werden oft mit dafür nicht geeigneten Diagrammen dargestellt. Ein Grund dafür sind die vielen Möglichkeiten gängiger IT-Systeme, die dazu verführen, Diagramme möglichst außergewöhnlich zu gestalten. Nach Zelazny ist jedoch stets darauf zu achten, dass das Diagramm zur gewünschten Aussage passt (Zelazny 2006). Für die meisten Kennzahlen reicht es dabei, eines von vier Diagrammen zu verwenden (vgl. Abb. 3.119). Das Beispiel in Abb. 3.118 zeigt einen Objektvergleich, so dass ein Balkendiagramm zu verwenden ist. Die Projektarten wurden bereits nach der Abweichungshöhe sortiert.

Keine Dekoration

Die Darstellung der Abb. 3.118 zeigt nur die notwendigen Informationen. Sie ist nicht dreidimensional und enthält keine unnötigen Ausschmückungen. Sie lenkt damit den Betrachter nicht durch zu viele grafische Elemente von der Aussage ab.

Botschaft formulieren

Die Überschrift weist den Leser bereits auf eine beachtenswerte Aussage hin, nämlich dass die IT-Projekte ihre Kosten um 5 Prozent überschreiten.

Skalierung der Y-Achse bei null beginnen

Diagramme sollten den Betrachter nicht manipulieren, z. B. durch verzerrte Skalierungen. Die Länge der Balken in Abb. 3.118 gibt die jeweilige Abweichungshöhe korrekt wider.

Einheitliche Darstellung

Wie bei einer Landkarte sollte es Vereinbarungen für die Verwendung von Gestaltungselementen geben. So könnte für positive Abweichungen immer die Farbe Blau eingesetzt werden.

IT-Projekte überschreiten die Kosten um 5 Prozent
Kostensituation der Projekte nach Projektarten, 05/2020, dargestellt am CPI

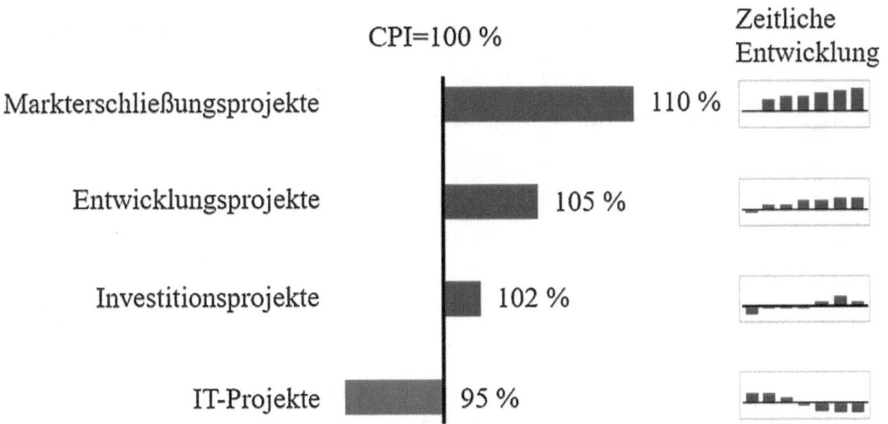

Abb. 3.118 Diagrammbeispiel zur Darstellung des CPI

Hohe Informationsdichte
Diagramme sollten keine trivialen Sachverhalte darstellen, wie z. B. die Aufteilung des Projektbudgets auf Personalkosten und sonstige Kosten in einem Kreisdiagramm. Sogenannte Sparklines, die auch neuere Excelversionen generieren können, erhöhen die Informations-dichte. Sparklines werden verwendet, um Zahlen auf platzsparende Weise grafisch zu erklären. Die Abb. 3.118 verdeutlicht durch die Sparklines im rechten Bereich, dass sich die IT-Projekte ausgehend von einer sehr positiven Kostensituation zunehmend verschlechterten.

3.3 Erkenntnisse für die Praxis

Das sollten Sie wissen

- Die Planung ist kein einmaliger Prozess am Anfang eines Vorhabens. Sie muss projektbegleitend durchgeführt und vom Projektcontrolling unterstützt werden.
- Projektcontrolling erarbeitet Regeln für die Zielplanung, prüft und kommuniziert die Ziele.
- Projektcontrolling empfiehlt ein Standardphasenschema und stellt Informationen über die verschiedenen Phasen bereit.
- Projektcontrolling erarbeitet Standardstrukturpläne und prüft den Projektstrukturplan mit den Arbeitspaketen und Meilensteinen. Ergänzend kann ein wertorientierter Strukturplan angelegt werden, der den Einfluss der Arbeitspakete auf den Erlös eines Projektes offen legt.

Diagrammart	Anwendung	Beispiel
	Strukturvergleich	Anteil der Kostenarten an den Gesamtkosten eines Projekts
	Objektvergleich	Vergleich der Kostenabweichung ausgewählter Projekte
	Soll-/Istvergleich	Vergleich der Soll- und Istkosten mit Ausweis der Abweichung
	Zeitvergleich	Entwicklung der Kosten seit Projektbeginn

Abb. 3.119   Diagramme und ihre Anwendung

- Projektcontrolling erarbeitet Empfehlungen zur Bestimmung des Projektaufwands, moderiert Schätzworkshops und prüft den geschätzten Aufwand auf Vollständigkeit und Plausibilität. Dafür werden Informationen über den Aufwand abgeschlossener Projekte systematisch ausgewertet.
- Projektcontrolling achtet darauf, dass eine Terminplanung erstellt wird, und empfiehlt dafür Instrumente und IT-Tools. Es prüft die Machbarkeit des Terminplans und hilft bei der projektübergreifenden Abstimmung.
- Projektcontrolling unterstützt Entscheidungen über die optimale Verkürzung der Projektdauer durch Ermittlung des Nettonutzwerts oder der mittleren Beschleunigungskosten der Arbeitspakete. Es kann diejenigen Arbeitspakete bestimmen, bei denen sich eine Zeitverkürzung besonders lohnt.
- Projektcontrolling sollte dafür sorgen, dass die Auslastung der Ressourcen realistisch ermittelt und zentral dokumentiert wird. Es prüft die Ressourcenplanung nicht nur quantitativ, sondern auch qualitativ.
- Projektcontrolling kalkuliert auf der Grundlage der vom Projektleiter bereit gestellten Plandaten die Projektkosten für jedes Arbeitspaket. Es differenziert die Kosten nach:
  - direkt vom Projekt verursachten Kosten und anteilig verrechneten Unternehmensgemeinkosten,
  - einem Arbeitspaket direkt zurechenbaren Kosten und von mehreren Arbeitspaketen gemeinsam verursachten Kosten,
  - fixen und variablen Kosten sowie
  - Basisbudget und Zusatzbudgets.
- Zur Sicherheit sollte der Projektleiter selbst laufend die Kosten schätzen. Zusätzlich ist eine Kostenprognose, welche die bereits verbrauchten Kosten und den Leistungsfortschritt berücksichtigt, sinnvoll.
- Projektcontrolling ermittelt bei größeren Projekten, die mit erheblichen Ausgaben verbunden sind, den Mittelzu- und Mittelabfluss (Liquidität).

– Gegenstand der Projektkontrolle ist die Erfassung von Istleistung, Istkosten und Istdauer, deren Vergleich mit dem Plan, die Ursachenanalyse aufgetretener Abweichungen sowie die Planung von Maßnahmen.

– Neben den Istdaten sollten zusätzlich Prognosedaten bereitgestellt werden, um ein vorausschauendes Controlling zu ermöglichen. Auch realistische Schätzwerte über die Projektentwicklung in der Zukunft sind erforderlich (Restaufwand, Estimate to Completion, Time to Completion).

– Um die erbrachte Leistung zu erfassen, kann man die Mitarbeiter befragen. Zur Prüfung der Plausibilität der Mitarbeiterangaben ist es möglich, den Fortschrittsgrad mit Methoden wie 0/50/100 und 0/100 zu ermitteln. Zusätzlich sind regelmäßige Besprechungen des Leistungsfortschritts sehr wichtig.

– Um die Unsicherheit bei der Schätzung des Leistungsstands zu verringern und die Projektdauer zu reduzieren, ist eine Minimierung von Nacharbeiten anzustreben. Wichtig ist es auch, Qualitätsmängel frühzeitig aufzudecken.

– Eine wirksame organisatorische Regelung, um einem gravierenden Leistungsverzug bei wichtigen Projekten entgegenzuwirken, sind Sofortmaßnahmen.

– Das Termin-Trenddiagramm stellt eine sinnvolle Ergänzung des Balkenplans dar. Es zeigt die Veränderung der Plantermine im Zeitablauf und lässt sich anbahnende Terminverzögerungen frühzeitig erkennen.

– Ein Vergleich von Plan- und Istkosten sagt wenig aus, wenn keine Information über den Leistungsfortschritt vorliegt. Ergänzend werden deshalb im Rahmen der Earned Value Analyse Sollkosten errechnet, welche folgende Frage beantworten: was darf die erreichte Istleistung kosten, wenn die geplante Wirtschaftlichkeit eingehalten wird? Es sind durch die Vergleiche zwischen Sollkosten und Plankosten sowie zwischen Sollkosten und Istkosten fundierte Aussagen über den Stand der Leistung und des Kostenverbrauchs möglich. Außerdem erlaubt das Verfahren eine Abschätzung der voraussichtlichen Gesamtdauer und der voraussichtlichen Gesamtkosten.

Die Earned Value Analyse liefert nicht nur für einzelne Projekte, sondern auch für das Multiprojektcontrolling wertvolle Aussagen.

– Nach Abschluss der Projekte sollten die aufgetretenen Probleme und die Erfahrungen systematisch ausgewertet werden. Damit können wertvolle Erkenntnisse für nachfolgende Projekte gewonnen werden.

– Multiprojektcontrolling umfasst auch ein internes Benchmarking der Projekte. Das setzt voraus, vergleichbare Projekte zu identifizieren. Eine Möglichkeit ist die Gruppierung aller Projekte nach deren Komplexität und ihrer Neuartigkeit.

– Das Projektberichtswesen muss aktuelle, empfängerbezogene und entscheidungsrelevante Informationen bereitstellen.

– Fortschrittsberichte informieren die Projektausschüsse periodisch in kurzer und prägnanter Art über den Projektstand.

– Nach Projektende wird ein Abschlussbericht erstellt, der die Ergebnisse und den Ablauf des Projekts festhält.

– Die Projektdokumentation enthält wichtige Projektunterlagen und Protokolle der Besprechungen mit den Beschlüssen sowie die gesammelten Projekterfahrungen.
– Die Analyse der Projekte wird mit Kennzahlen wirkungsvoll unterstützt. Sie sollten sorgfältig ausgewählt und dokumentiert werden.

Literatur

Baccarini, D., Archer, R., The risk ranking of projects: a methodology, International Journal of Project Management, (2001) 19, S. 139–145.

Baumöl, U., Hoffmann, N., Stettler, J., Koordination von Projekt- und Linien-Controlling in IT-Bereichen am Beispiel der Swiss Life AG, Controlling & Management, 51 (2007) H. 4, S. 261.

Boche, C.-A., Hanisch, B., Paradigmenwechsel im Projekt-Controlling für den erfolgreichen Einsatz der PMBOK-Methodik, in: Klein, A., Gleich, R. (Hrsg.), Projekt-Controlling, Der Controlling-Berater Band 5, Freiburg 2009

Brooks, F., The Mythical Man-Month. Essays on Software Engineering, Anniversary Edition, Addison-Wesley 1995.

Burghardt, M., Einführung in Projektmanagement: Definition, Planung, Kontrolle, Abschluss, 5. Aufl. Berlin/München 2007.

Cable, J. u. a., Project Portfolio Earned Value Management Using Treemaps, Project Management Institute research conference, London July 2004.

Cooper, K., The Rework Cycle: Benchmarks for the Project Manager, Project Management Journal 24.1 (1993), S. 47 ff.

Devaux, S., Total Project Control. A Manager´s Guide to Integrated Project Planning, Measuring and Tracking, New York u. a.1999.

Fiedler, R., Erfolgsfaktoren für den Einsatz von Kennzahlen im Projektcontrolling, Zeitschrift Controlling, 7(2015), S. 368–375.

Fiedler, R., Gräf, J., Einführung in das Controlling, 3. Aufl., München, Wien 2012.

Gassmann, O., Praxiswissen Projektmanagement, München/Wien 2005.

Hamel, G., Prahalad, C., Wettlauf um die Zukunft, Berlin 1997.

Hans Böckler Stiftung (Hrsg.), Rechnungslegung nach den International Financial Reporting Standards (IFRS). Kapitel 6 – Fertigungsaufträge, o.O. 2011.

Hichert, Rolf, Regeln zur (einheitlichen) Gestaltung von Managementberichten und Geschäftspräsentationen, in: Weber, Jürgen/Schäffer, Utz (Hrsg.): Einführung in das Controlling, 13. Aufl. Stuttgart 2011, S. 232–237.

Hilpert, N., Rademacher, G., Sauter, B., Projekt-Management und Projekt-Controlling im Anlagen- und Systemgeschäft, Frankfurt 2001.

Jenny, B., Projektmanagement, 2. Aufl. Zürich 2009.

Krüger, A., Schmolke, G., Vaupel, R., Projektmanagement als kundenorientierte Führungskonzeption, Stuttgart 1999.

Linssen, O., Agile Aufwandsschätzung in Scrum, Projektmagazin, 10(2012), S 1 ff. (www.projektmagazin.de)

Lipke, W., Earned Schedule, Raleigh, North Carolina 2012

Müller, W., Ressourcenmanagement im strategischen und operativen Multiprojektmanagement, in: Steinle, C. u. a. (Hrsg.), Handbuch Multiprojektmanagement und -controlling, 2. Aufl. Berlin 2010.

Ohno, T., Das Toyota-Produktionssystem, Frankfurt u. a. 1993.

Patterson, M., Fenoglio, J., Leading Product Innovation: Accelerating Growth in a Product-Based Business. New York 1999.

Pinto, J., Slevin, D., Critical Success Factors across the Project Life Cycle, in: Pinto, J., Trailer, J. (Hrsg.), Project Control, Newtown 1999.

Rinza, P., Projektmanagement, Düsseldorf 1985.

Schäffer, U., Weber, J., Mahlendorf, M., Controlling in Zahlen, Vallendar 2012.

Schmitz, H., Windhausen, M., Projektplanung und Projektcontrolling. Planung und Überwachung von besonderen Vorhaben. Düsseldorf 1980.

Sulaiman, T., Barton, B., Blackburn, T., Agile EVM – Earned Value Management in Scrum Projects, Agile Conference, Minneapolis 2006.

Thols, S., Projekte agil planen mit dem Burn-up-Chart, Projektmagazin 13(2013), S. 1 ff. (www.projektmagazin.de)

Wanner, R., Earned Value Management, 3. Aufl. Norderstedt 2013.

Zelazny, Gene, Wie aus Zahlen Bilder werden. McKinsey Classics Band 8, Heidelberg 2006.

IT-Unterstützung 4

> *„EDV-Systeme verarbeiten, womit sie gefüttert werden. Kommt Mist rein, kommt Mist raus."* *(André Kostolany)*

Vorschau

Sie erfahren in diesem Kapitel, wie man Projekte mit IT-Tools unterstützen kann. Es wird auf Projektmanagementsoftware wie MS Project und SAP R/3 Modul PS eingegangen. Außerdem werden Führungsinformationssysteme hinsichtlich ihrer Einsetzbarkeit für die Aufbereitung und Analyse der controllingrelevanten Projektinformationen beschrieben.

4.1 Projektmanagementsoftware

Die Planung und Steuerung auch kleiner Projekte wird mit Projektmanagementsystemen wesentlich effizienter. Solche Systeme generieren automatisch Projektberichte in unterschiedlichen Verdichtungsstufen, weisen den Benutzer auf kritische Vorgänge hin, zeigen Pufferzeiten und warnen bei inkonsistenten Eingaben, z. B. wenn die Kapazität begrenzter Personalressourcen überschritten wird. Durch Simulationen kann die Projektplanung optimiert werden. Man erkennt dadurch schnell die Auswirkungen von Terminveränderungen.

Was ist beim Einsatz von Projektmanagementsoftware zu beachten?
Projektmanagementsysteme stellen höhere Anforderungen an den Nutzer als ein Tabellenkalkulations- oder Textverarbeitungsprogramm. Eine intensive Auseinandersetzung mit der Software ist auf jeden Fall erforderlich. Zu bedenken sind folgende Hinweise:

© Springer Fachmedien Wiesbaden GmbH, ein Teil von Springer Nature 2020
R. Fiedler, *Controlling von Projekten*, https://doi.org/10.1007/978-3-658-28032-1_4

- Mitarbeiter, die mit dem System umgehen, sollten zu Beginn geschult werden.
- Der Anwender muss grundlegende Kenntnisse des Projektmanagements besitzen und auch inhaltlich mit dem im System abzubildenden Projekt vertraut sein. Die Projektmanagementsoftware ist in der Regel das Instrument des Projektleiters.
- Die Projektdaten müssen sorgfältig eingegeben und konsequent gepflegt werden.
- Die Software reduziert in erster Linie nicht die Zeit für die Projektplanung, sondern sie verbessert deren Qualität.
- Die Abwicklung von Projekten mit einem Projektmanagementsystem muss organisatorisch geplant und eindeutig geregelt werden. Hier ist das Projektcontrolling gefordert. Aufgrund der angebotenen Funktionsfülle sollten Planungsstandards vereinbart werden. Es können z. B. die zu nutzenden Tabellen verbindlich vorgegeben und Feldbezeichnungen, Balkenarten und Drucklayouts voreingestellt werden.
- Besonders negativ ist eine Situation, in der die Projektteams mit vielen unterschiedlichen Systemen umgehen.

Welche Systeme gibt es?

Der Markt für Systeme zur Projektplanung, Projektsteuerung und Projektkontrolle bietet eine sehr große Zahl von Produkten an, die es dem Anwender erschweren, sich einen Überblick zu verschaffen. Bekannte Systeme sind (Anbieter in Klammern) z. B.[1]:

- Blue Ant (proventis GmbH),
- Cerri (Cerri.com AG),
- Clarity PPM (Contec-X),
- Clarizen (Clarizen Inc),
- Planview (Planview Inc),
- Planisware (Planisware Deutschland GmbH),
- Primavera P6 (Oracle),
- SAP R/3 Modul PS (SAP AG),
- SAP PPM (SAP AG),
- Sciforma (Sciforma GmbH),

Die Vielzahl der Programme kann in drei Kategorien eingeteilt werden: dateibasierte, datenbankbasierte und webbasierte Systeme. Datenbanken sind im Unterschied zu Dateien mächtiger und komplexer. Die technische Realisierung ermöglicht es, sehr große Datenmengen zu verwalten, mehreren Nutzern gleichzeitig Zugriff zu ermöglichen und umfangreiche Zugriffsberechtigungen zu realisieren. Die Daten werden immer zentral gespeichert.

---

[1] Eine umfangreiche Übersicht über Software für Projektmanagement bietet das Projektmagazin (https://www.projektmagazin.de/projektmanagement-software).

1. **Dateibasierte Systeme**

   Der Vorteil von dateibasierten Systemen wie MS Project – auch als datenbankgestütztes System verfügbar, welches die Microsoft-SQL-Datenbank zur zentralen Datenhaltung nutzt – liegt in der einfachen Bedienbarkeit, der problemlosen Installation, den einfachen Schnittstellen zu Office-Programmen und den vielen Funktionen. Nachteilig ist, dass nur eine begrenzte Zahl von Projekten gemeinsam verwaltet werden kann. Außerdem ist es schwierig, die bereits in den zentralen Systemen wie SAP R/3 vorhandenen Daten zu nutzen.

2. **Datenbankgestützte Systeme**

   Ein typischer Vertreter ist das Modul PS der SAP AG. PS ist Bestandteil der integrierten Standardsoftware R/3. Der Vorteil datenbankgestützter Projektmanagementsoftware liegt in der guten Integration mit den Modulen der zentralen Systeme. Die Verwaltung vieler Projekte bereitet keine Probleme, die Datensicherung ist gut gelöst. Allerdings ist die Bedienung oft weniger einfach als bei dateibasierten Systemen. Auch die Schnittstellen zu den Office-Programmen sind weniger komfortabel oder nicht vorhanden. Die Implementierung und Pflege solcher Systeme verursacht aufgrund der Komplexität einen hohen Aufwand.

3. **Webbasierte Systeme**

   Zunehmend gibt es Angebote, Projekte über im Internet zur Verfügung gestellte Systeme zu planen und deren Daten zu verwalten. Damit kann die Anschaffung einer eigenen Projektmanagementsoftware überflüssig werden. Vorteilhaft ist der weltweite Zugriff auf die Projektdaten und die Möglichkeit, viele Projekte zu verwalten. Aspekte des Datenschutzes und der Datensicherung können gegen diese Lösung sprechen. Kritisch dürfte in manchen Fällen die geringe Performance einer Internetverbindung sein. Solche Systeme sind z. B. (Anbieter in Klammern):
   - projectplace (Projectplace GmbH),
   - ProjectControl (Raba Kistner Inc) und
   - Projectile (Information Desire Software GmbH).

Zu erwähnen sind noch Zusatztools, welche die Defizite der etablierten Projektmanagementsysteme ausgleichen wollen. Die Module der Netronic Software GmbH erstellen z. B. Netzpläne, Gantt-Diagramme, grafische Projektstrukturpläne oder Ressourceneinsatzpläne.

Im Folgenden werden die datenbankgestützten Projektmanagementmodule von SAP, insbesondere PS, und das weit verbreitete MS Project von Microsoft (in der Dateiversion) beschrieben. Die Abb. 4.1 zeigt zunächst einen Vergleich der wichtigsten Unterschiede zwischen PS und MS-Project.

Kriterium	SAP R/3, PS	MS Project
Sicherheit	ausgefeiltes Sicherheitskonzept, hoher Datenschutz	nur geringe Sicherheits- und Datenschutzvorkehrungen
Integration	sehr hoch	keine direkte Integration
Anwendungsschwerpunkt	Management einer großen Projektzahl	Management von bis zu 40 Projekten sinnvoll
Benutzerfreundlichkeit	restriktiv für den Benutzer	intuitive, spontane Bedienung
Ressourcenverwaltung	zentral für alle Projekte	nur für wenige Projekte
Datenhaltung	datenbankorientiert, sehr große Datenmengen möglich	dateiorientiert, nur für kleinere Datenmengen ausgelegt
Funktionsangebot	zufriedenstellend	gut
Berichtswesen	projektübergreifend	einzelprojektbezogen
Flexibilität	Voraussetzung: SAP R/3	als Einzelsystem nutzbar
Kosten	sehr hoch	gering

Abb. 4.1 Vergleich des Moduls PS von SAP R/3 und MS Project

4.1.1   SAP R/3 Modul PS

Abb. 4.3 gibt einen Überblick über die Projektmanagementsoftware von SAP. Die dargestellten Module werden auch unter SAP HANA angeboten, der aktuellen Plattform von SAP, mit der Unternehmen große Datenmengen schnell auswerten können. Alle Module können entweder in der Cloud oder im eigenen Rechenzentrum genutzt werden. Das Ziel in HANA ist es, alle Projektmanagementaktivitäten mit den anderen Unternehmensprozessen des ERP-Systems zu verzahnen. Angestrebt wird ein einheitlicher Datenbestand für alle Projektinformationen eines Unternehmens (single source of truth).

Die Projektmodule PS, PPM und CPM sind für unterschiedliche Einsatzzwecke gedacht. **CPM** ist eine Erweiterung von PS und PPM, um die wirtschaftlichen Aspekte eines Projekts zu steuern. CPM kann nicht isoliert verwendet werden.

Der Einsatzschwerpunkt von **PPM** ist das Projektmanagement für gesamte Projektportfolios. Auch die Planung einzelner Projekte, die keine intensive finanzielle Projektkontrolle benötigen, ist möglich. Das System unterstützt besonders die Zusammenarbeit in Teams und den Datenaustausch mit externen Projektbeteiligten (Lieferanten, Auftraggeber, Partnerunternehmen). Diese haben Zugriff auf die relevanten Projektinformationen. Ein typisches Szenarium konnte wie folgt aussehen:

- Der Projektleiter stellt im SAP-System die zu exportierenden Projektinformationen zusammen und benachrichtigt den Auftraggeber per E-Mail.

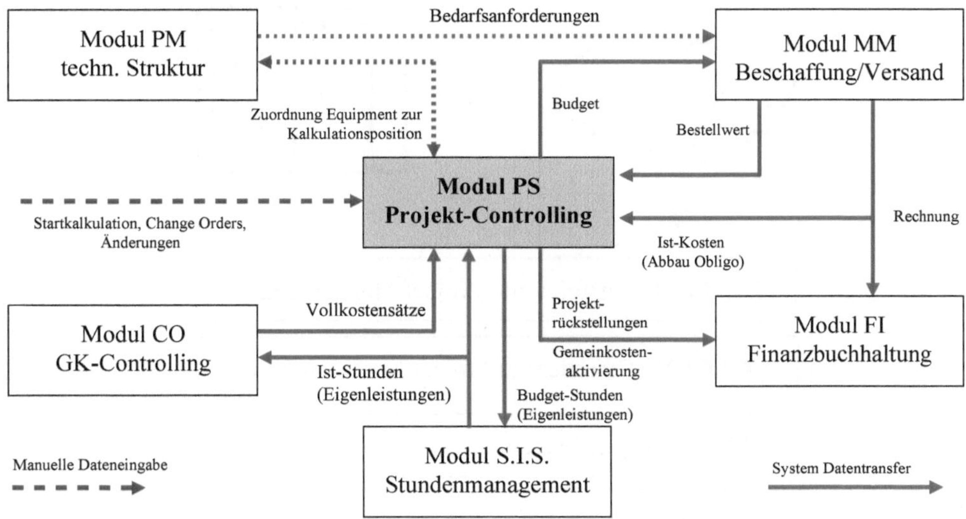

Abb. 4.2   Projektplanung und -steuerung mit SAP R/3 bei der Outokumpu Technology GmbH

- Der Auftraggeber meldet sich auf dem Web-Server des Auftragnehmers an, liest, kommentiert und ändert ggf. die Daten.
- Der neue Stand wird in das SAP-System zurückgestellt

Die Stärke von **PS** ist die tiefe Integration mit den restlichen Modulen von SAP R/3 (vgl. Abb. 4.2). So ist die Verbindung mit den Modulen für Controlling, Finanzbuchhaltung und Materialwirtschaft sichergestellt. Die Projektfinanzen können detailliert geplant und gesteuert werden.

Durch die Integration von PS entsteht eine erhöhte Komplexität für den Anwender. Manche Projektverantwortliche vermeiden deswegen den Einsatz von SAP PS für kleine Projekte, die keine umfassende Finanzkontrolle erfordern. In der Praxis findet man auch Lösungen, bei denen die finanziellen Aspekte mit PS, Termine, Ressourcen und Leistungen jedoch mit nicht integrierten Lösungen wie MS-Project geplant und gesteuert werden. SAP ermöglicht einen Datenaustausch zwischen dem PS-Modul und MS Project. Damit sind u. a. folgende Möglichkeiten gegeben:

- Bearbeitung von PS-Projekten ohne Anbindung an das SAP-System (Projektstrukturplan, Netzplan, Anordnungsbeziehungen, Meilensteine);
- Anlegen von PS-Projekten mit MS Project;
- Präsentation von PS-Projekten mit MS Project.

Beim Einsatz unterschiedlicher Projektmanagementsysteme müssen Daten oft mehrfach vorgehalten werden. Dadurch steigt Aufwand für die Datenpflege, zudem besteht die Gefahr, dass der Stand der einzelnen Projekte und des Projektportfolios nicht mehr transparent ist.

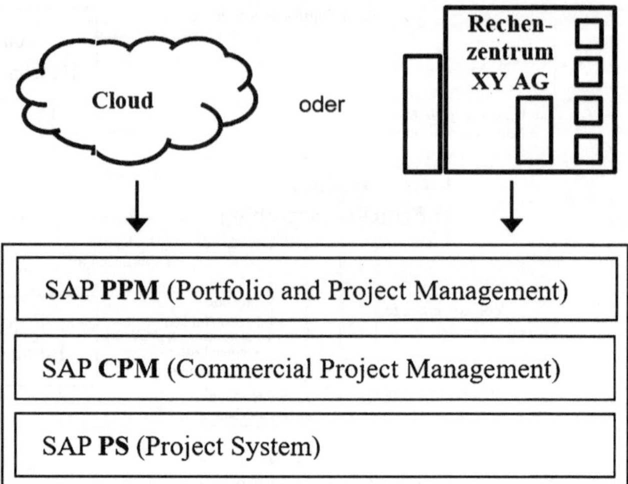

Abb. 4.3 Projektmodule im SAP-System

Praxisbeispiel

Bei der **Outokumpu Technology GmbH** spielt das Modul PS von SAP R/3 eine zentrale Rolle (siehe Abb. 4.2). Innerhalb dieses Moduls werden die auftragsbezogenen Daten verarbeitet. Damit sind die Mitarbeiter des Projektcontrollings in der Lage, alle Kundenaufträge zu überwachen und zu steuern. Durch die zentrale Stellung und den daraus resultierenden Verknüpfungen mit anderen Bereichen ist sichergestellt, dass Änderungen auftragsbezogener Daten, die in einem Modul erfasst werden, auch in allen anderen Modulen registriert werden. Da diese Daten alle im PS-Modul zusammenlaufen, kann von hier aus immer auf vollständiges, aktuelles und korrektes Datenmaterial zugegriffen werden.

Zentrales Controlling-Instrument der **Lufthansa Systems** ist ebenfalls das SAP-System. Das Modul PS wird jedoch nicht genutzt. Dies liegt daran, dass wesentliche Anforderungen aus dem Projektsteuerungsbereich mit PS nicht abgedeckt werden können bzw. zu komplex abgewickelt werden müssten. Um dennoch ein sauberes Projektcontrolling zu ermöglichen, wurden bei Lufthansa Systems mehrere Tools entwickelt, die einerseits die vorhandenen technischen Ressourcen nutzen und andererseits hinreichend einfach sind, um gerade die Projektleiter nicht zu sehr mit Verwaltungsaufgaben zu belasten. Schwerpunktmäßig werden ein Kalkulationstool, ein Werkzeug zur Risikoanalyse, ein toolgestütztes Berichtswesen und ein SAP-basiertes Werkzeug zur Erfassung, Verfolgung und zum Abgleich von Aufwänden eingesetzt.

4.1.2 MS Project

MS Project läuft auf den bekannten PC-Betriebssystemen. Datenübergaben in die anderen MS Office-Programme sind ohne Probleme möglich. MS Project kann auch an die Anforderungen des Nutzers angepasst werden. Mittlerweile existiert eine Reihe von Beratungs-

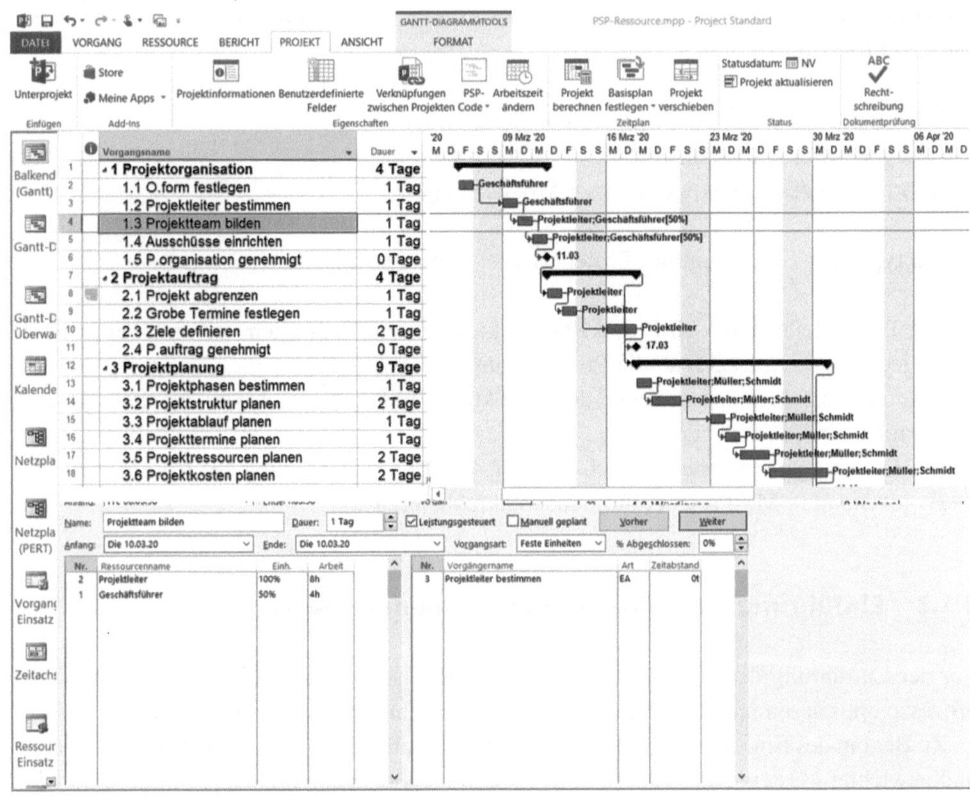

Abb. 4.4 Zentrale Planungsmaske in MS Project

unternehmen, die diesbezüglich ihre Dienste anbieten. Abb. 4.4 zeigt die zentrale Maske für die Eingabe der Vorgänge und der Termine in MS Project.

MS Project stellt wie SAP R/3 viele Funktionen für die Projektplanung und -kontrolle bereit. Hervorzuheben sind die einfache Erstellung von Berichten, Balken- und Netzplänen. Nur begrenzte Möglichkeiten bietet das System in der gemeinsamen Ressourcenverwaltung für unterschiedliche Projekte und für die Planung und Kontrolle der Projektkosten.

MS Project gibt es in zwei Varianten:

– Einzelplatzversion für die Planungs- und Kontrollaufgaben des Projektleiters;
– Project Server für den unternehmensweiten Einsatz und den Austausch von Informationen zwischen den Projektbeteiligten. Dieses System bietet zusätzlich eine webbasierte Oberfläche für Teammitglieder, Projektbüro und Management, den Project Server für die zentrale Datenverwaltung und Groupwarefunktionen sowie den SQL-Server als relationales Datenbanksystem. Installation und Administration des Project Server sind im Vergleich zur Einzelplatzversion erheblich aufwendiger.

Mit Hilfe von Project Server kann der Projektmitarbeiter Daten mit dem Projektleiter und anderen Projektbeteiligten austauschen:

- Rückmelden von Zeiten, Fertigstellungsgrad u. a.;
- Anlegen neuer Aufgaben;
- Information des Projektleiters über Arbeitszeiten.

Ein typisches Szenarium mit Project Server könnte so aussehen:

- Der Projektleiter will den Projektstatus aktualisieren. Deswegen versendet er aus MS Project heraus Anfragen an die Projektmitarbeiter.
- In seiner Posteingangsbox findet der Projektmitarbeiter die Nachricht. Nach der Beantwortung sendet er sie zurück.
- Der Projektleiter entscheidet nach Prüfung, ob die Statusmeldung des Mitarbeiters den Projektstand in MS Project automatisch aktualisieren soll.

4.1.3 Einführung einer Projektmanagementsoftware

Vor der Einführung der Projektmanagementsoftware sollte man die Projektmanagementprozesse optimieren und die Akzeptanz des Projektmanagements verbessern.

Zu Beginn des Einführungsprozesses müssen die Anforderungen an die Software erfasst und gewichtet werden. Nach Sichtung des Marktangebots kann man eine Vorauswahl treffen. Die in Frage kommenden Systeme werden einem ausführlichen Test unterzogen. Mittels der Nutzwertanalyse wird anschließend der Nutzwert ermittelt, indem man für jedes Softwareprodukt Punkte in Abhängigkeit der Erfüllung der vorgegebenen Anforderungen vergibt und eine gewichtete Punktgesamtsumme ermittelt (vgl. Abschn. 2.1.4.1). In Abb. 4.5 weist Software A die höchste Punktsumme auf. Somit wäre dieses Produkt auszuwählen.

Schließlich folgt die Entscheidung, welches System angeschafft werden soll. Nach der Implementierung ist festzulegen, für welche Aufgaben die Projektmanagementsoftware verwendet werden soll und welche Funktionen der Software dafür zu verwenden sind. Wird dies vernachlässigt, besteht die Gefahr, dass die vielen Funktionen und Ansichten zu einer Überforderung der Mitarbeiter führen.

Praxisbeispiel

Im Rahmen der Einführung von MS Project bei der **Versicherungsgesellschaft Münchner Verein** wurden folgende Regelungen getroffen (Campana et al. 2002; Blaurock 2002):

- Nur der Projektleiter bedient das System.
- Nur fünf verbindliche Tabellen werden genutzt.
- Feldbezeichnungen, Balkenarten und Drucklayouts werden voreingestellt.
- Ein zentraler Ressourcenpool wird im System eingerichtet.

– Die Anwender werden intensiv geschult und betreut.
– Aufgrund der Funktionsfülle werden verbindliche Planungsstandards vorgegeben.

Eine wichtige Erkenntnis war, dass man immer wieder auf den Projektleiter zugehen muss, um ihm Hilfe für den Tooleinsatz anzubieten.

4.2 Business Intelligence Systeme

Business Intelligence Systeme unterstützen den Controller und das Management vor allem bei der Berichterstellung und Analyse (Reinheimer und Winter 2011). Wichtige Kennzeichen sind:

Kriterien		Projektmanagementsoftware					
		Software A		Software B		Software C	
Muss-Kriterium Datenaustausch mit SAP		erfüllt		erfüllt		erfüllt	
Kann-Kriterien	**G**	**P**	**GxP**	**P**	**GxP**	**P**	**GxP**
Kosten	**10**						
- Kaufpreis	5	10	50	5	25	5	25
- Folgekosten	5	4	20	7	35	7	35
PM-Funktionalitäten	**50**						
- Projektstrukturplan	5	10	50	7	35	7	35
- Netzplan	2	4	8	2	4	10	20
- Kostenplanung	5	5	25	4	20	3	15
- Earned Value Analyse	10	4	40	2	20	4	40
- Trendanalysen	5	3	15	3	15	7	35
- Berichtsgestaltung	15	7	105	2	30	2	30
- Personalisierung	8	2	16	5	40	2	16
Organisatorische Kriterien	**25**						
- Schulungsaufwand	2	8	16	4	8	4	8
- Akzeptanz	15	7	105	6	90	4	60
- Integration in IT-Landschaft	8	1	8	3	24	2	16
Marktrelevante Kriterien	**15**						
- Internationalisierung	5	6	30	6	30	2	10
- Verbreitung beiPartnern	10	9	90	3	30	1	10
Summe	**100**		**578**		**406**		**355**

G = Gewicht   P = Punkte (maximal 10)

Abb. 4.5 Systematische Bewertung und Auswahl von Projektmanagementsoftware mit der Nutzwertanalyse

- sehr komfortable Bedienung im Vergleich zu den operativen Basissystemen;
- weitreichende grafische Darstellungsmöglichkeiten der Daten;
- schnelle Auswertung auch umfangreicher Datenbestände (im Unterschied zu Tabellen-kalkulationsprogrammen);
- vorgefertigte Analysefunktionen für Simulationen, Definition von Abweichungstole-ranzen, automatische Warnpunkte beim Überschreiten einer Toleranzgrenze, ABC-Analysen, Definition wichtiger Kennzahlen, vielfältige Datenvergleiche (Soll-Ist-Vergleich, Objektvergleich, Bildung von Indexreihen), Prognosemöglichkeiten;
- flexible Datenanalysen, die auf dem sogenannten On-Line Analytical Processing (OLAP) basieren.

Die Daten werden im Rahmen von OLAP multidimensional gespeichert und ausgewertet. Bedeutsame Dimensionen können z. B. Projekte, Projektleiter oder Kunden sein. Betriebswirtschaftliche Kenngrößen (wie etwa Kosten oder Deckungsbeitrag) werden für die unterschiedlichen Dimensionen analysiert. Die Elemente einer Dimension sind in der Regel in Hierarchien angeordnet. Eine mögliche Hierarchie der Dimension Projekte lautet z. B. Unternehmen, Projektgruppe, Projekt, Teilprojekt, Arbeitspaket. Entlang einer Hierarchie werden die einzelnen Kennzahlen untersucht. Die für eine Analyse zur Verfügung stehenden Dimensionen werden als Datenwürfel (sogenannte Hypercubes) dargestellt. Um Daten zu analysieren, verändert der Anwender die Sicht auf den Würfel. Dafür stehen verschiedene Techniken zur Verfügung:

- Durch das Rotieren des Datenwürfels (auch als „Dice" bezeichnet) können die interessierenden Dimensionen dargestellt werden. Im Beispiel der Abb. 4.6 werden Daten zuerst für Projekte und Länder und nach dem Drehen des Würfels für Projekte und Monate differenziert angezeigt.
- Schnitte durch den Würfel erlauben die Konzentration auf besonders interessante Datenelemente. Für diese Technik wird auch der Begriff „Slice" verwendet. In Abb. 4.7 wählt man zunächst die Sicht auf ein einzelnes Projekt. Die Daten werden zeitlich und geografisch nicht differenziert. Danach schaut man sich alle Projekte, die in einem bestimmten Land angesiedelt sind, an. Zum Schluss interessiert ein bestimmtes Projekt in einem Land zu einem gewählten Zeitpunkt.
- Mittels „Drill-Down" bewegt man sich innerhalb einer Hierarchie von verdichteten zu detaillierten Hierarchieebenen bis hinunter zu den Basiselementen (vgl. Abb. 4.8).
- Mit „Roll-Up" werden zunächst die Detaildaten angeschaut, um dann sukzessive verdichtete Ebenen in den Fokus zu nehmen (vgl. Abb. 4.9).

Business Intelligence Systeme nutzen die Daten der operativen Basissysteme. Im Idealfall greifen sie auf ein Data Warehouse zu; das ist eine Datenbank, die regelmäßig mit für betriebswirtschaftliche Auswertungszwecke transformierten und vorselektierten Daten der operativen Systeme versorgt wird (vgl. Abb. 4.10).

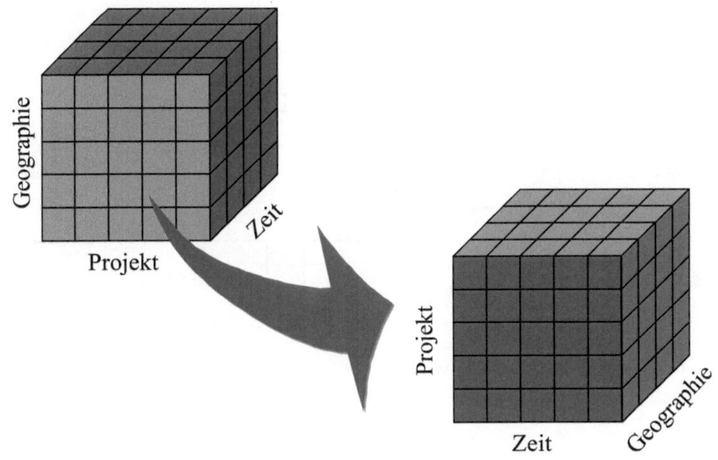

Abb. 4.6 Datenanalyse mittels „Dice"

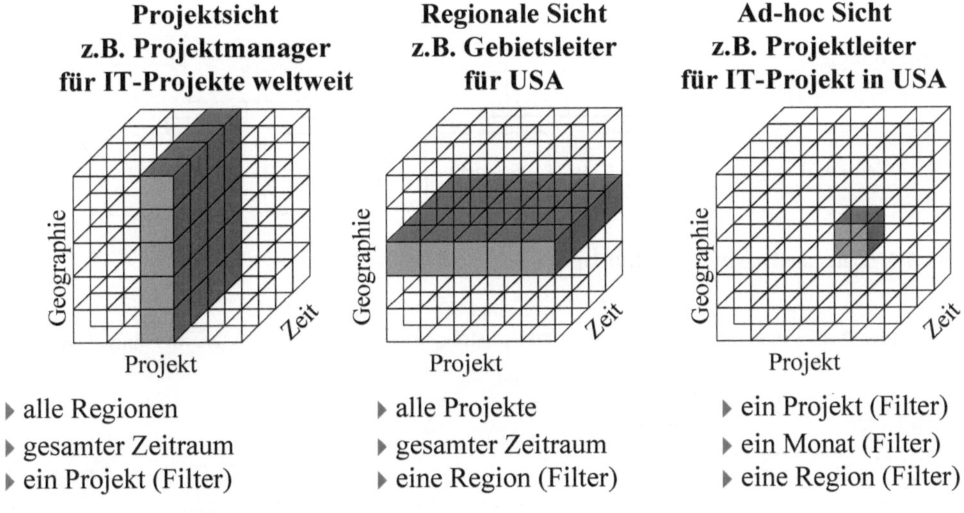

▸ alle Regionen ▸ alle Projekte ▸ ein Projekt (Filter)
▸ gesamter Zeitraum ▸ gesamter Zeitraum ▸ ein Monat (Filter)
▸ ein Projekt (Filter) ▸ eine Region (Filter) ▸ eine Region (Filter)

Abb. 4.7 Datenanalyse mittels „Slice"

Business Intelligence Systeme werden im Projektumfeld immer noch selten eingesetzt, obwohl sie hervorragend für die Bereitstellung, den Vergleich und die Analyse wichtiger Kennzahlen im Multiprojektcontrolling geeignet wären.

Projektdatenanalyse mit dem DeltaMaster

Ein komfortables System zur Datenanalyse, Berichterstattung und Planung ist Delta-Master der Bissantz & Company GmbH. Die Software enthält eine große Bibliothek von Analyseverfahren, unter anderem Rangfolgen, ABC-, Portfolio-, Zeitreihen- und

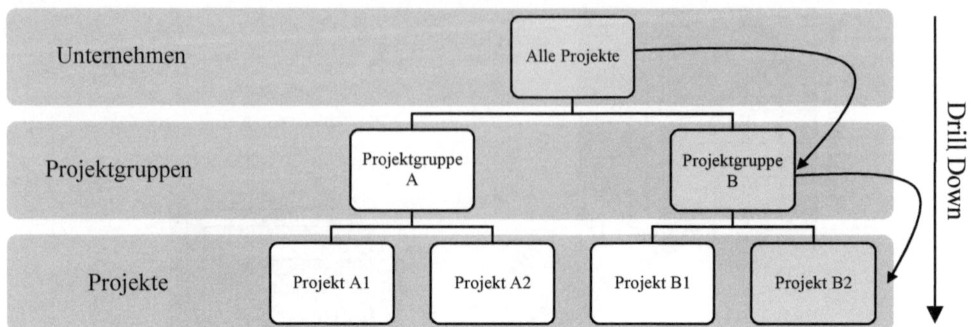

Abb. 4.8 Datenanalyse mittels „Drill-Down"

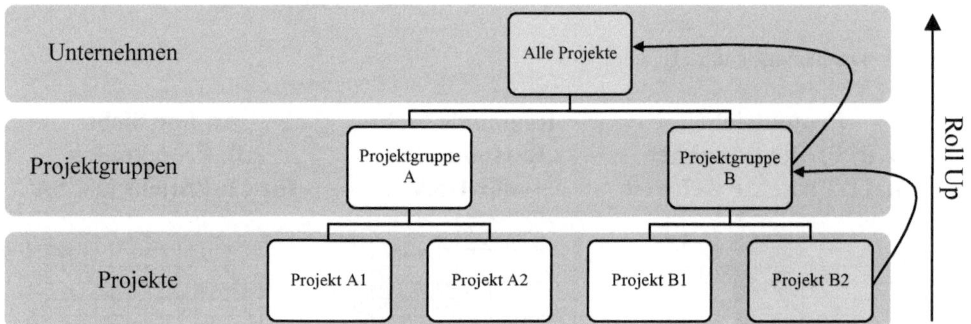

Abb. 4.9 Datenanalyse mittels „Roll-Up"

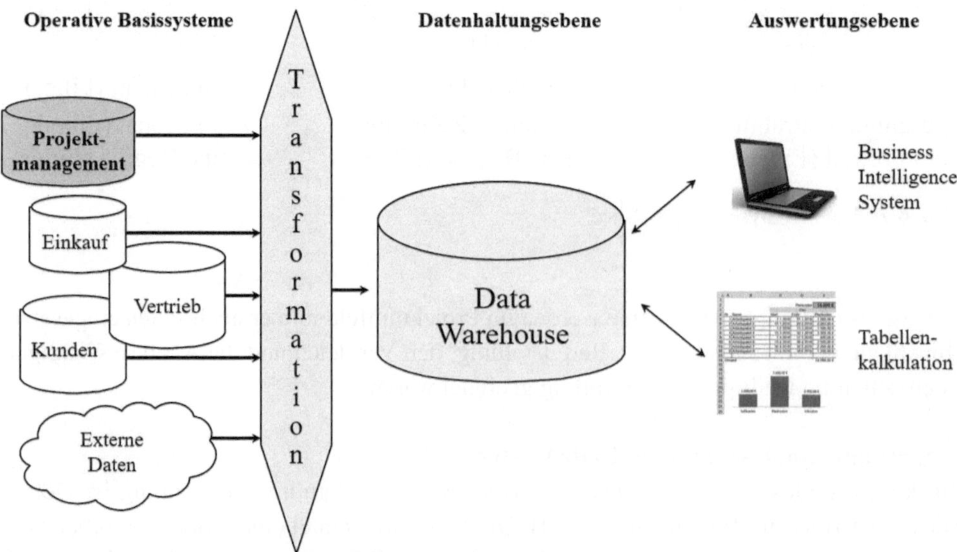

Abb. 4.10 Datenversorgung eines Business Intelligence Systems

Bewegungsanalysen sowie Methoden zur Datenmustererkennung (Data Mining). Mit speziellen Formen der Visualisierung macht DeltaMaster Zusammenhänge transparent und präsentiert sie in informationsdichten „Cockpits" auf dem Bildschirm.

DeltaMaster greift auf OLAP-Datenbanken zu, in denen die Projektdaten mehrdimensional und meist in Hierarchien hinterlegt sind. Jede Dimension entspricht einem Kriterium, nach dem man die verfügbaren Kennzahlen (z. B. Kosten, Leistungseinheiten, Anzahl der Projekte) untersuchen möchte.

Die Software erlaubt es, beliebige Merkmalskombinationen einzustellen und so gezielt Ausschnitte aus dem gesamten Projektgeschäft zu untersuchen, auch verdichtet. Einen grafischen Überblick verschafft der sogenannte Hyperbrowser. Er legt nicht nur die Datenstruktur offen, sondern färbt die Elemente entsprechend einer beliebigen Kennzahl ein. In Abb. 4.11 wurde auf diese Weise die kumulierte Kostenabweichung visualisiert. Anhand der Farbe (rot oder blau) und ihrer Intensität erkennt der Projektcontroller sehr schnell, in welchen Bereichen es große negative oder positive Abweichungen gegeben hat. In Abb. 4.11 sind z. B. in Projekt 1 sowie in Projekten, in denen der Projektleiter 1 (PL1) und der Mitarbeiter 1 (MA1) tätig sind, besonders hohe Kosten angefallen. Ausgehend von diesen Erkenntnissen wird der Anwender weitere Kennzahlen abrufen und Analysen anstellen.

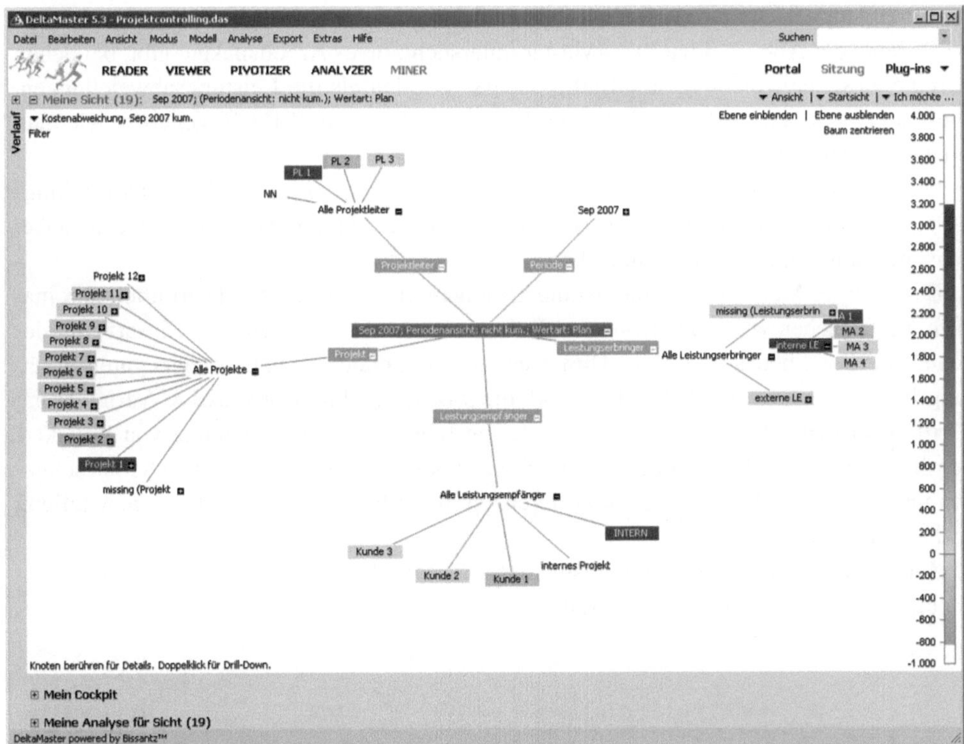

Abb. 4.11   Hyperbrowser im DeltaMaster

Die Tabelle in Abb. 4.12 zeigt Kennzahlen der Earned Value-Methode, die mit dem DeltaMaster generiert wurden.

Zusätzliche Visualisierungen, die DeltaMaster direkt in die Zellen einblendet, verdeutlichen die Zusammenhänge und machen die Werte auch optisch vergleichbar. Bei den kleinen Säulengrafiken handelt es sich um Sparklines (vgl. Abschn. 3.2.8): stark verkleinerte Zeitreihendiagramme, die mit sehr wenig Platzverbrauch illustrieren, wie sich die jeweilige Kennzahl im Laufe der Zeit entwickelt hat. Damit behält der Projektcontroller die aktuellen steuerungsrelevanten Kennzahlen im Blick und hat gleichzeitig zu Vergleichszwecken die historischen Daten im direkten Zugriff.

Um die Ergebnisse in solchen oder ähnlichen Übersichten genauer zu analysieren, steht eine Methodenbibliothek bereit. In Abb. 4.13 sind die Projekte in eine Portfoliodarstellung eingeordnet, welche die kumulierten Abweichungen der Leistungseinheiten und der Kosten gegenüberstellt.

Die Parameter, die für solche Methoden benötigt werden, schlägt das System auf Basis der vorliegenden Daten selbsttätig vor, um möglichst rasch ein verwertbares Ergebnis zu liefern. Der Projektcontroller übernimmt die Vorgaben oder passt sie nach eigenen Bedürfnissen an.

Noch weiter geht die Automation der Datenanalyse beim Data Mining: Diese Methode führt die Anwender automatisch zu bemerkenswerten Datenkonstellationen, die sie sonst nur durch langwierige eigene Recherchen entdeckt oder vielleicht ganz übersehen hätten. Im Beispiel der Abb. 4.14 hat DeltaMaster untersucht, ob es Arbeitspakete gibt, bei denen sich die Kostenabweichungen auffällig anders verteilen als die Leistungsabweichungen. Dies ist etwa bei den Arbeitspaketen 3010010, 5010010 und 9010010 gegeben, wie man am Muster der Balken schnell erkennt.

Die Arbeitspakete sind aber nur eines von vielen Kriterien in der Projektcontrolling-Anwendung; ohne Systemhilfe müsste man sie alle einzeln untersuchen und würde dabei meist nur ohnehin Bekanntes entdecken.

Ein weiteres Methodenbeispiel ist die „Navigation". Diese Methode ermittelt automatisch die Ursachen von Abweichungen. Dabei kommen Heuristiken zum Einsatz, mit denen DeltaMaster beurteilt, welche Dimensionen (Merkmale) einen besonders guten Erklärungsbeitrag leisten. In Abb. 4.15 deckt die Software durch sukzessive Verfeinerung (Drill-Down) auf, dass 89,3 Prozent der festgestellten Kostenabweichung von Projekt 1 herrühren, dass 78,8 Prozent der Gesamtabweichung auf den Mitarbeiter MA1 zurückgehen und dass sich 52,6 Prozent mit Differenzen im Teilprojekt der Fachkonzepterstellung erklären lassen.

Zur Kommunikation der Ergebnisse und zum Erstellen und Pflegen von Plänen hält DeltaMaster weitere Funktionen bereit.

Projekt (Auswahl) ...	Kosten, kum., Plan	Kosten, kum., Soll	Leist.abw. kum.	Kosten, kum., Ist	Kostenabw. kum.	Kosten, Gesamt, Plan	Cost at Completion	CaC Abw. zu Plan	Kostenindex kum.	Leistungsindex kum.
Projekte A - I	6.380	6.120	-260	6.050	-70	8.780	8.680	-100	-1,1%	-4,1%
Projekt 3	800	760	-40	700	-60	1.000	921	-79	-7,9%	-5,0%
Projekt 4	600	650	50	670	20	1.200	1.237	37	3,1%	8,3%
Projekt 5	400	350	-50	400	50	650	743	93	14,3%	-12,5%
Projekt 6	700	650	-50	630	-20	950	921	-29	-3,1%	-7,1%
Projekt 7	1.000	930	-70	900	-30	1.500	1.452	-48	-3,2%	-7,0%
Projekt 8	500	520	20	550	Jul 2007 7	600	635	35	5,8%	4,0%
Projekt 9	650	700	50	650	-50	780	724	-56	-7,1%	7,7%
Projekt 10	780	700	-80	710	10	900	913	13	1,4%	-10,3%
Projekt 11	950	860	-90	840	-20	1.200	1.172	-28	-2,3%	-9,5%

Abb. 4.12 Earned Value-Kennzahlen im DeltaMaster

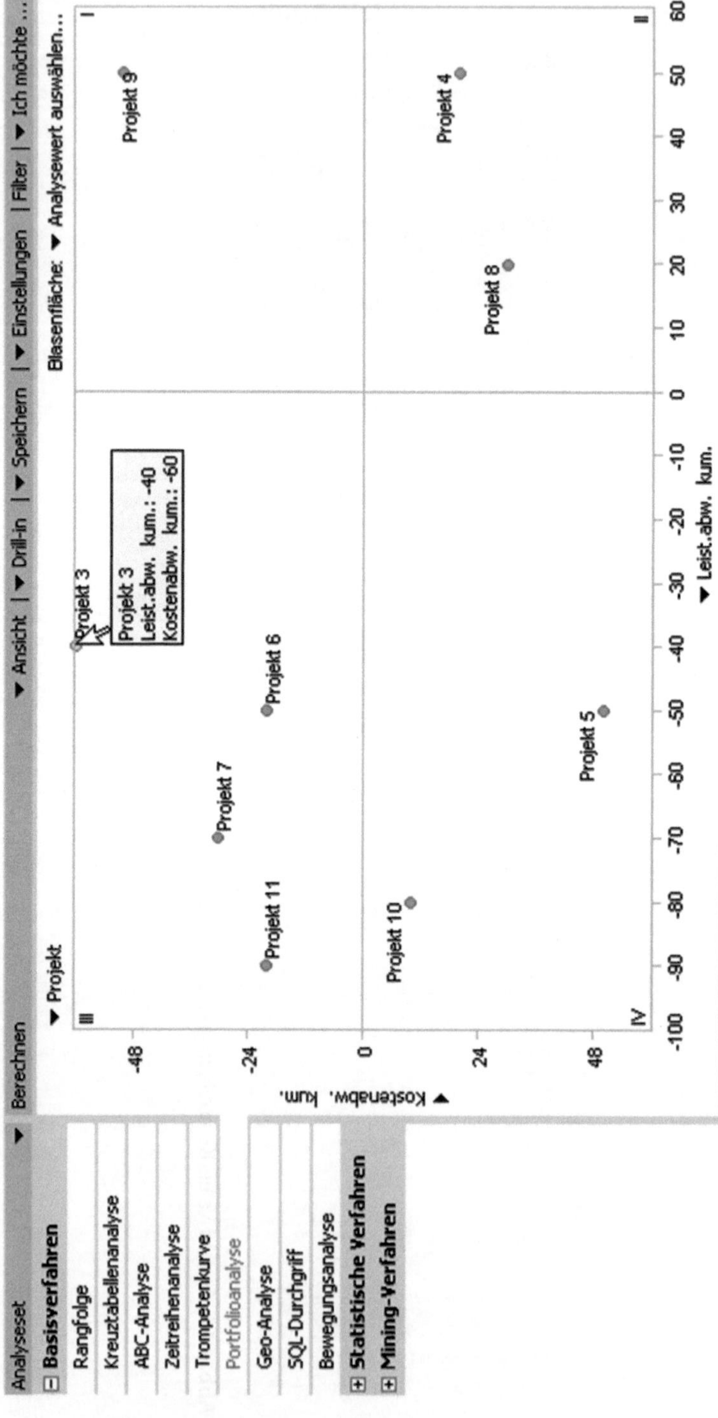

Abb. 4.13 Portfoliodarstellung der Leistungs- und Kostenabweichung im DeltaMaster

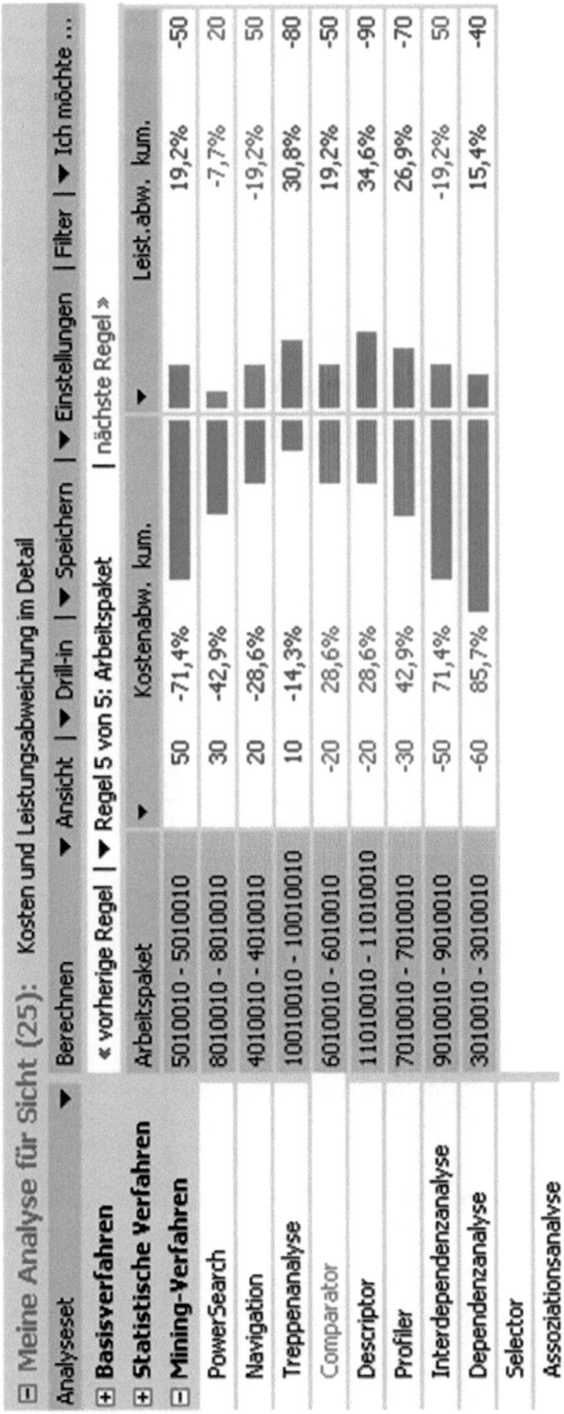

Meine Analyse für Sicht (25):   Kosten und Leistungsabweichung im Detail

Analyseset	Berechnen	▼ Ansicht | ▼ Drill-in | ▼ Speichern | ▼ Einstellungen | Filter | ▼ Ich möchte …				
⊞ **Basisverfahren**	« vorherige Regel | ▼ Regel 5 von 5: Arbeitspaket	| nächste Regel »				
⊞ **Statistische Verfahren**	Arbeitspaket	▼	Kostenabw. kum.	▼	Leist.abw. kum.	
⊟ **Mining-Verfahren**	5010010 - 5010010	50	-71,4%		19,2%	-50
PowerSearch	8010010 - 8010010	30	-42,9%		-7,7%	20
Navigation	4010010 - 4010010	20	-28,6%		-19,2%	50
Treppenanalyse	10010010 - 10010010	10	-14,3%		30,8%	-80
Comparator	6010010 - 6010010	-20	28,6%		19,2%	-50
Descriptor	11010010 - 11010010	-20	28,6%		34,6%	-90
Profiler	7010010 - 7010010	-30	42,9%		26,9%	-70
Interdependenzanalyse	9010010 - 9010010	-50	71,4%		-19,2%	50
Dependenzanalyse	3010010 - 3010010	-60	85,7%		15,4%	-40
Selector						
Assoziationsanalyse						

Abb. 4.14   Identifikation auffälliger Arbeitspakete im DeltaMaster

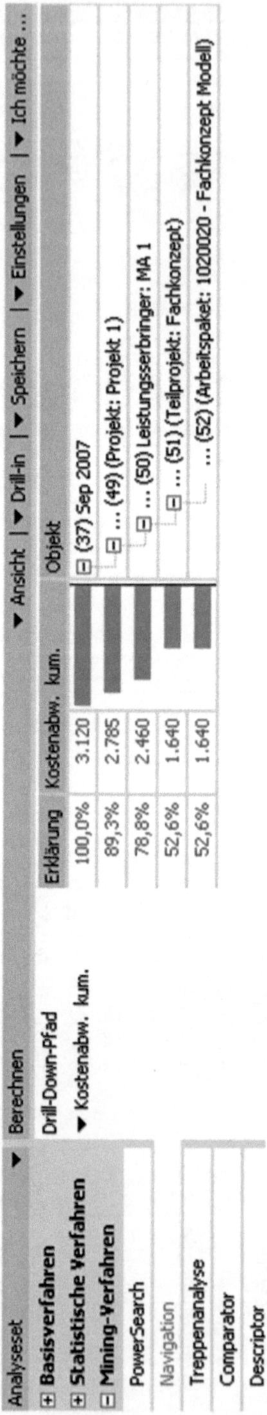

Abb. 4.15 Identifikation der Verursacher einer Abweichung im Delta Master

4.3 Erkenntnisse für die Praxis

Das sollten Sie wissen

- Die Nutzung eines IT-gestützten Projektmanagementsystems ist ratsam. Wichtig ist ein einheitlicher, organisatorisch geregelter Einsatz.
- Zu unterscheiden sind datenbank- und dateiorientierte sowie webbasierte Projektmanagement- und Projektverwaltungssysteme.
- Business Intelligence Systeme unterstützen die entscheidungs- und empfängerorientierte Aufbereitung sowie die Analyse der Projektinformationen.

Literatur

Blaurock, E., Beispiele aus dem Praxiseinsatz: Nutzen und Grenzen von Microsoft Project 2002. Projektmagazin 8 (2002) (www.projekt-magazin.de)

Campana, C., Schott, E., Haffner, S., MS Project 2002 im Praxistest. Projektmagazin 8 (2002) (www.projektmagazin.de)

Glatzmaier, S., Sokollek, M., Projektportfolio-Management mit SAP RPM und cProjects, SAP Press 2008

Reinheimer, S., Winter, R. (Hrsg.), Führungssysteme für eine neue Manager-Generation, HMD 282 (2011), S. 1 ff

© Springer Fachmedien Wiesbaden GmbH, ein Teil von Springer Nature 2020
R. Fiedler, *Controlling von Projekten*, https://doi.org/10.1007/978-3-658-28032-1